U0136185

台灣宗教與社會叢書B22

臺灣民間宗教研究論集(2)

天書訓文研究

林榮澤 著

蘭臺出版社

目　次

臺灣民間宗教研究論集(2)

天書訓文研究

序言

天書訓文研究

本書收錄了筆者二年多來的論文集，所探討的材料多是「民間宗教天書訓文資料庫」裡所藏的天書訓文，這些訓文在三年前，筆者曾在〈民間宗教天書訓文初探〉一文中，首次提出「天書」與「人書」的思考，並以「宇宙生命學」的概念，呼應古代儒家對人的終極關懷，所提出的「天人合一」之學作探討。就儒學的研究而言，以往很難切入儒家「天人之學」的核心義理，現在由於有了「天書訓文」的產生，提供我們一個絕佳的材料，對當代的天人合一之學，有了一個探討的依據。

　　古代儒家所提「天人合一」概念中的「天」，並非物質界的自然天，而是具有神格意志的道德天。如何將神格天與道德人格合一之學，即是古代儒家探討的課題。以往我們不容易了解，儒家的聖人是如何達到天人合一的境界，如何探究道德天的義理，所根據的又是什麼？這些問題都是後人研究儒學的困難點。過去五、六十年來，臺灣各地產生相當多的「天書訓文」，在某種意義上來看，這些訓文來自「天書」，具有「天人合一」之學的「天」之義理內涵，探討這些天書訓文的義理內涵，就稱之為當代的「天人之學」。

　　第一篇〈從西王母到無生老母：論道教西王母向民間宗教的轉化〉，本篇旨在解析從西王母到無生老母信仰的歷史演變，探討西王母如何由初期的神話，發展成道教的瑤池金母，

再轉化成民間宗教無生老母的過程，尤其著力於分析西王母到無生老母的轉化。就本篇的探討發現，這段轉化的過程，很可能與元、明時期的道教金丹道南宗，有很密切的關係。以往學界認為的羅祖五部六冊，是無生老母信仰的源頭，但根據史料來看，「無生老母」一詞，可能是明代道教一支融入民間的金丹道南宗，根據道教西王母的"老母"稱呼，再透過扶乩方式所創造出來的新神名。其後逐漸被其他新興的民間宗教教派所接受，並融合五部六冊中的無生父母概念，到了明末清初，由當時金丹派南宗的弟子羅蔚群，編寫完成《龍華寶經》一書，代表完整無生老母信仰的形成。羅蔚群是透過扶乩的方式，遙接金丹道南宗祖師白玉蟾的心傳，並在《龍華寶經》開頭第一品中，明示此經是弓長祖開天治民的第一章，弓長祖指的就是張祖，正是金丹道南宗的開創祖師"張伯端"。其後，羅蔚群傳給黃德輝，著有《皇極金丹九蓮正信皈真還鄉寶卷》，再再印證和道教金丹道南宗的密切關係。以往學界對此並未作深入探討，是為本篇寫作的主要目的。

再就第二篇〈戰後大陸來臺宗教的在地化與全球化：以一貫道為例〉而言：近年來，大陸來台宗教的在地化問題，已成為台灣宗教研究的議題，英國羅伯森（R. Robertson）於1994年提出「全球在地化」（glocalization）的概念，為此一議題提供了更寬廣的思考。本文將以一貫道為例，結合「在地化」與「全球化」的概念，探討近年從台灣向世界各地快速發展的一貫道，其呈現出來的在地化與全球化現象，或能對此一議題提供更全面性的了解。1945至1949年間，大約一百位一貫道的前人來台傳教，30年後的1980年代，發展成為擁有百萬信眾的新

興宗教。其後的20多年間，一貫道快速向海外傳教，至2008年已傳播至八十多國，擁有數千萬信眾的大宗教。一貫道的成功例子，所呈現出來的在地化與全球化不容忽視，是此一議題上不可缺席的部份，為本篇探討的主要目的。在分析上，試著從一貫道六十多年來的發展過程，理出其走向「在地化」與「全球化」的模式，筆者發現其模式有其獨特性，就現有的在地化與全球化的理論中，很難找到完全符合的解釋依據。在引用的材料上，主要以「民間宗教天書訓文資料庫」，其中典藏7766部的一貫道訓文，是本文主要的分析材料。這些天書訓文記錄了一貫道從台灣到世界的發展足跡，更是研究此一議題的最佳材料。R. Robertson認為，面對此一「全球化」的趨勢，與國際接軌，才能創造更大利基的觀念，從一貫道的發展過程中也可以得到同樣的啟示。

第三篇〈"扶乩飛鸞"的研究與展望〉而言：扶乩飛鸞，著書立訓，一直是臺灣民間宗教的一大特色，因而留下不少的鸞文書訓，或統稱之為善書。這些善書早為學界所注意，亦有不少的研究成果。本篇旨在回顧以往學界的研究情形，探討目前努力的方向及思考未來的研究展望。並就當前有關扶乩飛鸞的研究，對往後民間宗教研究的影響提出看法。透過本篇的分析可以了解，扶乩飛鸞的研究，目前至少有三項值得進一步探討的。一是扶乩的起源問題，它可能源於中國最早的巫、覡，發展於魏晉的道教。其次是扶乩的發展與影響，明代中葉以後勃興的民間宗教，很可能與道教扶乩術走入民間發展有關。其三是扶乩作品內容的研究，關於善書、鸞書、天書訓文，這方面的內容，已發展成訓中訓及訓中又訓的多層面意涵，不再

只是粗俗的義理，也有很多深奧的人生哲理，將來應進一步用「宇宙生命學」的觀點來探討，以上三方面即是本篇探討的主軸。

　　再就第四篇〈一貫道「飛鸞釋經」模式之探討：以《百孝經聖訓》為例〉而言：「以教解經」與「飛鸞釋經」是臺灣民間宗教兩項主要的經典詮釋模式，其中尤其以透過扶乩方式，對三教經典作詮釋的「飛鸞釋經」最具特色。「民間宗教天書訓文資料庫」中，以一貫道飛鸞釋經的訓文最多。本文即試著以這些訓文為題材，藉由傅偉勳提出的宗教經典創造詮釋學，來解析一貫道「飛鸞釋經」的詮釋模式。一貫道的飛鸞釋經，充滿著「勸善」思想的生命教育內涵，尤其對儒家經義的詮釋最多，佔全部資料庫的70%以上。其中又以天書《百孝經聖訓》最具代表性。它是由300多篇訓中訓合成的《百孝經聖訓》全文詮釋。本篇在論述上，即以這部作為探討的主軸，從中解析一貫道特有的釋經模式。本篇主要在探討一貫道「飛鸞釋經」的模式，至於所引用訓文的義理內涵，因限於篇幅，將不作深入的探討。

　　再來第五篇〈當代儒學的生活化與神聖化：以一貫道對儒家思想的推廣為例〉而言：以一貫道在臺灣六〇多年的發展來看，致力於推廣儒家思想的教化，已愈來愈明顯。就歷史的發展而言，清光緒年間，一貫道的十五代祖王覺一，是教義儒家化的奠基者。十八代祖張天然，則是一貫道儒教化的建構者。然而，一貫道推行儒家思想的宏展期，要算是在臺灣這六〇多年來的發展了。戰後一貫道由大陸傳來臺灣，能成功

的在地化，並走向全球化的發展，一貫道對儒家思想的推廣，應是很重要的關鍵因素。一貫道對儒家思想的推廣，主要有兩項：「儒學的生活化」與「儒學的神聖化」。在現代社會中，一貫道要如何將儒家思想生活化，主要是一貫道能巧妙的將儒學融入宗教的內涵，再透過信仰的實踐，達到儒家思想生活化的展現。其中的關鍵因素在於將儒學建立在「家庭」的基礎上，實踐《大學》篇講的「修身齊家」，一貫道中謂之「道化家庭」。其次，一貫道在推行儒家思想上，成功透過開沙借竅的方式，將儒學賦予神聖的內涵，達到強化信徒實踐儒學的效果，並以此建立起信徒的信心，賦予一貫道神聖化的內涵。這方面將以借竅開沙留下來數以萬計的天書訓文，作為研究探討的主要材料。

　　第六篇〈「神人互動」與宗教信仰的起源：以一貫道關帝白話訓文為例〉，本篇主要探討臺灣民間宗教存在的「神人互動」現象，它有可能是讓人產生宗教信仰的關鍵因素。從原始社會到現代，存在各種溝通神人的媒介，如巫、覡、薩滿、神道設教、扶乩、飛鸞、乩童、尫姨、三才、開沙、借竅等，這些都是扮演神人互動的靈媒。因此，論及宗教信仰的起源，不應忽視這些靈媒的影響力，筆者甚至認為，這些靈媒才是原始宗教的建構者，因為他們能透過「神人互動」的方式，影響一個人的神靈信仰。在臺灣的社會一直存在著這類型態，實有必要作深入的探討。一貫道是近年來快速興起的民間宗教，盛行於臺灣及東南亞各國，目前已傳播世界80多國。根據筆者的田野調查發現，影響一貫道傳教成功的最大因素，莫過於經由開沙、借竅的「神人互動」方式，所留下的數以千萬篇"天書訓

文”。這些訓文有的記錄非常完整，其中以白話訓文最能看出這種「神人互動」的情形。本文即以「民間宗教天書訓文資料庫」所藏約百篇的關帝白話訓文，作為論述的主要依據。

最後，第七篇〈化世和平：現代一貫道的和平觀〉而言：現代一貫道的奠基者是師尊張天然，他的「化世和平」思想，即是現代一貫道和平觀的基調。一貫道由大陸傳來臺灣，經六十多年的發展，在教義上最大的特徵，是經由開沙、扶鸞、借竅的方式，留下很多的天書訓文，本篇即以這些訓文為材料，分析現代一貫道的和平觀。張祖「化世和平」的救世思想，主要是透過求道開啟玄關一竅的入門儀式，讓人人靈性得救，良心本性覺醒，以達到化人心為良善，化世界為大同的目標。今天，臺灣的一貫道，乃至傳到世界各地的一貫道，求道開啟玄關一竅，依然是入門的第一步，這正是張祖化世和平思想的傳承。本文將引用天書訓文來探討，分析現代一貫道如何透過這些訓文，對「和平」兩字的內涵，有各種層面的闡述。整體而言，一貫道訓文的和平觀，是以個人的修持作開端，強調人格的修養是達到和平的根本，而其最終的目標，則在世界大同、人間淨土的實踐。

林榮澤

序於一貫義理編輯苑・天書訓文研究中心

2009年10月

從西王母到無生老母
——論道教西王母向民間宗教的轉化

一、前 言

　　約當明朝萬曆初年，一支以帝京保明皇姑寺為中心的“大乘教”【1】，流傳著一部《護國威靈西王母寶卷》(以下簡稱《西王母寶卷》)，該部寶卷明確的暗示，西王母就是無生老母的化身。【2】就明代中末葉，民間宗教【3】勃興的情形來看，這

【1】 “大乘教”是當時的稱呼，後來學界的研究，為了和王森的大乘教作區隔，而改稱之為“西大乘教”。詳見馬西沙、韓秉方(1992)，《中國民間宗教史》(上海：上海人民出版社)，頁663-674。

【2】 馬西沙、韓秉方(1992)，《中國民間宗教史》(上海：上海人民出版社)，頁673。

【3】 本文在論述上使用的「民間宗教」一詞，是指唐宋以後，普遍流行於社會底層，非純粹佛、道兩教之外的多種民間教派之統稱。而個別敘述上的必要，則用「民間宗教派」一詞，來代表某一特定的民間宗教教派。詳見韓秉方，〈中國的民間宗教〉，收錄於湯一介主編，《中國宗教：過去與現在》(北京：北京大學出版社，1992.10)，頁163。

部寶卷透露出些許值得關注的訊息，它可能與解開無生老母信仰的來源有關。

中國古代神話傳說中的西王母，經過幾千年信仰的演化，透過神聖化的過程，成為東漢以後，道教很重要的神祇。而無生老母則是明代中末葉產生的民間宗教最高神，兩者之間的關係如何，一直是學界有趣探究的問題。馬西沙認為《西王母寶卷》暗示西王母是無生老母的化身，亦即無生老母是西王母的轉化。這樣的說法，以往並未引起學界太大的注意，只歐大年(David L.Overmyer)曾提出無生老母有可能是由西王母這一形象，歷史地演化而來的說法，[4]但他也僅僅是懷疑，而未進一步提出完整的論證。筆者則認為，此說非但不是毫無根據的隨意說說，而且有可能是解開無生老母信仰來源的關鍵，也是引發本文撰寫的主要因由。

近年來，學界有關無生老母的研究不少，各依不同的史料提出各種說法。論及無生老母的種種起源。比較多的是認為無生老母信仰，起源於羅祖的無為教及其《五部六冊》的思想。例如李世瑜根據《破邪詳辯》對無生老母的考證，認為無生老母是源於羅教說。[5]馬西沙以產生於明代中葉的羅教(羅夢鴻)為中心，討論了無極聖祖到無生老母的演變過程。[6]鄭志明則從佛教的觀點，認為無生老母是羅祖由禪宗「虛空」、「無

---

[4] 歐大年(1993)，《中國民間宗教教派研究》(上海：上海古籍出版社)，頁160。

[5] 李世瑜(1957)，〈寶卷新研〉，《文學遺產增刊》第四輯，頁172-174。

[6] 馬西沙、韓秉方(1992)，《中國民間宗教史》，頁210-215。

為」等處進一步引伸出來的宗教體系。【7】但這樣的論點，也一直有不同的看法，例如林湘杰透過明清寶卷的研究，提出羅教是受到其他民間秘密宗教的影響，才把無生老母奉為最高神的看法。【8】其實，如果要真切了解一件事的來龍去脈，最好還是將它放在歷史發展的脈絡來看。

二、西王母的歷史演變

20世紀中期，受到女性主義興起的影響，以女性神話學作為最有影響力的一個流派迅速崛起，其主要的學術貢獻就是以女性主義的觀點，結合考古學新材料，帶起一股女神再發現運動的契機。隨著考古學家陸續在西起西班牙，東至西伯利亞的整個歐陸地區，發現距今二三萬年前的女性雕像，這些母神像的共同特徵是裸體、鼓腹、豐臀和突出刻畫的生殖器部位，因此，學界大多確信這些雕像應與母神宗教有關。【9】此後，日益發達的女神研究，有助於我們更清楚的認識，原始氏族社會神話中的女性象徵。

【7】鄭志明(1985)，〈臺灣無生老母信仰淵源探論之一：無為教概說與近人研究成果簡述〉，《台北文獻》第71期，頁221。

【8】林湘杰(2000)，《明清寶卷中無生老母神話之研究》，文化大學中文研究所碩士論文。

【9】陳春暉(2002)，〈母神崇拜與中國古代思想〉，《西北大學學報》，2002年1期。

就古代中國而言，目前學界已指出六個原始女神的生態神話：即西王母的司獸神、羲和的日神、常羲的月神、雒嬪的河神、女夷的生長神、女岐的人祖神等。【10】其中尤其以西王母的信仰，至今仍是人們耳熟能詳的神仙人物。因此，關於西王母的種種研究，一直引起學界的興趣，對西王母的信仰、性別、種族、居住地、演變等方面，多有不同的看法。如袁珂便認為西王母最初的形象應是男性，而且西王母可能是國族之名的譯稱，「西」表方位，「王母」當是外來語的譯名。【11】劉師培則認為西王母乃是西膜的轉音，為種族名。【12】朱芳圃認為西王母是西方膜族所奉祀的圖騰神。【13】凌純聲則主張西王母是兩河流域地區吾耳城奉祀的月神。【14】顧實則根據《穆天子傳》提出西王母應是周穆王之女的看法。【15】此外，蕭兵根據數十條中外學人的看法，主張西王母是雜有白種血液的羌

【10】鄭榕(2002)，〈中國古代神話中的女性象徵〉，《中華女子學院學報》，2002年14卷4期。

【11】袁珂(1991)，《中國神話史》(台北：時報文化)，頁67。

【12】劉師培，〈穆天子傳補遺〉，收於佚人編輯(1991)，《昆侖與西王母》(台北：天一書局)，頁31。

【13】朱芳圃(1957)，〈西王母考〉，《開封師院學報》第二期。

【14】凌純聲，〈昆侖與西王母〉，收於佚人編輯(1991)，《昆侖與西王母》，頁31。

【15】顧實(1976)，《穆天子傳西征講疏》(台北：台灣商務印書館)。

人美女。【16】綜合以上各家的說法，可以看出西王母的原型，和後來道教女神之首的西王母，差異是非常大。這之間的演變過程，就是一種從「神話到神聖」的過程。在此一演變的過程中，主要都是人為的因素，所以是宗教信仰與人類活動有著密切的關係。喬瑟夫・坎伯(Joseph Campbell)專注於神話的心理學研究，提出神話具有心靈層面的「神聖性」，這是神話會過渡到神聖信仰的原因。以下先將有關西王母信仰的歷史演化及重要史料，臚列於下：

==

◎西王母神話的形成：戰國至漢初《山海經》一書編成。該經中記載277種動物中，西王母是較怪異的一種，外型是以豹尾虎齒、蓬髮戴勝，看似野蠻人或怪神的形象出現。

◎周穆王與西王母宴飲酬唱：約成書於戰國時期的《穆天子傳》，描寫西王母是「我惟帝女」，是西王母定位為女性的開端。

◎西王母擁有長生不死之藥：描寫西漢初期政治的《淮南子・覽冥訓》一書，提及西王母有長生不死之藥，並為西王母成為昆崙山之首作準備。

◎西王母與東王公配對出現：《吳越春秋》與《史記・趙世家》索隱記載西王母與東皇公各主祭西郊、東郊，後漸發展成西王母與東王公各主陰陽二氣，配對出現。

【16】蕭兵(1998)，〈中亞羌種女王西王母—兼論華夏、羌戎與西域—中亞的血肉之情〉，《淮陰師範學院學報》20卷，1998年1期。

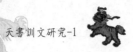

◎西王母宴會漢武帝賜仙桃共食：在《博物志》、《漢武帝故事》、《漢武內傳》中，記載西王母宴會漢武帝。西王母的容貌衣著及年齡，看起來已經由以前的蓬髮華勝、虎齒善嘯的司獸神，一變為雍容華貴、風姿綽約的西王母。

◎西王母的道教化：陶弘景撰《洞玄靈寶真靈位業圖》，正式將西王母定位為道教重要神祇，位階是在元始天尊之下。

◎西王母多了"金母"及"瑤池金母"的稱呼：道教《歷代神仙通鑑》一書中，西王母已具完形神格，變成是金木水火土五老之一。東王公又稱「木公」；西王母又稱「金母」。木公金母就成了生育人間兒女的父母，西王母或稱之為"瑤池金母"。

===

(一)西王母的原型

　　臺灣目前興盛的西王金母、瑤池金母、無生老母、觀世音等的女性神信仰，論其源頭應與古代中國的原母神信仰有關。其中又以道教女神西王母較早，並影響往後中國女神信仰的發展。西王母和中國古代神話中的女媧，同屬較早的記載見之於《山海經》【17】，其中有三處記載到西王母：

【17】張岩審定(2007)，《山海經》十八卷(北京：首都師範大學)。

- 又西三百五十里，曰玉山，是西王母所居也。西王母其狀如人，豹尾虎齒而善嘯，蓬髮戴勝，是司天之厲及五殘。有獸焉，其狀如犬而豹而文，其角如牛，其名曰狡，其音如吠犬，見則其國大穰。有鳥焉，其狀如翟而赤，名曰胜遇，是食魚，其音如錄，見則其國大水。（〈西次三經〉）
- 西王母梯几而戴勝，其南有三青鳥，為西王母取食。在昆侖虛北。（〈海內北經〉）
- 西海之南，流沙之濱，赤水之後，黑水之前，有大山，名曰昆侖之丘。有神—人面，虎身，「有」文「有」尾，皆白—處之。其下有弱水之淵環之，其外有炎山之山，投物輒然。有人戴勝，虎齒，「有」豹尾，穴處，名曰西王母，此山萬物盡有。（〈大荒西經〉）
- 西有王母之山、壑山、海山。有沃之國，沃民是處。沃之野，鳳鳥之卵是食，甘露是飲。凡其所欲，其味盡存。爰有甘華、甘柤、白柳、視肉、三騅、璇瑰、瑤碧、白木、琅玕、白丹、青丹，多銀鐵。鸞鳳自歌、鳳鳥自舞，爰有百獸，相群自處，是謂沃之野。（〈大荒西經〉）

　　就上述的記載來看，西王母的外型是以豹尾虎齒、蓬髮戴勝這種看似野蠻人或怪神的形象出現。這是一種看似猙獰的形貌，由於虎、豹往往在一般人眼中是凶猛可怖的萬獸之王，而這些動物的兇殘形象正與刑神職能西王母相合；但若換另一個角度來看，像這種以動物形軀拼湊、半人半獸的怪物神貌，在《山海經》中其實所見多有。就神話觀點而言，非世俗性的存在物往往以超脫凡俗的怪異形態出現，在初民心中，這種諸物賦合的怪物或怪神，正表示著其異於平凡的珍稀性，進而顯示

牠們異於人、勝於人、甚型有影響人吉凶禍福的神異力量。

此外，西王母的外觀上，還有一項最明顯的標誌，就是「蓬髮戴勝」。所謂的「戴勝」，郭璞認為是蓬頭亂髮上戴著玉勝的飾品；鄭玄的注中，對戴勝的看法，認為戴勝是織紝之鳥。這種戴勝鳥通常被視為與死亡有關的不吉祥鳥，西王母的蓬髮戴勝，可能就是彰顯出「司天之厲及五殘」的神格。【18】

（二）先秦時期西王母的變貌

根據先秦的一些典籍的記載，可以看到西王母的形像有了不同的描述。《爾雅‧釋地》中記載：「東至於泰遠，西至於邠哩，南至於濮鈆，北至於祝栗，謂之四極。觚竹、北戶、西王母、日下謂之四荒。九夷、八狄、七戎、六蠻謂之四海。」【19】西王母可能是遠地的一個國家，或為西極女王，西王母是四荒之一。比較精采的是《穆天子傳》中的記載：

‧癸亥，至於西王母之邦。吉日甲子，天子賓于西王母。乃執白圭玄璧，以見西王母，好獻錦組百純，□組三百純，西王母再拜受之□。乙丑，天子觴西王母于瑤池之上，西王母為天子謠曰：「白雲在天，山陵自出。道里悠遠，山川間之。將子無

【18】黃才容(2002)，《西王母神話仙話演變之研究》，國立臺灣大學中國文學研究所碩士論文，頁26。

【19】《爾雅注疏》卷6，頁14，見《欽定四庫全書經部小學類》。

死,尚能復來。」天子答之曰:「予歸東土,和治諸夏。萬民
平均,吾顧見汝。比及三年,將復而野。」西王母又為天子吟
曰:「徂彼西土,爰居其野。虎豹為群,於鵲與處,嘉命不
遷,我惟帝女。彼何世民,又將去子。吹笙鼓簧,中心翔翔。
世民之子,唯天之望。」天子遂驅升于弇山,乃紀其跡于弇山
之石而樹之槐眉曰「西王母之山」。【20】

　　這段周穆王見西王母的典故,同樣也見於戰國魏王墓中
被發現的《竹書紀年》:「穆王十七年,西征昆侖丘,見西王
母。其年來見,賓於昭宮。」【21】可見穆天子傳的故事,當時
一定是在民間流傳著。值得注意的是,西王母之邦,有瑤池之
勝境,在昆侖山上。這樣的描述是仙話中王母聖地「瑤池」的
首度出現,這也是後來西王母有「瑤池金母」之稱的由來。
只是「瑤池」一詞的由來,有認為是由《山海經·西山經》
中「西王母居玉山」脫胎而來,【22】這點還有待更多的佐證資
料。

【20】引自顧實(1976),《穆天子傳西征講疏》(台北:台灣商務印書館),頁
149。

【21】方詩銘(2005),《古本竹書紀年輯證·周紀》(上海:上海古籍出版社),
頁47。

【22】黃才容(2002),《西王母神話仙話演變之研究》,國立臺灣大學中文研究
所碩士論文,頁39。

至於昆侖聖山的問題，雖在《山海經》中，有西王母居昆侖之丘的記載，但昆侖的主神是黃帝，西王母大概是昆侖山上眾神之一，而且昆侖之丘不過是西王母居住地之一，【23】真正將昆侖山的主宰變為西王母，是要到漢代以後的事了。昆侖山變成了聖山，有著各種神仙怪異之事，從穆王與西王母的酬唱中，可以看出西王母所居之地好似空間中遙遠的存在之地，是凡人難至之處，這也是何以在民間道教興起後，道教長生不死的神仙思想裡，昆侖山就成了長生不死的仙境。

此外，「我惟帝女」一句，應是正式確認西王母為女性的開端。此後隨著神仙思想的演變，西王母的傳說漸為人所熟知，而西王母也漸成為女性神仙的代表及領導者。周穆王與西王母宴飲酬唱，呈現出帝王與西王母交往的情節，為後來西王母所象徵的祥瑞形象鋪路。至於在西王母與周穆王吟唱的對白中，提到「虎豹成群，於鵲與處」，呈現了西王母與野獸和諧共處之象。這兩句似乎可以看出《山海經》中記載「西王母其狀如人，豹尾虎齒而善嘯。」的蛻變痕跡，也可以看出此一神話蛻變成日後西王母仙話內涵的契機。

《穆天子傳》為往後人君與西王母的往來，立下很好的模式。《竹書紀年》有周穆王十七年，西王母來見，賓於昭宮的記載；及帝舜有虞氏九年，西王母來朝的記載。【24】周穆王與西王母各代表東西方的君主，這種東西方君主互訪的模式，到

【23】黃才容（2002），《西王母神話仙話演變之研究》，頁39。

【24】方詩銘（2005），《古本竹書紀年輯證‧周紀》，頁47-49。

了漢代以後，儼然成為政治清平、社會祥瑞的象徵。此外，在《莊子‧大宗師》書中也有一段對西王母的論述：

‧夫道，有情有信，無為無形。————黃帝得之，以登雲天；顓頊得之，以處玄宮；禺強得之，立乎北極；西王母得之，坐乎少廣，莫知其始，莫知其終；彭祖得之，上及有虞，下及五伯；傅說得之，以相武丁，奄有天下，乘東維，騎箕尾，而比於列星。【25】

　　莊子所列出來古代的得道者中，西王母也在其中，而且提到西王母是「莫知其始，莫知其終」，給人有長生不死的印象，可知西王母的仙人形象已漸成形。

（三）兩漢時期的西王母

　　漢代的西王母可說已具備完整的仙人形象，這方面我們可以從兩漢時期的文獻，及諸多的畫像石、銅鏡等文物資料中，大略可以看出西王母仙人在漢代的演進情況。《淮南子‧覽冥訓》提及西王母有長生不死之藥：「譬若羿請不死之藥於西王母，姮娥竊以奔月，悵然有喪，無以續之。」【26】從這部描述

【25】《莊子集釋》（台北：華正，民國80年），卷3，頁247。

【26】《淮南子‧覽冥訓》，卷六，頁217。

漢初政治思想的書，可以了解至少到漢代初期，已發展出西王母有長生不死藥的仙話思想。之前的《山海經・海內西經》中，有關不死之事物多在昆侖出現，其中有「非仁羿莫能上岡之巖」的話，顯示羿曾登上昆侖山，這樣的傳說到了漢初，已經發展成羿上昆侖山，向西王母求不死之藥，如此將不死藥、昆侖與西王母的結合，已為日後西王母成為昆侖之首預作準備。

　　有關漢代西王母的形象，和當初《山海經》中的描述，外觀姿態上已有相當的改變。《史記・司馬相如列傳》中提到：「吾乃今目睹西王母，曣然白首戴勝而穴處兮，亦幸有三足烏為之使。必長生若此而不死兮，雖濟萬世不足以喜。」【27】原先《山海經》中的西王母，是半人半獸樣貌，戴勝、穴處。這時已變成「曣然白首」的姿態，是位白髮蒼蒼的老者，且擁有長生不死的能力。

　　西王母的形象，除了文獻資料外，漢代豐富的畫像石、磚、壁畫、鏡等文物，也是最好的印證資料，可以透過這些文物，具體的了解漢代人民心目中的西王母。目前所見的這些畫像中，比較特殊的是西王母「頭戴勝華」，一旁有「玉兔搗藥」圖。這應是對西王母長生不死神性的表達方式，代表西王母持有不死之藥。漢代民間普遍流傳著西王母信仰的另一例證，就是西漢末年哀帝建平四年，民間所發生的一場大規模西王母崇拜熱潮。《漢書・哀帝紀》記載：「四年春，大旱。關

【27】《史記會注考證》（台北：文史哲，民國82年），卷117，頁1228。

東民傳行西王母籌，經歷群國，西入關至京師。民又會聚祠西王母，或夜持火上屋，擊鼓號呼相驚恐。」【28】另外，在《漢書・五行志》中，則清楚的記載這次的崇拜運動有千人以上參加，影響所及達26個郡國。【29】主要的原因，是由於天生異象、出現大旱，人民心生畏懼而向西王母求援，由是可以了解，在當時的西王母，已在人民心目中扮演著拯救眾生的角色。

　　東漢以後，西王母有兩項變化值得注意，一是西王母的陰性性質日益被強調，乃至與東王公成對出現；其次是西王母正式與昆侖山結合，並成為昆侖聖山的領航者。有關西王母與東王公的對稱搭配，我們在東漢中期可以看到比較多的畫像石、漢鏡中有東王公的像，但在漢代的文獻中幾乎很少見到東王公的記載。有可能是因為漢代陰陽學說盛行，西王母的陰性性質日益被強調，儼然成為眾女神的代表及領導者。居於陰陽合和的道理，開始出現東王公、西王母搭配的觀念，也可以說是漢代陰陽學說的體現。《吳越春秋》與《史記・趙世家》索隱就記載：「立東郊以祭陽，名曰東皇公，立西郊以祭陰，名曰西王母。」【30】東皇公一詞可能是漢代一開始用的名稱，後來漸以東王公呈現，可能也是為了和西王母搭配所致。不過根據研

【28】《漢書》卷11(台北：中華書局)，頁342。

【29】《漢書》卷27，頁1476。

【30】《吳越春秋》，四庫叢刊初編(上海：上海書店，1989)，頁212。

究，東王公的出現應不早於公元2世紀。【31】只是，當東漢以降的西王母與東王公，已有分居陰陽、各掌東西的觀念。到了魏晉，西王母與東王公配對，已見於文字的敘述上。然而，東王公的信仰發展，始終是無法與西王母相比，畫像石、漢鏡出現東王公圖樣的地域，也多集中在陝西、山西、山東、蘇北一帶，未能完全普及到令大眾熟知接納的地步。

其次，東漢西王母的另一項重要發展，是與昆崙、瑤池神仙聖域的結合。西漢初年，《山海經》中記載的昆崙山中，主神並非西王母，昆崙也非西王母的專擅之地。但昆崙與西王母的關係，始終綿密在一起，到了東漢之後，西王母與昆崙正式的結合，西王母成為昆崙聖域的主人，也是眾女神之首。而且在昆崙聖域裡有種種的神奇事物，其中又以瑤池最具代表。漢代的讖緯書中，就有一些記載，《河圖玉版》：「西王母居昆侖之山。」【32】另一部《河圖括地象》：「崑崙山為天柱，氣通上天。崑崙者，地之中也。」【33】還有《龍魚河圖》：「崑崙山，天中柱也。」【34】根據緯書所言，昆崙已成為宇宙中心的聖域，昆侖山就成了宇宙山的峰頂，西王母就成了這昆侖山

【31】吳淞(2000)，《論漢代藝術中的西王母圖像》(長沙：湖南教育出版社)，頁144。

【32】郭璞，《山海經校注》(台北：里仁，民國84年)，頁409。

【33】安居香山、中村璋八(1971-1981)，《重修緯書集成·河圖括地象》卷6(東京都：明德出版)，頁33。

【34】安居香山、中村璋八(1971-1981)，《重修緯書集成·河圖括地象》卷6，頁94。

的主宰。通過昆崙，就等於進入了一個有著珍稀物產與不死之藥的聖域樂園，然而此一聖域，被諭為「太帝之居」，非一般凡人能至，若能登上昆崙者，是謂「登之而不死」。《淮南子‧墜形訓》：「昆侖之丘，或上倍之，是謂涼風之山，登之而不死。或上倍之，是謂懸圃，登之乃靈，能使風雨。或上倍之，乃維上天，登之乃神，是謂太帝之居。」【35】

這太帝之居，就是西王母所居的昆崙山，也是不死的仙域，意味著西王母能引領人死後昇登仙界，由俗入聖，獲致永生。

（四）六朝時期的西王母會漢武帝仙話

經兩漢長期的醞釀，西王母的外型已由漢初司馬相如〈大人賦〉中描述的白髮老嫗形象，漸趨年輕化，到魏晉時期，西王母已成了年約三十多的中年美婦，也具備了女仙的種種特質。此外，值得注意的是漢末六朝的筆記小說中，出現了西王母會漢武帝仙話的內容，並將西王母的信仰道教化，成為上清經系風格的宗教文學作品。

在《博物志》、《漢武帝故事》、《漢武內傳》中，皆記載了西王母會漢武帝的仙話。內容大致是記述七月七日，西王母乘雲車至宮殿與漢武帝相會，賜仙桃與漢武帝共食，並傳

【35】《淮南子‧墜形訓》卷4，頁135。

授經訣的故事。尤其是《漢武內傳》中，用了相當多的篇幅，敘述了西王母授漢武帝經訣的情節，並配合宗教儀式及經卷作細膩的分析，將西王母信仰道教化的意圖很明顯。這段傳授經訣的情節，對道教的影響較大，反而在民間的傳承比較少。民間比較在意的是西王母賜仙桃，及西王母形象的描述上，受到很多民間的喜愛，而逐漸流傳。有關西王母的形象描述，可從《漢武內傳》中的記載來看：

> 母上殿東向坐，著黃金裕屬，文采鮮明，光儀淑穆，帶靈飛大綬，腰佩分景之劍，頭上大華髻，戴太真晨嬰之冠，履元璃鳳文之舄。視之可年三十許，修短得中，天姿掩藹，容顏絕世，真靈人也。【36】

相較於早期《山海經》中對西王母的描述，顯然已經有很大的改變。細膩的描寫西王母的容貌衣著及年齡，看起來已經由以前的蓬髮華勝、虎齒善嘯的司獸神，一變為雍容華貴、風姿綽約的西王母。其次，在西王母道教化的過程中，比較重要的是西王母的神格定位化，漸被塑造成女性仙界的領航者。這一點我們可以從《漢武內傳》裡，記載西王母下凡時，有眾多女仙們眾星拱月式的排場，看出西王母的女仙領袖之姿。最後，在西王母宴會漢武帝的故事中，王母賜桃共食，東方朔偷桃情節，此有關桃與神仙世界的關係，也是一件後續影響很大的事。《博物志》中首次將桃與神仙世界有了聯繫，為日後蟠桃宴會的先聲。結合原本已形成的西王母有不死之藥的傳說，王母所賜的桃子自然有了「益壽」的功效，變成神仙世界裡很

【36】《漢武內傳》，《欽定四庫全書》子部小說家類。

重要的仙桃說，吃了可以延年益壽。

（五）西王母的道教化

　　就上述的演變來看，六朝時期的西王母信仰，還有一項重要的發展，就是西王母道教化的現象。民間道教在漢末六朝興起後，自然會將本在民間盛行的西王母信仰，也納入道教的神仙譜系中。至於該如何安排西王母的神格位階，這是首先要處理的問題。根據道教早期較有系統的神譜書，陶弘景所撰《洞玄靈寶真靈位業圖》來看，西王母在道教中的位階是在元始天尊之下。葛洪撰《枕中書》中的西王母言：「吾昔先師元始天王及皇天扶桑大帝君。」可見西王母是排在此二神之下。到了魏晉的《太上老君中經》一書，又有較不同的安排，將西王母排在上上太一及太上元君之下，且與《枕中書》相同，將西王母與東王公並列為掌理太陰之氣與青陽之氣。【37】此後西王母在道教神格的位階上，大致就是安排在第二階。只是道教教義內涵中一直有五行的觀念，所以到了清代徐道纂集《歷代神仙通鑑》一書中，可以看出西王母在道教中的完形神格，變成是金木水火土五老之一。東方甲也木，所以東王公又稱「木公」；西方庚辛金，所以西王母又稱「金母」。木公金母在道教的神格內涵上，就成了生育人間兒女的父母。《神仙通鑑》

【37】宋‧張君房，《雲笈七籤》卷十八、十九有收錄《太上老子中經》全文（北京：新華書店，1992年）。

云：「木公知丹已熟，掀開頂蓋中有二物合抱，金母順手攜一視之，是陽象嬰兒，木公扶起是一陰形妊女。」【38】"金母"也就成了道教西王母的另一稱謂，或稱之為"瑤池金母"。

此外，在西王母的治所方面，原本的昆崙、瑤池到了道教，進一步成了道教的聖地。在《枕中書》中，西王母的治所是在玉京中數以萬計的山嶽洞室中，與治東方居碧海的東王公相對，被配治西方，居昆崙玄圃之中。至於昆崙山，在《拾遺名山記》中，將偌大的昆崙山內變成了九層十二瑤台的華麗格局，西王母的治所被精心安排在金臺玉闕中。【39】《大洞真經》對昆崙山也說是「有九靈之館，又有金丹流雲之宮，上接璇璣之輪，下在太空之中，乃王母之所治也。」【40】在昆崙山中，西王母所居的治所，名為"墉城"。【41】

至於西王母在道教中的神格，可以從《墉城集仙錄》的道經中，看出大致是承襲先前的各種說法，與東王公共理二氣的神，其神職乃母養群品，掌理三界十方女子登仙得道者的女仙領袖。加上西王母擁有不死之藥的信仰內涵，漸成為道教修行者得道成仙，解脫生死的另一項依據。而除了道教信仰外，西王母的民間祠廟信仰也依然綿延不絕，明代以後，西王母信仰又結合新興的無生老母信仰，而衍生出不同的風貌。

【38】清・徐道，《歷代神仙通鑑》，卷一首節（台北：學生書局，1979年）。

【39】晉・王嘉，《拾遺名山記》（上海：上海文藝出版，1991年）。

【40】《大洞真經》釋三十九章經，《雲笈七籤》，卷八第三十九章（北京：華夏出版，2004）。

【41】《無上秘要》，《正統道藏》太平部，藝文版279冊，卷21至23。

三、西王母向民間宗教的轉化

在臺灣，以無生老母信仰為核心的代表是 "一貫道" 。因此，有關一貫道的歷史源流，必然與無生老母的產生有密切關係。《道統寶鑑》【42】一書提供一個大致可信的傳承系譜，此書可能是道中代代相承沿襲而來，非成於一人一時之作。近來學界在探究一貫道的源流時，多有不同的解釋：李世瑜首先指出，一貫道的十五代祖王覺一是義和團的首領之一，所以一貫道是源於義和團。【43】這種說法犯了年代上的錯誤，已先後為宋光宇【44】、 馬西沙【45】、周育民【46】 等人所否定。林萬傳根據他多年對先天道的調查研究，提出一貫道是從先天道所分出的一支改革派【47】；馬西沙則認為一貫道是源於羅教的一個分支 "東大乘教" 及"圓頓教"，發展到江西又與江南齋教合

【42】佚人著，《道統寶鑑》（台北：正一善書出版社）。

【43】李世瑜(1975)，《現代華北秘密宗教》，第二章〈一貫道〉（台北：古亭書屋台一版）

【44】宋光宇(1984)，《天道鉤沉——一貫道調查報告》（台北:元祐出版社）， 頁117。

【45】馬西沙、韓秉方(1992)，《中國民間宗教史》，第十八章〈一貫道的源流與變遷〉。

【46】周育民(1991)，〈一貫道前期歷史初探——兼談一貫道與義和團的關系〉，《近代史研究》，63期，1991.5。

【47】林萬傳(1986)，《先天大道系統研究》（ 台南：靝巨書局）。

流，而流布到西南後由大乘教演化成青蓮教。【48】蔡少卿的研究認為，一貫道是八卦教支派先天道的一個支派組織，亦即一貫道是由八卦教先天道演化而來。【49】佐藤公彥的看法是認為一貫道是根植於金丹道、青蓮教與八卦教的傳統。【50】淺井紀則是由先天道的發展來說明一貫道源於先天道的關係。【51】王見川也認為一貫道是創於清末王覺一，王覺一則是承繼袁志謙時代的先天道傳統而來。【52】另外，David K.Jordan和Daniel L.Overmyer 的看法，是以十七祖"路中一"算起，稱為「初祖」(First Patriarch)【53】因為路中一依照一貫道中的說法是"白陽初祖"，所以是一貫道的第一代祖師。而Lev De-liusin的看法，則以十八祖"張光璧"(亦稱張天然) 於1932年在天津創立一貫道為起

【48】馬西沙、韓秉方(1992)，《中國民間宗教史》，第十八章〈一貫道的源流與變遷〉。

【49】蔡少卿(1989)，《中國秘密社會》(杭州：浙江人民出版社)，頁173。

【50】佐藤公彥(1983)，〈清代白蓮教 史的展開〉，《續中國民眾反亂世界》(東京：汲古書院)。

【51】淺井紀，《明清時代民間宗教結社研究》(東京：研文出版 1990.9)第三篇〈先天道 展開〉及〈道光青蓮教案〉，《東海史學》第11號，1977年。

【52】王見川(1996)，《臺灣的齋教與鸞堂》(台北：南天書局)。

【53】David K. Jordan & Daniel L. Overmyer, *The Flying Phoenix: Aspects of Chinese Sectarianism in Taiwan* (Princeton:Princeton University Press,1986) p.215

點。【54】因為依照一貫道中的說法，張天然是師尊濟公活佛的化身，號弓長祖。

以上這些看法都各有其史料論據，但因未能結合無生老母的產生來探討，以致論述起源的時間點不很正確。其中只有佐藤公彥認為與金丹道有淵源關係的看法，比較接近本文的論述。首先就這一段道教西王母向無生老母轉化的過程，先臚列幾項要點如下：

===

◎北宋張伯端創道教金丹道南宗：熙寧己酉(1069)年，張伯端在成都遇神人授以丹訣，乃著《悟真篇》、《金丹四百字》，創金丹道南宗。

◎南宋白玉蟾宏揚道教金丹道南宗：張伯端後經南五祖的傳承，到了南宋的白玉蟾(1194-?)，門庭始盛，漸有教團、靖庵。

◎金丹道南宗小派眾多分立：元末明初金丹道南宗小派分立，一部份併入全真道，一部份融入民間宗教，帶起明代中葉以後，民間宗教教派的勃興。

◎元末明初之際，一些道士在民間傳唱的 "道情歌" 中，出現 "老母" 一詞：明初張三丰的《九更道情》，唱「嬰兒見娘」的啟示，「娘」指的是唱詞中的 "老母"。

◎明朝成化十八年(1482)，羅夢鴻悟道，創無為教。

【54】Lev Deliusin "The I-Kuan Tao Society" in *Popular Movement and Secret Societies in China 1840-1950* (California:Stanford University Press, 1972) p. 226

◎明朝正德四年(1509)，羅祖《五部六冊》正式刊行：提出無極聖祖及無生父母的觀念，但未有"無生老母"一詞。

◎明朝嘉慶六年(1527)，羅祖過世，羅教分出"無為教"及"大乘教"兩系發展。

◎"無生老母"一詞正式出現：時間是在明嘉靖二十年(1541)前後，在道教金丹道南宗的《葫蘆歌》中：「修行人要識貨，赤縣神州選九個，離山老母整壇禪，無生老母登寶座。」無生老母的訊息應在此時左右產生。

◎明朝萬曆年間，道教金丹道南宗的一支教派漸與大乘教合流，民間出現《西王母寶卷》，暗示西王母即是無生老母的化身。到明朝末年，該支派的領袖羅蔚群(一貫道第八祖)編纂完成《龍華寶經》。

◎羅蔚群領導的金丹道南宗，利用扶乩的方式，遙接第七代祖師白玉蟾的心傳。

◎清康熙六年(1666)，羅蔚群以大乘教的名義在直隸一帶傳教，被官方逮捕後處死。道脈由黃德輝承接，著《皇極金丹九蓮正信皈真還鄉寶卷》。至此，大致完成道教西王母向無生老母的轉化。

==

(一)無生老母探源

如前所述，就無生老母信仰的產生而言，目前學界較普遍的說法，是源於明代羅祖的《五部六冊》說。但考核此說的論

述，矛盾之處還是有，最大的問題，一如韓秉方所言：「我們認為，這種論斷欠妥，失之於準確度。誠然，五部六冊為"無生老母"的面世作了重要鋪墊，且提供了不少定向性的暗示。但翻遍五部寶卷，卻根本找不到"無生老母"四字。」【55】而且五部中出現五次"無生父母"，都與後來無生老母的涵意相差很大。所以，至多只能說，"無生老母信仰"確實是在五部六冊中作了充分的思想醞釀，而呼之欲出。【56】果然，在羅教的第四代孫真空所著的《真空掃心寶卷》中，已明確的提出"無生老母"的神名。【57】

　　以上這種"無生老母"源於羅祖五部六冊說，雖為一般學界所普遍接受，但還有一點難以合理解釋。羅祖在五部六冊中，雖創了"無生父母"一詞，但在書中對無生父母多所貶抑，而另外用"無極聖祖"一詞來代表至上神，及作為宇宙萬物之主宰。且不只一次的指出，無生父母就是阿彌陀佛，如《苦功悟道卷》云：「說與我彌陀佛無生父母，這點光是嬰兒佛嫡兒孫。」、「使盡力叫一聲無生父母，恐怕我彌陀佛不得聽聞。」【58】顯然"無生父母"可能只是羅祖用來稱呼阿彌陀佛用的，所以羅祖真正所塑造的至高神，是"無極聖祖"而非

【55】馬西沙、韓秉方著(1992)，《中國民間宗教史》(上海：人民出版社)，頁210。

【56】馬西沙、韓秉方著(1992)，《中國民間宗教史》，頁211。

【57】馬西沙、韓秉方著(1992)，《中國民間宗教史》，頁214。

【58】《苦功悟道卷》，收錄於林立仁編(1994)，《五部六冊經卷》(台北：正一善書出版社)。

"無生父母"。假如無生老母是由無生父母演化而來，何以羅教的第四代，不用原來羅祖創的至上神"無極聖祖"，反而要用"無生父母"來改成"無生老母"。

因此，要探尋無生老母的來源，可能要從這個詞的源頭來了解。就目前的資料所見，早在元末明初之際，一些道士在民間傳唱"道情歌"中，已有"老母"一詞的出現。例如張三丰的《九更道情》，開頭的第一更詞云：「一更裏。回心向善，為生死其實艱難。自從離了古靈山，混沌初分下世間。西方有本，丟下根原。來在東土，性命落凡，失迷了，老母當初未生前。」最後的第九更詞是：「九更裏，苦煉三家，紅爐中火候不差。無影樹下現金花，性命二字兩頭髮。三車搬運，趙州斟茶。去到西方，參拜佛家，小嬰兒，見娘呵呵喜笑煞。」【59】通貫全篇的道情歌，唱的是「嬰兒見娘」的啟示，娘指的就是"老母"。可知在無生父母或無生老母的名詞未出現前，已先有"老母"一詞，由元末明初的道士，以傳唱道情歌的方式，在民間流傳。林湘杰在《明清寶卷中的無生老母神話研究》一文中，詳細比對了《九更道情》與另一本《藥師本願功德寶卷》的記載，看出《九更道情》已有後來無生老母故事粗略情節。【60】可見元末明初，道士傳唱的道情歌中，所用的"老母"內涵，應與後來的無生老母有一脈相承的作用。明清以來

【59】明‧張三丰《玄要篇》卷下，收錄於《張三丰全集》（杭州市：浙江古籍出版社，1990年12月），頁83-84。

【60】林湘杰(2000)，《明清寶卷中無生老母神話之研究》，文化大學中文所碩士論文，頁43-59。

的民間宗教經卷中，常將無生老母直接簡稱為"老母"或"老母娘"。以現今臺灣信奉無生老母的一貫道來看，教內最常用的也是直稱為"老母"，只是母字是寫成"中"字的中間加兩點，成為"中"字，按照一貫道的說法，為的是代表生吾人靈性的母親，同時也是生天地萬物的造物主「明明上帝」、「無生老母」。

從"老母"到"無生老母"一詞的正式出現，就目前資料所見，最早是金丹道南宗的《葫蘆歌》，時間是在明嘉靖二十年(1541)前後，其文云：「修行人要識貨，赤縣神州選九個，離山老母整壇禪，無生老母登寶座。」【61】這段《葫蘆歌》中，談到離山老母整壇，又說無生老母登上寶座，這種口吻像極現在臺灣的扶乩鸞訓，所以看來有可能是出自金丹道壇的扶乩之作。值得注意的是無生老母登上寶座的說法，如果這段歌詞真是扶乩之作，那就代表無生老母的產生，應該就在那個時期左右，借由扶乩方式來傳達無生老母的訊息。金丹道非羅祖教的體系，根據馬西沙的研究，明代的金丹道即混元道，是興起於元代的道教宗派，以修煉內丹為要務，特立獨行，與世無涉。【62】事實上，就道教發展的脈絡來看，金丹道南宗指的就是道教的金丹派南宗，創始於北宋張伯端(987-1082)，伯端多年研求丹道，神宗熙寧二年(1069)於成都遇人授以丹訣，撰《悟

【61】林萬傳(1986)，《先天大道系統研究》(台南：靝巨書局)，頁一--22。

【62】馬西沙、韓秉方著(1992)，《中國民間宗教史》，頁143。

真篇》，遂蔚成一宗之學。【63】後經南五祖的傳承，到了南宋的白玉蟾(1194-?)，門庭始盛，漸有教團、靖庵，所以也有將白玉蟾視為金丹道南宗的真正創始者。【64】南宗一派提倡三教合一，主張"大隱混俗"，不倡出家，所以組織十分鬆散。雖然元代的金丹道南宗發展出「南七真」【65】與北方全真道的「北七真」，合併稱為"全真道"。但合併後的金丹道南宗，依舊小派林立，融入民間獨自發展者不少。到了明代，由於金丹道南宗一向提倡三教合一，可能有些小派進一步與當時興起的民間宗教合流，立有道壇或兼有扶乩者的可能性不少。像這樣，無生老母的訊息由道教的道壇傳遞出來，可能就是由明嘉靖年間道教金丹道南宗的道壇，透過扶乩的方式產生。

再就時空的背景來分析，《葫蘆歌》寫成於嘉靖二十年(1541)年，距羅祖過世有十三年。如前所述，羅祖教正式用無生老母一詞，是要等到羅教第四代孫真空所著的《真空掃心寶卷》中，才有"無生老母"的神名。這時羅祖的無為教，還只是流傳在漕運工人間的秘密小教派，羅教內無生老母一詞可能也還未見出現，可見無生老母一詞的產生，論其淵源，應是與道教比較有關係，尤其是道教的金丹道南宗。以當時明代的宗教信仰氣氛來看，民間的主要影響力還是在道教。尤其是一些遊唱道情歌的道士，到處去傳播教義，《兒女英雄傳》

【63】中國道教協會、蘇州道教協會編(1994)，《道教大辭典》，〈金丹派南宗條〉(北京：華夏出版)，頁662。

【64】卿希泰、唐大潮(2006)，《道教史》(蘇州：江蘇人民出版社)，頁201。

【65】南七真：張白端、石泰、薛道光、陳楠、白玉蟾、劉永年、彭耜。

第三十八回中就有一段描述清代道士說唱“道情”的情形：
道士坐在緊靠東牆根兒，面前放著張桌兒，周圍擺著幾條板
凳，那板凳上坐著也沒多的幾個人，…看那道士時，只見他穿
一件藍布道袍，戴頂棕道笠兒。…臉上卻又照戲上小丑一般，
抹著個三花臉兒。還帶著一圈兒狗蠅鬍子。左胳膊上攬著個漁
鼓，手裏掐著副簡板，卻把右手拍著鼓，只聽他：紥嘣嘣、紥
嘣嘣、紥嘣、紥嘣、紥嘣打著。……便按住鼓板發抖道：「錦
樣年華水樣過，輪蹄風雨暗消磨，倉皇一枕黃粱夢，都付人間
春夢婆。」

　　就上述來看，雖記載的是清代的道士唱“道情”的情形，
但也可想像明代時的情景，應該差不了多少。這些道士有點像
是說唱藝人，到處去藉歌唱傳播教義，在民間肯定有其相當的
影響力。所以我們認為，“老母”一詞最早是由道教的遊唱道
士傳唱出來。到明代嘉靖年間，由於羅祖的五部六冊中提出無
生父母的概念，漸影響道教中使用的“老母”概念，而轉化成
“無生老母”的最高神信仰。這樣的轉化，主要是由當時的道
教金丹道南宗來完成。

（二）西王母向無生老母的轉化

　　無生老母信仰的產生，既然和道教有密切關係，勢必也
和道教原有的西王母信仰，具有相當程度的關聯性。甚至可以
說，無生老母信仰，是明清以來的民間宗教，從道教的西王母
信仰轉化而來。以下分幾項來論述之：
　　一是“金母”到“老母”的發展。如前所述，西王母信

仰在六朝以後漸為道教所吸納，在道教化的過程中，受五行觀念的影響，西王母成為五老之一的西方金母，又稱瑤池金母。將西王母說成是"金母"，這也是來自五行之中的西方屬金之原故。隨著金母的成形，東方甲乙木的東王公，也稱為"木公"。在道教的神格系譜中，東王公和西王母本來就是配對的，主陰陽二氣，負有生育萬物之責。所以在《歷代神仙通鑑》中，才會將木公與金母合起來，說成是生育天下兒女的父母，東王公是父親，西王母是母親。這樣的觀念在唐宋以後的道教即已形成，到了明代進一步將生育天下兒女的金母，稱為"娘"、"老母"，也是很自然的事。

其次，一項重要的關鍵是"扶乩"。乩的起源甚早，學界的考證認為是在宋代開始，到了明代扶乩風氣盛行民間，所以明末(1622年)才會有第一本完整的扶乩書《玉律寶卷》產生。【66】以當時的情形來看，扶乩的地點應多在廟寺道壇中進行，很多是道教的道壇，尤其是道教金丹道南宗融入民間的一些小派道壇，很可能就有這些扶乩的作為。以民國24年(1935)在天津尚有的一支金丹道來看，當時裡面就有鸞生楊灌楚，平日常有扶乩活動，後經一貫道師尊張天然成功的渡化，轉變成一貫道的佛堂"道德壇"，並成為往後天津一貫道道務的重鎮。【67】因此，早在明代的金丹道，以當時社會上普遍存在扶

【66】 Jordan, David and Overmyer, Daniel(1986). *The Flying Phoenix: Aspects of Chinese Sectarianism in Taiwan,* New Jersey: Princeton University Press. p38.

【67】 林榮澤(2008)，《師尊張天然傳》（台北：一貫義理編輯苑），頁31。

乩的風氣來看，金丹道有扶乩的宗教活動是很有可能的。如果再比對臺灣現在的扶乩之作來看，幾乎每一部鸞書都是在各地的鸞堂或寺廟批出，而且都會註明仙佛的名號，以「民間宗教天書訓文資料庫」【68】所收集的訓文來看，共有257位不同名目的仙佛，全部都是在天書訓文裡出現的。所以說明代民間扶乩產生無生老母的名號，是可以理解的。因此，我們認為道教的金丹道，利用扶乩方式，產生無生老母的新神明，是在既有的道教 "老母"，及羅教的 "無生父母" 的基礎上發展出來，產生的方式有可能就是利用扶乩來確認。

　　其三，民間宗教的借用與轉化。如前所述，無生老母一詞，最早是在道教中使用。所以明清時期的民間宗教，則是直接由道教取用無生老母，並加以擴充內涵，使變成一位生天生地的最高造物主，同時也是吾人靈性的共同母親，這也是道教中的 "金母" 內涵。只是民間宗教將無生老母擺在最高神的位階，並賦予慈祥和藹的老母親形象，每天依閭盼望流落人間的兒女早日回來理天團聚。這是道教中西王母的 "金母" 一詞，代表嬰兒與母娘關係內涵的借用與延伸，在民間宗教裡保留著的，只是提升了無生老母的位階，到最高神，使老母的神格，不只是生化萬物，而且統領眾仙。由此看來，民間宗教雖是由道教中取用了無生老母一詞，並賦予了新的內涵，實則脫胎於西王母的信仰。舉一例來說，如開頭所述：約在羅祖創無為

【68】林榮澤整編(2006)，「民間宗教天書訓文資料庫」(台北：一貫義理編輯苑)。

教之後，一支新興的西大乘教在明朝北京的保明寺創立，教祖相傳是一位呂菩薩。該教流傳下來的一部重要經卷《西王母寶卷》，其中明確的暗示西王母就是無生老母的化身，且為萬靈真宰，而非只是道教所述女仙統領的西王母。【69】類似這樣的寶卷內容，正合於明末清初的時代背景，若非有心人之作，也很有可能是扶乩之所為。

其四，金丹道與《龍華寶經》：無生老母信仰的關鍵性經典是《龍華寶經》。宋光宇教授在出版《龍華寶經》的序言中就說到：「它（龍華寶經）是明末清初，有關『無生老母』宗教概念最完整的一本寶卷。」【70】可見此經在無生老母信仰的形成上，具有很重要的意義。此經的成書年代已不可考，學界的研究一般認為是約當明末清初。其實此經可能與後來一貫道的發展，有很密切的關係。《道統寶鑑》中關於八祖羅蔚群有如下的記載：

八祖姓羅諱蔚群，乃太上大弟子公遠真人化身，正月初八日降誕於北直隸涿州人氏，自幼看破紅塵苦海，立志修行，遍訪明師，游江西九江府，適遇白馬二祖。二祖見伊佛性不昧，遂授上乘至道，令嗣祖位開化江南河北，是時天時未至，大展慈航普渡，又有作《皂袍靈》、《通天鑰匙》、《收圓龍華經》等，洩露真機，大闡先天大道，廣渡大地善良，奈眾生尊重，訴冥府而求還，普渡猶遠，祖心太切，上惱無皇天尊，降

【69】馬西沙、韓秉方(1992)，《中國民間宗教史》，頁673。

【70】宋光宇編著(1985)，《龍華寶經》(台北：元祐出版)，頁一。

下皇風大考，將羅祖碎屍把道收回，----先天大道上乘法門從此絕傳，迨至清朝康熙年間，已隔一千餘年矣。【71】

　　提到羅蔚群作有《收圓龍華經》等經典，民間宗教的「收圓」觀，指的是彌勒佛下生開演龍華三會，收回九六億原佛子，所以通常會說成「收圓龍華會」。《龍華寶經》開頭的前言就說：此經「講的是龍華三會，分的是萬法歸根。久以後收圓結果，末後一着，萬法一門，無二無三，本是一乘。」【72】說明此經講的就是龍華三會收圓的道理。此外，書中有〈天真收圓品〉，也一再的提及收圓的觀念。因此，《收圓龍華經》指的應該就是《龍華寶經》。至於此經是否真為羅蔚群所作，也許還有待進一步的考證，但至少羅蔚群應該與此經的編纂有關。另外，有關於學界認為《龍華寶經》的作者是書中提到的弓長祖，其實弓長合稱 "張"，指的應是金丹派南宗的創始人，張伯端祖師。在一開頭的〈混沌初分品第一〉中就說：「混沌初分誰說下，弓長留經轉法輪；開天民治分混沌，章第一宗法流通。」【73】說的是天地生成後，開章第一宗法的人是弓長，指的應該就是道教金丹派南宗的創始人張伯端。弓長也就是指稱 "張祖"。

【71】《道統寶鑑》，頁23。

【72】宋光宇編，《龍華寶經》（台北：元祐出版社，民國74年），頁7。

【73】宋光宇編，《龍華寶經》，頁15。

《龍華寶經》中提到很多金丹修煉的觀念，在開頭的〈混沌初分品第一〉：「初分混沌無一物，一炁週流現金丹。古佛出現安天地，無生老母立先天。」【74】提到天地生成，混沌初開之際，就有金丹，及無生老母的主化。同樣在〈警中遊宮品〉中：「太皇天宮坐，無生老母賜我軒轅鏡。體掛金牌走玄門，金丹一粒度眾生。」【75】也提到無生老母賜下金丹渡眾生。全書中類似的記載不少，可見此經與金丹道的關係不淺，而且是將無生老母與金丹的觀念作了巧妙的聯結。

　　其次，《道統》對羅蔚群的描述比較有問題是在時間上，提到羅蔚群離清朝康熙年代約有一千餘年，等於是唐朝時代人的說法是有誤的。《道統寶鑑》寫白馬二祖是第七代祖白玉蟾、馬端陽兩人。由於白玉蟾是南宋時代的人，出生於1192年，所以羅蔚群不應是唐代人。馬西沙根據官方奏摺的研究，認為羅蔚群就是檔案所載，清康熙六年(1666)在直隸傳播"大乘教"的羅維行。【76】嘉慶二十五年二月十二日的《英和奏摺》：

　　康熙六年，有素習大乘教的直隸民人羅維行，領了官給的《護道榜文》在外傳教。後羅維行四傳至江西民人何弱為徒。何弱得了《榜文》，到貴州省內習教。【77】

【74】宋光宇編，《龍華寶經》，頁16。

【75】宋光宇編，《龍華寶經》，頁53。

【76】馬西沙、韓秉方(1992)，《中國民間宗教史》，頁1095。

【77】馬西沙、韓秉方，《中國民間宗教史》，頁1095。

　　以羅維行的讀音、時間、活動地點及所傳的弟子何弱(即十一祖何了苦)等因素，來推斷羅蔚群就是羅維行的音誤，這應該是正確的研判，所以羅蔚群應是明末清初人。至於就奉行的"大乘教"來研判，有認為羅維行的大乘教，可能與羅祖傳承下來的另一支脈"大乘教"有關。【78】但事實上，羅蔚群是接續白玉蟾的心傳，所以應與道教金丹道南宗有關，而且這支大乘教也可能有扶乩，這是為何羅蔚群能遙接白玉蟾心傳的原故。由於白玉蟾到康熙初年，至少有四百年，民間宗教常用的方式就是借扶乩的神威，豎立接續正宗的地位。羅蔚群既然是接續白玉蟾的金丹道南宗，這支名為"大乘教"的民間教派，必然與道教金丹道南宗有密切關係。

　　這一點我們對可以就《英和奏摺》的記載：「後羅維行四傳至江西民人何弱為徒。」來核對《道統寶鑑》的記載，羅蔚群傳給第九代祖黃德輝、第十代吳紫祥、第十一代何若。正好是傳到第四代，與檔案的記載相符，所以大致可以確認羅維行即羅蔚群，何弱即何若無誤，記載的時間是康熙六年(1667)。值得注意的是，這段時期的四位一貫道《道統》祖師，很可能與金丹道南宗有密切關係。《道統》中沒有寫到吳紫祥及何若有任何著作，只記載九祖黃德輝著有《皇極金丹》等經卷：

　　　　九祖黃德輝，乃元始天尊化身，二月初八日降誕於江西饒州府鄱陽縣人氏，自幼德慧雙美，好道心切，佛性不

【78】周育民，＜一貫道前期歷史初探——兼談一貫道與義和團的關系＞，頁79。

昧，見經書卷集一覽便通。時值九歲，得神仙傳授金丹口訣，並傳至玄，盤心從此遙接心傳，為第九代掌道祖師。修煉至玄妙道，演說上乘正法，渡人無量，遠近之人皆稱為天下神童，闡道江右洪闡道風，化行遭異類誹謗，受無限辛苦，受諸般魔考，不起嗔恨，每晨焚香祝告天地，懇祈大道早開，普渡早成，誠感上天，一日偶見西方霞光燦爛　，光中現出三冊，上冊《禮本》，中冊《愿懺》，下冊《電》、《唵》二經。九祖自得之後，天機大洩，常遇風浪與考魔患難之時，又著《皇極金丹》，預作三會收圓憑證，功果圓滿頂災頂劫，替大眾消除冤賬，及時受屆殺身了道成仁，哭回天宮。九祖了道，將道統傳授吳祖執掌，留下正宗篇云：九祖祝告天地，西方現出經文，江西鄱陽調理，殺身了道成仁，皇極金丹註下，又名《九蓮歸真》，恐後眾生不信，預作收圓定憑。【79】

　一般認為《皇極金丹》即是《皇極金丹九蓮正信歸真還鄉寶卷》，很明顯是與金丹道有關。例如：在此經的開經偈即提到：「金丹正法出世間，無影山前造金船，諸佛諸祖明真性，同續當來九葉蓮。」【80】〈彌陀領法臨凡品〉中，也談到「天佛牒，玉皇勅，差吾下界；領金丹，無價寶，來度眾生。」【81】可見金丹是主要救渡眾生的無價寶。此外也

【79】《道統寶鑑》，頁24。

【80】《皇極金丹九蓮正信歸真還鄉寶卷》，〈開經偈〉，頁4。

【81】《皇極金丹九蓮正信歸真還鄉寶卷》，〈彌陀領法臨凡品第三〉，頁51。

說到：「真祖暗臨凡，埋名在世間，密演金丹道，三會總收源。」【82】明白的說是金丹道。在這部經中有很多地方都有類似的說法，可見此經與金丹道的密切關係。也再次的印證這四位一貫道的祖師，其實是與道教金丹道南宗有淵源的關係。應該理解為，南宋白玉蟾以來的金丹道南宗，一部份支派漸次向民間宗教發展，到了明代已吸納不少民間宗教的內涵，成功的將西王母的信仰，與五部六冊的無生思想相結合，透過扶乩方式，改造成無生老母的信仰。

綜合以上的論述，整個發展的脈絡是：北宋一支由張伯端創建的道教金丹道南宗，傳到南宋的白玉蟾後，大宏宗風，再經元、明兩朝向民間發展，漸與新興的民間宗教融合，不但將道教西王母信仰，轉化成生成萬物的"老母"信仰，而且到了明末清初的羅蔚群，透過扶乩遙接白玉蟾的心傳，並進一步與羅祖分出的大乘教合流，融合成完整的無生老母信仰。

四、結論

民間宗教一直以來，被學界認為有「三教合一」的傾向，且認為是獨立於佛、道之外的一種宗教現象。但到底民間宗教和佛、道的關係為何？有多少成分是來自佛、道的影響，則有待作深入的探討。一如李剛所言：「進入明清時代，道教在組

【82】《皇極金丹九蓮正信歸真還鄉寶卷》，頁61。

織、教理上日趨衰落，新的民間秘密宗教興起，便大量吸取道教的內容與形式以充實自己，而道教的很大一部分也趨於民間宗教化。」【83】指出明清以來的道教有民間宗教化的傾向。本文也是以此作為探討的主軸，提出個人的淺見以就教於學界。

「無生老母」的信仰，是影響明清民間宗教最深的最高神。如果真如文本所言，是由道教金丹道南宗發展而來，其中的意義將有很大的想像空間。以往學界所關注的明清時期道教走向式微的問題，或許就不應該說是衰微，而只是道教在民間的發展上，產生了另一次的轉化與變革。筆者曾發表〈玄關一竅：道教生命仙學向民間宗教的轉化〉【84】一文，從民間宗教最重要的入教儀式，探討道教的影響有多大。本文基本上也是這個議題的延伸，另以西王母的發展為主軸，探討其轉化成無生老母的過程，借此進一步理清道教對明清民間宗教影響的程度。

一直以來，我們對明清民間宗教的無生老母信仰，大多停留在羅祖的五部六冊及其無為教為其主要的源淵。本文探討的主要目的，是要指出就時空的背景來看，無生老母信仰的來源與發展，主要是受到道教金丹派南宗的影響，而非羅祖的無為教。這一點我們可以從初期羅教的傳播情形來了解，根據馬當沙的研究，羅教創立初期，主要是在漕運工人間流傳，這些

【83】李剛，〈道教走向民間〉，網址：http://www.taoism.org.hk/generaltaoism/development-of-taoism/pg1-2-6-3.htm。

【84】林榮澤(2008)，〈「玄關一竅」：道教生命仙學向民間宗教的轉化〉，《新世紀宗教研究》六卷四期，2008年6月。頁67-110。

漕運工作大部份的時間是在船上，只有利用回船的空檔，在運河沿岸的齋堂作拜會吃齋，非時則由少數老弱者留齋堂看守，信眾很明顯以漕運工作為主，所以比較封閉。【85】反到是在當時較活躍的，是由道教融入民間的一些教派，道教金丹派南宗即是一個代表。該宗派系由張伯端創立，白玉蟾宏揚，在元代有一部份併入全真教，一部份則融入民間獨自發展。這些由金丹道衍生出來，走入民間宗教的道教教派，很可能有扶乩的活動，就像臺灣各地的廟壇，常有透過扶乩帶起的造神運動，這是很容易想像的事。

　　因此，綜合本文言之，就無生老母信仰的起源來看，應與道教的金丹道南宗有密切關係。而金丹道南宗則是將道教的西王母簡化成"老母"，再結合五部六冊裡的無生父母概念，轉化成"無生老母"的信仰型態。這樣的轉化過程中，不排除可能是扶乩的使用，借以強化無生老母的神聖性，並將無生老母提升為造化主的最高神。

（本文曾於「2009年道教神祇學術研討會」宣讀，感謝李世偉教授講評及現場諸多前賢指正，謹此致謝）

【85】馬西沙、韓秉方，《中國民間宗教史》，第六章〈羅教與青幫〉。

參考書目

《史記會注考證》(台北：文史哲，民國82年)。

《吳越春秋》，四庫叢刊初編(上海：上海書店，1989)。

《莊子集釋》(台北：華正，民國80年)。

《漢武內傳》，《欽定四庫全書》子部小說家類。

《漢書》(台北：中華書局)。

《爾雅注疏》，《欽定四庫全書》經部小學類。

白雲觀長春眞人編纂，《正統道藏》(台北：新文豐，民74年)。

中國道教協會、蘇州道教協會編(1994)，《道教大辭典》(北京：華夏
　　出版)。

方詩銘(2005)，《古本竹書紀年輯證·周紀》(上海：上海古籍出版
　　社)。

王見川(1996)，《臺灣的齋教與鸞堂》(台北：南天書局)。

安居香山、中村璋八(1971-1981)，《重修緯書集成·河圖括地象》
　　(東京都：明德出版)。

朱芳圃(1957)，〈西王母考〉，《開封師院學報》第二期。

佐藤公彥(1983)，〈清代白蓮教史的展開〉，《續中國民眾反亂世
　　界》(東京：汲古書院)。

佚人著，《道統寶鑑》(台北：正一善書)。

吳淞(2000)，《論漢代藝術中的西王母圖像》(長沙：湖南教育出版
　　社)。宋·張君房，《雲笈七籤》(北京：新華書店，1992年)。

宋光宇(1984)，《天道鉤沉——一貫道調查報告》(台北:元祐出版社)。

宋光宇編著(1985)，《龍華寶經》(台北：元祐出版)。

李世瑜(1957)，〈寶卷新研〉，《文學遺產增刊》第四輯。

李世瑜(1975)，《現代華北秘密宗教》(台北：古亭書屋，台一版)。

周育民(1991)，〈一貫道前期歷史初探─兼談一貫道與義和團的關係〉，《近代史研究》，63期，1991.5。

明‧張三丰《玄要篇》，收錄於《張三丰全集》(杭州市：浙江古籍出版社，1990年12月)。

林立仁編(1994)，《五部六冊經卷》(台北：正一善書出版社)。

林湘杰(2000)，《明清寶卷中無生老母神話之研究》，文化大學中文所碩士論文。

林萬傳(1986)，《先天大道系統研究》(台南：靝巨書局)。

林榮澤(2008)，〈「玄關一竅」：道教生命仙學向民間宗教的轉化〉，《新世紀宗教研究》六卷四期，2008年6月。

林榮澤(2008)，《師尊張天然傳》(台北：一貫義理編輯苑)。

林榮澤整編(2006)，「民間宗教天書訓文資料庫」(台北：一貫義理編輯苑)。

凌純聲，〈昆侖與西王母〉，收於佚人編輯(1991)，《昆侖與西王母》。

卿希泰、唐大潮(2006)，《道教史》(蘇州：江蘇人民出版社)。

晉‧王嘉，《拾遺名山記》(上海：上海文藝出版，1991年)。

袁珂(1991)，《中國神話史》(台北：時報文化)。

馬西沙、韓秉方(1992)，《中國民間宗教史》(上海：上海人民出版社)。

張岩審定(2007)，《山海經》十八卷(北京：首都師範大學)。

淺井紀，《明清時代民間宗教結社研究》(東京：研文出版 1990.9)。

清‧徐道，《歷代神仙通鑑》(台北：學生書局，1979年)。

郭璞，《山海經校注》(台北：里仁，民國84年)。

陳春暉(2002)，〈母神崇拜與中國古代思想〉，《西北大學學報》，

2002年1期。

黃才容(2002)，《西王母神話仙話演變之研究》，國立臺灣大學中國文學研究所碩士論文。

黃德輝，《皇極金丹九蓮正信歸真還鄉寶卷》，收錄於張希舜等主編(1994)，《寶卷初集》(太原：山西人民出版社)。

劉師培，〈穆天子傳補遺〉，收於佚人編輯(1991)，《昆侖與西王母》(台北：天一書局)。

歐大年(1993)，《中國民間宗教教派研究》(上海：上海古籍出版社)。

蔡少卿(1989)，《中國秘密社會》(杭州：浙江人民出版社)。

鄭志明(1985)，〈臺灣無生老母信仰淵源探論之一：無為教概說與近人研究成果簡述〉，《台北文獻》第71期。

鄭榕(2002)，〈中國古代神話中的女性象徵〉，《中華女子學院學報》，2002年14卷4期。

蕭兵(1998)，〈中亞羌種女王西王母—兼論華夏、羌戎與西域—中亞的血肉之情〉，《淮陰師範學院學報》20卷，1998年1期。

韓秉方，〈中國的民間宗教〉，收錄於湯一介主編，《中國宗教：過去與現在》(北京：北京大學出版社，1992.10)。

顧實(1976)，《穆天子傳西征講疏》(台北：台灣商務印書館)。

David K. Jordan & Daniel L. Overmyer, *The Flying Phoenix: Aspects of Chinese Sectarianism in Taiwan* (Princeton:Princeton University Press,1986)。

Lev Deliusin "The I-Kuan Tao Society" in *Popular Movement and Secret Societies in China 1840-1950* (California:Stanford University Press,1972)。

戰後大陸來台宗教的
在地化與全球化

─以一貫道為例

一、前 言

「全球化」（globalization）過程的推展，意謂著人類將邁向隔閡與藩籬逐步崩解的過程，亦是經濟、政治、文化等面向，交互影響、相互融合的過程。然而，最重要的是，全球化也代表一種共同文化意識的形成，其影響力將逐步擴散。其中包括文化的各個面向，匯集成對人類生存價值與意義的關注，此一人類最古老問題，將隨著全球化的過程逐步形成共識，這將會是「全球化」接下來的重要發展，也是本世紀人類最重大的文化成就。

　　「全球化」的議題，自羅伯森（Roland Robertson）於1960年代提出後，開始受到關注，到了二十世紀的90年代，已快速竄升為社會科學的主流概念，並廣泛的受到重視。【1】今天，全球化是否存在已不是爭論的問題，而是全球化究竟如何發展，會產生怎樣的影響才是問題。【2】然而，「全球化」的概念，誠如史考特（J. A. Scholte）所言：「今天成千上萬的人都使用全球化這一詞，但幾乎沒有人能始終如一地使用一個清晰、具體而特定的全球化概念。」【3】而且還進一步延伸出「在地化」、「全球在地化」、「在地全球化」、「全球場域」、「全球主義」等的概念，更加豐富了全球化的探討層面，也更不易取得一個共識性的概念。因此，有愈來愈多的人在研究全球化時，甚至不去探討它是什麼，而只關注在它是如何運作的問題上。這方面的探討，目前我們從切入的面向來看，比如瓦特（M. Waters）（2000）將全球化分為政治、經濟、文化三個面向；【4】比亞（Beyer）（1994）多了社會面向；黑爾德（Held）等人（2001）除將經濟面向作更細緻化探討，也加入軍事、環境與遷徙等問題。可見目前的全球化的研究大多集中在經濟、政治、文化等面向，而有關宗教傳播與全球化的探討則相對有限。

【1】瓦特（M. Waters）著，徐偉傑譯（2000），《全球化》（台北：弘智文化），頁1。

【2】楊雪冬（2003），《全球化》（台北：揚智出版），頁3。

【3】J. A. Scholte (2000). Globalization: a Critical Introduction. NY: Palgrave, p.41.

【4】瓦特（M. Waters）著，徐偉傑譯（2000），《全球化》。

　　在地化或稱之為「本土化」、「地方化」，它是相對於全球化所興起的概念，兩者互為表裡，而非對立的態勢。莊萬壽指出：「基於台灣具有被殖民經驗，在後殖民主義極力主張對歷史、政治和社會環境認知的訴求下，本土化成為一個重要的切入點。」[5] 莊氏是以台灣主體文化來論，認為本土化是殖民地尋求主體性的過程，透過肯定傳統歷史文化來反思殖民文化。此外，葉啟政認為本土化就其理想意涵而言：「它所發展出來的特質是既有別於過去本土傳統既有的，也不同外來的面貌，但卻又同時與兩者有著某種歷史延續性的臍帶關係。」葉氏考量到外來文化進入本地，所發展出的文化新面貌，是不同於傳統的。以這樣的觀點來探討一貫道傳入台灣後的在地化問題，將是本文的主要思考點。也就是說，本文在處理一貫道在地化與全球化的問題時，將著重在文化面向的思考，誠如上述所言，全球化與在地化牽涉的面向很多，加上一貫道自有其在地化與全球化的模式，所以本文在探討此一模式時，將著重在文化面向的分析。

---

[5] 莊萬壽（2003），《台灣文化論──主體性之建構》（台北：玉山社），頁147。

　　此外，目前學界研究全球化問題，存在一個主要的爭論內容，就是全球化的原因是什麼？如何推動了這個全球化的過程？稱之為「全球化動因」。關於「全球化動因」的解釋，Robertson是重要傑出人物的代表，他提出「全球場域」的概念，試圖透過經濟、技術、文化以及政治變革等眾多推動力之間複雜的互動關係，來說明全球化的動因。【6】本文旨在探討一貫道在過去的五、六十年間，在台灣是如何發展「在地化」與走向「全球化」的模式。筆者發現此一模式有其獨特性，很難完全拿來與現有的全球化與在地化概念相比附，正如J. A. Scholte所說，全球化的概念本身也愈來愈難理出一個清晰、具體的共通概念，所以筆者最主要是以歷史發展的過程來探討，試著理出一貫道發展在地化與全球化的模式與動因。筆者發現，一貫道全球化的動因，來自「天命」與「人愿」的兩項主要動力。

　　因此，本文探討的主軸，將擺在兩方面：首先，台灣一貫道的在地化模式，指的是一貫道由大陸傳來台灣後，如何在完全與大陸斷絕聯繫的情況下，獨自發展，落地生根的在地化過程。其中特別就「在地化動因」作思考，希望能找出一貫道成功在地化的因素。其次，自1980年後，一貫道開始由台灣大量向海外傳播，到2008年止，已有超過八十個國家設有一貫道的佛堂或大廟，使得一貫道能由台灣逐步走向全球，本文將以各

【6】R. Robertson (1992). Globalization: Social Theory and Global Culture. London: Sage.

國送回來存於「民間宗教天書訓文資料庫」[7]的文獻為材料，探討此一貫道全球化的過程及動因，及其模式所呈現出來的意義。

最後，本文將試著來理解，一貫道從在地化到全球化的過程，所給我們的啟示。如筆者開頭所言，「全球化」的過程，代表著人類的隔閡與藩籬的逐步崩解，及共同文化意識的逐步形成。接下來的發展，勢將觸及人類最根本問題的解答，也就是生存的價值與意義的問題。全球化代表一個全面性交融的時代，一貫道的天書訓文中，透露了許多對人類生存價值與意義的指引，以其全球化的速度，未來肯定會為這個問題，產生很大的影響力。

二、台灣一貫道的在地化

一貫道於二次戰後傳來台灣，經六十多年的發展，蔚然成型，不只成功的「在地化」，也走向「全球化」的開展，成為擁有海內外千萬以上信徒的大宗教，呈現出來的氣象，已全然不同於大陸時期的一貫道。R. Robertson認為，面對「全球化」的趨勢，能與國際接軌，才能創造更大利基的觀念，從一貫道

---

[7] 林榮澤（2007），〈民間宗教天書訓文初探〉，《新世紀宗教研究》，5：4。收錄於氏著（2007），《台灣民間宗教研究論集》（台北：一貫義理編輯苑），頁13-78。

的發展過程中，也可以得到同樣的啟示。

　　嚴格來說，一貫道不能算是一個新興的宗教，因為它和明、清以來廣泛流行於基層社會的民間宗教，有著很密切的關係。清康熙年間的「大乘教」，是第一個與一貫道有直接淵源的教派。【8】到了清道光年間，當時最大的民間教派——青蓮教，其中一些教首和《道統寶鑑》【9】所載的一貫道祖師相同。同治12年（1873），青蓮教分裂，由姚鶴天所領導的一支，發展出後來的一貫道。【10】清光緒初年，姚祖的弟子王覺一，【11】對青蓮教進行改革，倡導儒教化，將原本以道教修煉為主的青蓮教，導向儒教化。王祖撰《一貫探原》一書，就孔子所說「吾道一以貫之」的道理，做了深入的發揮，為一貫道儒教化的教義奠下基礎。【12】光緒12年（1886），劉清虛承接祖位後，就將「東震堂」改名為「一貫道」，此為一貫道名稱之由來。【13】其後，一直到民國19年（1930），張天然接掌第十八代祖位，一貫道又有了進一步的改革，除了確立一貫道的儒教

【8】林榮澤（2007），《一貫道歷史：大陸之部》（台北：明德出版），頁91-96。

【9】佚人著，《道統寶鑑》（台北：正一善書出版）。

【10】林榮澤（2007），《一貫道歷史：大陸之部》，頁115-126。

【11】王覺一在一貫道道統系譜中，是第十五代祖。

【12】林萬傳（1986），《先天道系統研究》（台南：靝巨書局），頁1-186。

【13】宋光宇（1984），《天道鉤沉──一貫道調查報告》（台北：元祐出版社），頁118。

化，禮儀和傳道儀式都作了簡化，【14】使一貫道更容易傳播，如此一貫道才開始大為宏展起來。

張天然自掌道後，即由濟寧到濟南傳道，一年後就建立了五處佛堂。【15】從此，一貫道就由濟南逐漸外傳。到民國36年張天然病逝前，一貫道事實上已傳遍全中國。【16】此時天津、上海兩處的道務，已形成一貫道的南北兩大道務中心。今日台灣一貫道最大的幾個組線中，興毅、發一即是發源於天津，基礎、寶光則起源於上海。民國36年（1947）8月，張天然過世。道務改由孫師母（慧明）承接。民國37年間，華北的局勢已相當危急，許多一貫道信徒紛紛避難海外，韓國、日本、台灣、東南亞等地都有。在中共建立政權後，一貫道的道務馬上陷於停頓。中共將一貫道扣上「被帝國主義者及國民黨所利用的反革命工具」之罪名予與逮捕。【17】有的則轉入地下，利用秘密的地下室聚會，彼此借秘密管道相互連繫；或是將名稱改成「中道」以作掩護，在山西省就有一些是如此，同樣的情形在

【14】 張天然最主要的著作就是《暫訂佛規》，民國28年1月，頒訂於濟南（民國80年，台北，三峽靈隱寺重印）。

【15】 宋光宇（1984），《天道鉤沉──一貫道調查報告》，頁123。

【16】 孚中（1999），〈師尊師母傳道年譜〉，收錄於孚中，《一貫道發展史》（台北：正一善書），頁409-416。

【17】《人民日報》，1950年12月20日。引自Lev. Deliusin (1972). "The I-Kuan Tao Society" in Jean Chesneaux (Ed.), Popular Movements and Secret Societies in China. Stanford, California: Stanford University Press , p.225.

河北省也有發現。【18】事實上，1949年後的一貫道在大陸已很難發展，形同止渡。

(一)戰後由大陸傳來台灣

　　一貫道在大陸時期的發展，傳佈流行的很快，在還來不及看清其全貌時，也很快的隨中共政權的建立而消逝。但它卻能再創機運，成就今日海內外的規模，主要還是這六十餘年來在台灣的發展。大陸和台灣的一貫道，雖然本質相同，但台灣一貫道卻有全然不同的開展。其中以大廟的建構，大專知識份子的大量投入，引領一貫道走向儒教化等三項最值得關注。基本上，以現今台灣的一貫道來看，不應只單純看成是大陸一貫道的延續，台灣的一貫道成功的在地化，一如葉啟政所說，發展出既有別於過去本土傳統既有的，也不同原來大陸一貫道的面貌，而是以全新的風貌，向世界傳播作全球化的開展。

【18】《人民日報》，1955年7月2日及29日，引自C. K.Yang (1970). Religion in Chinese Society. Berkeley: University of California Press, p.400.

民國34年二次大戰結束，10月25日台灣光復，正式結束日本50年的統治。大陸各地的一貫道信徒，多有準備來台開荒傳道者。其後由大陸來台傳播一貫道的前人共約百位，[19]最早是民國34年（1945）12月16日，由陳文祥、楊倚文、鮑炳森三人從上海搭船抵達基隆，翌年1月13日在宜蘭礁溪設立全台第一所佛堂「天德佛堂」，[20]年底前又在全省共開出十一處佛堂。陳文祥原籍台灣高雄彌陀鄉人，赴日學醫，學成後在上海創設愛華醫院，兼主持華僑醫院醫務，及華英藥局醫務。因醫術高明，結交不少富豪名人及文武軍職。民國31年7月15日，得到孫軍長[21]及李麗久的引保，在南京三茅宮天一壇由齊鳴周道長點傳入道。[22]其後得孫軍長的推舉擔任陸軍軍醫院的院長，隔年即由潘華齡道長推薦，師尊張天然授命為點傳師，並奉派回台傳道。

【19】詳見林榮澤（2008），〈台北市一貫道發展史〉，《2008年宗教與文化學術研討會論文集》（台中：崇正基金會，2008年5月），頁57-59。

【20】蔣國聖編（1990），〈陳文祥前人事略〉，《一貫道紀念專輯》（台中：國聖出版社編印），頁143-144。

【21】孫軍長的全名在〈陳文祥自述歷史〉中並未說明，其後經由孫軍長推薦陳文祥擔任陸軍醫院的院長，顯然孫軍長應是軍方人脈，而非孫錫堃道長。詳見崇正基金會（2002），《一貫道台灣樞紐：陳公文祥紀念集》（台中：崇正基金會），頁15。

【22】〈陳文祥自述歷史〉，收錄於崇正基金會（2002），《一貫道台灣樞紐：陳公文祥紀念集》，頁15。

民國35年初,又有五批的人員,約數十人來台。【23】民國
36-37年,隨大陸局勢的危急,有更多的一貫道信徒紛紛來台,
這些人大都為今日台灣一貫道的主要領導前人。初期來台傳道
的一貫道徒,大多是搭船由基隆上岸,然後先到台北市落腳,
再向各地發展。這些前人輩並非有一個統一的組織,而是各自
找地緣、人緣發展,加上當時官考【24】嚴重,所以彼此也少聯
繫,後來就發展出現在的台灣一貫道十八組線。【25】

　　陳文祥初期的道務主要集中在台北市,民國35年1月19
日,在台北市伊寧街35號,成立在台的第二支佛堂「歸元佛
堂」,正式展開在台北市的道務。此後由35年到36年底,共在
全省開出35處的佛堂,【26】並於台北市召開第一場為期30天的
法會,畢班時提拔20位的總堂主。其中不乏一些知名的大老
板,如台灣煉鋼廠董事長黃伸火、五金公會理事長張東華等都
是。【27】當台灣的道務開始發展之際,卻傳來師尊張天然仙逝
的消息。民國36年農曆8月15日,張天然病逝於四川成都,後續
的道務就由孫素貞師母接續。孫師母在接掌道務的同時,也任

【23】宋光宇(1984),《天道鉤沉——一貫道調查報告》,頁128-129。

【24】「官考」:指傳播一貫道者被政府取締,謂之官考,又稱為風考。

【25】台灣一貫道十八組,請見慕禹編(2002),《一貫道概要》(台南:靝巨書
　　　局)。

【26】全省的35處佛堂,詳見崇正基金會編輯委員會編(2002),《一貫道台灣樞
　　　紐陳公文祥紀念集》(台中:崇正寶宮),頁24-25。

【27】寶光元德編輯(2005),《妙極大帝暨楊老前人百歲誕辰追思紀念專輯》
　　　(桃園市:寶光元德出版),頁5。

命潘華齡道長為江蘇、浙江、福建、廣東、台灣五省總樞紐，並任命陳文祥為台灣樞紐，此為陳文祥樞紐稱呼之由來。

初期，台灣一貫道傳道的過程並沒有想像中的容易，就在37年的農曆8月15日，爆發來台第一場嚴重的官考。這一天正好是張天然成道週年紀念日，許多信眾聚集在台北元德寶宮的紀念會場中，當時的警務處長陳仙洲，率領大批警察包圍現場，將佛堂內全部人員包括陳文祥帶至警局處理。於是正在逢勃發展中的台北道務，一時受到極大的挫折，陳文祥不但倍受苦刑還關了六個多月，還成了警局時時跟監的對象，許多道親也受此影響紛紛隱遁。

民國37年的這場官考是一貫道傳來台灣的首次，也是造成很大影響的一場官考。一時之間，陳文祥在台北地區的整個道務幾乎陷入停頓。為此，負責上海寶光壇的潘華齡道長，親自特地二度來台安撫道場。

民國35年底，潘華齡首度來台傳道，特地將52組辦道用的佛燈由陸路、水路，專程自上海搭乘浮艕運送來台，船抵基隆後，再轉搭火車至台北，賃屋暫住。同年歲末，潘華齡購得台北市太原路92巷5至7號的房子，樓下開雜貨店做生意，樓上安設「親德佛堂」。他所帶來了五十二組佛燈，除自用一組外，凡開堂者皆賜予一組佛燈，共開出44間佛堂，如此，僅餘八組佛燈在堂。由於37年的一場大官考，潘華齡再度來台，為安頓人心，特地在台北歸元佛堂辦理懺悔班，以鞏固道徒的信念，另一方面則設法營救仍被監禁的點傳師。包括陳文祥在內的三位點傳師，直到隔年（民38）的3月才獲得釋放。

除了上海寶光壇的陳文祥，民國35年間，有來自天津文化壇的孫路一、朱傑南抵台北市潮州街設「天化堂」，發展出台

灣一貫道文化組。同年的5月間，廈門基礎道場唐紹繼、解昭武、劉遵三、曹鐵善等人來台北市開荒，是為台灣一貫道基礎組的由來。同年的9月間，天津文化壇再派李文錦來台北市古亭區設「善化堂」，發展文化組的道務。同年的10月間，上海基礎壇的袁煮鶚、袁煮鴻、顧祥麟等抵台北市開荒，發展出台灣一貫道基礎忠恕道場。【28】隔年（36年），又有天津乾一壇、上海金光壇、安徽慧光壇、天津同興壇等派員來台傳道。初期各組線來台的前人輩，同樣都是經歷了艱辛的傳道開創過程。

（二）在地化的關鍵：佛堂的開設

台灣一貫道的「在地化」，主要憑藉就是「佛堂」的開設。由於有了佛堂就有了傳道的據點，方便信徒的加入。因此，當一間間的一貫道佛堂，在本地人的家中開設時，正好說明了一貫道一步步的在地化過程。

1.同德佛堂

民國36年初，台灣經歷了二二八事變，加深了本省人與外省人之間的心理鴻溝，使得道務的推展更形困難。3月間，天津「義善壇」的劉振魁、李德璽、牛學儉、王連玉、曹海瀛等五人來台。一行人由基隆港上岸後，想找個落腳處暫解飢渴，別人一問之下，五人從大陸來又是吃素，當時的本省人多半怕

【28】慕禹（2002），《一貫道概要》（台南：靝巨書局），頁81-86。

事，以致始終沒人理會。一直走到濱海路底，都看到基隆海邊的和平島了，眼看天色已晚，正在著急時，幸好遇上一位熱心的山東人。這位山東人剛結婚成家，一聽說他們來自天津，就很熱誠的邀請到他家，還親自撒麵皮、包餃子，請劉公等人吃，並留宿一夜。經由這位熱心山東人的轉述，一行五人始知此地剛經歷過一場二二八浩劫，讓五人渡過一個難忘的夜晚。隔日一早，他們五人即辭謝那位熱心的山東人夫婦，由基隆搭火車下台北。【29】

　　劉振魁等一行五人到了台北車站後，人生地不熟，舉目無親，不知往那去找誰。五個人走在今日之西門町一帶，言語不通，真是寸步難行。走累了，在今日之西門町戲院旁，找到一家小旅館，先有個落腳處。由於劉振魁會講日語，多少還能溝通，但吃飯吃素可就麻煩了。隨行的牛學儉回憶說：「當時還沒有中華商場，我們先在西門町戲院旁的一家平房小旅館落腳。吃飯吃素，人家就覺得很怪，我們只叫白米飯吃，老闆問說要點什麼菜，我們就說：拿醬油來就好了。白米飯拌醬油，是我們來台北的第一餐。」【30】在旅館住了幾天，劉振魁等一行人，在東門町找到一處合適的房子—是一間日本宿舍，就買了下來準備安設佛堂。當時那間房子的地址是東門町五條通，就是現在的臨沂街六〇巷一帶。佛具是由大陸天津帶過來，開壇當天，渡了第一位—住在東門的山東人苗書永求道，壇名為

【29】《牛學儉訪談記錄》卷一；林榮澤（2007），《開道先鋒：劉振魁前人略傳》（台北：明德出版），頁47-48。

【30】《牛學儉訪談記錄》卷一，頁3。

「同德壇」。

　　開設「同德壇」，使道務的開創有了基礎。隨後天津方面，又有第二批人渡海來台，是劉振魁的兒子及劉全祥，來台後以同德壇為落腳處。然而，道務的開辦真是舉步惟艱，為了有機會與人接觸，同時也能有些收入，幾位同來的年輕人，就在今天信義路與金華街交會口，擺起攤子賣雜貨，藉機會來渡人求道。同年7月間，由天津又來了第三批人，有郝金瀛、王繼軒、李鈺銘、張玉台、陳鴻珍、趙大姑、曹海瀛等人。【31】隔年（37年）7月8日，韓雨霖等一行人，包括張文運、王菊亭、于峻德、李新通、韓萬年、趙志誠等人來台。八月間，祁玉鏞、陳耀菊、梁春華、陳鴻珍、趙大姑等五人也隨後來台。【32】

　　民國37年8月間，韓雨霖等一行人，由天津來到台北，全會集在同德壇落腳，連先前到的一共約二十三人。由於言語不通，人地生疏，道務很不易開展。於是韓雨霖就將人員作了調配：台北地區由劉振魁負責；台中地區由韓雨霖親自負責；台南地區由劉全祥負責；高雄地區由劉學鍠負責。【33】

　　劉振魁在台北開創道務的過程極為艱辛，初期以渡化外省人求道為主，但一些外省人求道後，多半不再回來佛堂，或是對道的內涵，沒有進一步的了解，以致雖有人求道，道務的推

【31】三峽靈隱寺編，《老前人生平年譜》（台北：天道之光出版社），未刊稿，頁4。

【32】三峽靈隱寺編，《老前人生平年譜》，未刊稿，頁4。

【33】林榮澤（1993），〈一貫道「發一靈隱」：一個台灣一貫道組織的發展史〉，《東方宗教研究》，新三期，頁276。

動卻毫無進展。直到民國38年間，有一天，渡了同德壇隔壁的本省人許先生一家，道務才真正有了開展的契機。劉振魁是靠日語和許先生一家人溝通，後來再經由許太太引渡了陳金蓮，陳是位助產士，人緣非常好，經由她引渡了許多人入道，才使得台北的道務開始發展起來。

這一年（36年），還有來自天津乾一壇的聞道弘率三才【34】牛春來等抵台，在台北市古亭區設立「禮智堂」，發展出後來台灣一貫道的乾一組。此外，上海金光壇的莊祥欽、李孚生等也在這一年抵台，在台北設立佛堂，發展出台灣一貫道的金光組。安徽六合的慧光壇張繼也來台，在台北市設立佛堂，發展出台灣一貫道的慧光組。這年的3月間，上海基礎壇的張培成率眾來台，在台北市古亭區南昌街設立「天豐壇」，發展出台灣基礎忠恕道場。

民國37年間，大陸的局勢急轉直下，隨著國民政府的節節敗退，有更多的一貫道前人渡海來台。這一年共有南京忠恕壇孫德椿抵台，在台北市西寧路設佛堂，發展出台灣一貫道法聖組。天津乾一壇趙煜崑抵台北市幫辦道務，發展乾一組的道務。天津天祥壇李星五、劉戀忠、姜厚成來台，在台北市設壇，發展出台灣一貫道天祥組。天津天真總壇張文運抵台，在台北市成立佛堂，發展出台灣一貫道天真組。天津浩然壇金寶璋、牛從德、張鴻義、王世棠、王嗣森、張樹芳抵台，在台北市長安西路設立佛堂，發展出台灣一貫道浩然組。天津張勤

【34】「三才」：指借竅開沙時的乩手，共有天才、地才、人才三位一組。

率子劉學錕、媳陳俊清抵台，在台北市臨沂街落腳，發展發一組慈濟道場。5月間，天津文化壇趙輔庭來台北市成立「中化堂」，發展文化組道務。

2.坤德壇

民國38年5月，韓雨霖老前人回台北同德壇，關心道務的開辦情形。對初期因言語不通，道務開展不易，至感憂心。正好劉振魁向韓老前人介紹一位李清賀——雲林斗六鎮人，由於他略通國語，可以居間溝通，學問也不錯。就由李清賀從台北，領著韓老前人、郝晉德、趙大姑、陳大姑、韓萬年等幾人一同南下，來斗六開荒。【35】實際則由郝晉德負責，趙大姑、陳大姑協助。於是就在38年6月間，在斗六火車站旁，買下「青年照相館」，並在樓上安設了佛堂，開始了斗六的道務。當開壇之日，韓老前人親自主持，壇名為「興化佛堂」。【36】中部地區的道務開始有了基礎。隨後渡化了林秋雨、林廷材、楊振海等人，又渡了太和旅社陳詹簽，道務很快地開展起來。然而傳道不及半年，台南方面就發生官考。

民國38年的秋天，台南空軍部隊裡有人檢舉劉全祥等人進行非法活動，於是祁玉鏞、劉全祥、李鈺銘、張瑞青、郝晉德等五人同時繫獄，被扣押在台南刑警隊裡十一天，接受偵

【35】韓萬年，《天道普渡的現況與展望》，靈隱寺七十九年大專道學研習營講稿。

【36】《老前人生平年譜》，未刊稿，頁5。

訊。【37】後來，這些人們被用三條繩子拴在一起，押乘火車，上送台北。被送到台北五分局，輾轉送到警務處與警總情報處，拘押在警總看守所。【38】後來幸好，有一位服務於警總的李點傳師，得力於他的協助才勉強保住了生命。最早被因病保釋的是陳大姑，關了28天，其次是祁玉鏞30天，其他像李鈺銘、張瑞青、郝晉德等人都是一百多天。【39】

　　這是繼37年底陳文祥官考後，又一次很嚴重的「官考」。民國38年間，以當時險惡環境下的台灣，會發生這類的事是很正常的。之後，斗六「青年照相館」的道務失去了；但前人們並沒有絲毫的退縮，他們慶幸於自己的劫後餘生，認為是上天對他們的一次考驗，讓他們能更加的成長。

　　經歷了民國38年的大考驗，陳大姑被保釋出來，隨後即領了點傳師命，而且再次的回到斗六辦道，並以此為基礎，在往後的幾十年間開展出發一崇德道場。11月間，李鈺銘與祁玉鏞兩人相繼脫困，兩人後來就回台北同德壇暫住。韓老前人與大家研商，為維持眾人的生計，乃決定將同德壇賣掉，另外在今天東門市場附近購買較大的房子，開設「同德商行」。【40】

　　原來的同德佛堂就搬到「同德商行」，由劉振魁住在裡面負責，一面經營生意以維生計，一面藉此來引渡有緣人。商行

【37】天恩宮編印（1992），《祁裕修前人生平道範》（台北：天恩宮），頁6。

【38】天恩宮編印（1992），《祁裕修前人生平道範》，頁6-7。

【39】白水老人口述，《我的求道、辦道經歷》（出版年月不詳）。

【40】祁裕修（1983），《文慈仙君結緣訓序》（出版年月不詳）。

的部份由祁玉鏞負責當掌櫃，李鈺銘負責料理三餐及內務。其他幾位三才也常來住。同德商行的成立，作為台北地區的道務運作，及韓老前人領導下各地道務的聯絡處。

　　民國四〇年代，可說是一貫道傳來台灣後，成功「在地化」的重要階段。就以前述早期發一組台北道場的同德佛壇為例：當時位於台北東門市場裡的同德商行，在劉振魁的主持下，由祁玉鏞管商行，李鈺銘負責煮三餐、清潔整理及往來道親的接待與道務的推展。在來台的眾前人中，李鈺銘前人的身世最為坎坷孤苦，祁玉鏞說她：「十七歲于歸劉府，子女不幸夭折，良人亦不久謝世，慘遭人倫巨變，孤寡一人，命運最苦，非一般人所能忍受者。」[41]民國38年的那場官考，她同劉全祥在台南被捕，前後歷經了三個多月的牢獄之災，釋放出來後大病一場，經半年的調養，在張玉台前人細心的照顧下，才慢慢痊癒。其後就留在台北的同德商行服務，她所作的工作是義務性、無給職的煮飯、洗衣服、打掃等卑微的工作。唯一的收入是抽空做些小孩鞋子拿到市場寄售，以維持自己零用。[42]李鈺銘的個性耿直忠厚，沒讀多少書，識字不多，加上言語不通，要開道可說困難重重。但她卻能在如此差的條件下，憑著一股堅強的毅力，道務逐漸有了開展的契機。

　　在同德商行期間，事務雖繁忙，但李鈺銘每天在料理好中餐後，約下午兩點左右，就出去渡人成全人，經常是風雨無

---

[41] 祁裕修（1983），《文慈仙君結緣訓序》。

[42] 此係根據祁前人的描述而來，當時祁裕修前人是擔任同德商行的經理職務。

阻。由於言語不通，道務可說毫無進展。直到有一天，陳大姑因要到斗六開道，就對她說：「我沒有餘暇成全台北的道親了，如有空，妳可前往永康街成全一位陳太太，她根基很不錯。」【43】陳太太指的就是陳金蓮，於是李鈺銘就開始了她艱苦的成全工作。當時陳金蓮為人接生又附設託兒所，工作不分晝夜，相當辛苦。李鈺銘則每天午後二點多，同德商行的事忙完就來她家，很有耐心坐到四點才回去煮晚餐，無論颱風下雨，每天如此。這種情形過了好幾個禮拜，終於感動陳金蓮，開始帶人回來佛堂。【44】於是藉著職業上的方便，陳金蓮開始渡了一些人。漸漸地，陳金蓮竟對渡人渡出信心來，就這樣在李前人的苦心成全下，渡人日眾，並於民國43年，在她家開設第一支佛堂「坤德壇」。這間佛堂初時只有三個半榻榻米大，磕頭時，後一人會挨到前一人的身體，但李鈺銘的道場，大部分的骨幹卻都是從這個搖籃培育出來的。【45】陳金蓮就是後來李前人逝世後，發一靈隱的繼任前人。民國44年，她即領受點傳師之職。而「坤德壇」就成了今日發一靈隱道場一些核心骨幹的搖籃，道務也由台北開始向各地開展。

【43】三峽靈隱寺編印（1991），《陳前人金蓮生平道範》（出版年月不詳），頁7。

【44】三峽靈隱寺編印（1991），《陳前人金蓮生平道範》，頁8。

【45】三峽靈隱寺編印（1998），《慈恩永懷：文慈菩薩成道十五週年紀念特刊》（台北：天道之光出版社）頁9。

3.道化家庭

一貫道由大陸傳來台灣，落地生根，成功發展的過程，即為台灣一貫道在地化的過程。一貫道佛堂的開設，在道中稱之為「道化家庭」或「萬家生佛」，可見對此的重視。一貫道由大陸傳來台灣之初，主要有約百位的前人輩，他們大多來自天津、上海等地。初臨寶島，言語不通，要傳道可說困難重重。1949年後，隨著國民政府播遷來台，這些一貫道的前人和大陸家鄉的聯繫中斷，只有努力在台開創道務才能有生存發展的機會。在這樣的情況下，迫使一貫道加速在台的在地化。我們從這段過程中，看到一貫道成功在地化的關鍵就在佛堂的開設。由於一貫道佛堂不需要很大的空間，只要一般的民宅即可安設，方便一般信徒發心後，就能成立。而且在設在自家中，將修道和生活相結合，而且家庭佛堂有其隱密性，非有人帶領，外人是不易查覺的，很能符合初期發展避官考的需要。

一貫道設家庭佛堂的基本條件，有一項很重要的因素是「素食」。通常沒有發心吃素會被視為不淨，是無法開設佛堂的。因此，要開設家庭佛堂，就得改變飲食為吃素，一但飲食改變，人際關係也會跟著改變，逐漸會成為以前人為信仰核心的家族式信仰圈，如此一來，佛堂的安設與素食的建立，對鞏固信徒而言，是非常重要的依據。這也是為何一貫道能成功的在地化發展，一個非常重要的因素。

如前所述，來自外省的一貫道前人，能在本省人的家裡成立佛堂，這就是在地化的開始。每一間佛堂就是一個傳道的據點，佛堂的功能非常大，根據一貫道中的說法：「佛堂又稱佛壇，係禮佛、傳道、講經、習儀、修持及道親聚會之場所，因係天命之慈航，為接引九六原人超生死、斷輪迴而設，故又有

『*法船*』之稱。」【46】大致說來，佛堂的功能不外乎修持與傳道兩大部份：

(1). 生活中的修持

一貫道會著重於家庭佛堂的安設，與其強調生活中的修持有關。將佛堂設於自家中，可使修道與日常生活相結合，讓獻香叩頭禮拜，成為每天早晚很重要的一項行持。【47】在平時只要有客人來到佛堂，茶水毛巾是基本的招待禮節，對本壇的道親，則要善盡關照之責，遇到有緣人要想辦法渡來佛堂求道，這些作為一貫道中稱之為「生活中的慈悲喜捨」。

(2). 道務的推展

「有了佛堂才有道務」，這是一貫道傳道的基原則。佛堂不但可作為信徒聚會的場所，而且可以辦道渡人，引進新的信徒。一貫道的佛堂聚會，最普遍的型式是各種的「研究班」，大都為一週一次，利用晚上（7:30-9:30）進行，內容以道義方面的探討為主，有鞏固信徒的作用。因此，佛堂在道務的推廣上，就扮演了最基本的吸收新成員，及鞏固既有信徒道念的角色。目前發一靈隱明德班教案中，將佛堂亦稱為「道場」，認為它有九大功能：【48】

【46】中華民國一貫道總會篇（1988），《一貫道簡介》（台南：靝巨書局），頁4。

【47】中華民國一貫道總會篇（1988），《一貫道簡介》，頁4。

【48】三峽靈隱寺編印（1992），《明德班題綱》（台北：天道之光出版社），頁14。

・天堂報名處：指佛堂能讓人求道得救。

・神人聯絡處：佛堂兼有飛鸞之功能。

・真理推廣處：佛堂有各類的研究班，提供信徒研究真理。

・眾生服務處：壇主要如家人一般的照顧每一位該壇求道的信徒。

・修煉訓導處：佛堂能在修持上提供必要的教導與學習禮儀的場所。

・品德教育處：佛堂的一切安排以成就每一位信徒的品德人格為主。

・人間避難處：遇有災劫來臨，佛堂是人間的避難處。

・辦道合作社：佛堂是大家的，辦道時要一起來，各角色相互合作。

・功德福利社：佛堂是修辦道行功立德的地方。

這七處二社的功能，充分反應出一貫道對佛堂的重視，及其功能的完備性。所以家中一旦安設了佛堂，生活中就有了修行，謂之「道化家庭」。

(三)在地化的完成：大廟的建立

台灣一貫道「在地化」，開始於家庭佛堂的設立，完成於「大廟」的建立。這也是台灣的一貫道，發展出不同於大陸一貫道的特色之一。而之所以說是在地化的完成，是以一貫道傳來台灣後，能發展出不同於大陸的特色，我們就可以確認它已

成功的在地化。由於有了大廟，使得各組線的道務中心得以形成，一貫道的大型法會也得以順利舉行，人才的培育變得更為方便。更重要的是仙佛批的天書訓文，也都是利用這些法會時降壇批示完成。因此，當一間間的一貫道大廟，在全省各地建立，正好說明了一貫道「在地化」的完成。

1.先天道院

全台的第一間一貫道的大廟，是由一貫道基礎組所建立。民國35年的5月間，廈門基礎道場唐紹繼、解昭武、劉遵三、曹鐵善等人來台北市開荒，是為台灣一貫道基礎組的由來。其後又有上海基礎壇的吳信學、唐紹繼等人來台佈道。民國35年10月22日，黃文漢、顧祥麟、袁翥鶚三人從上海搭「海鯨輪」到基隆港。在基隆吳信學的佛堂住了幾天後，就轉到台北市。當時台北基礎的道務是由唐紹繼主持，35年底，三人來到台北和平東路師大後面，由唐紹繼安排在一位道親軍人家中住下。由於言語不通，幾經努力，道務卻是毫無進展，到過舊曆年時，三個人身上只剩12元台幣。【49】不得已只得在過完年後，搬到南昌街派出所的隔壁住了下來，屋主姓楊，家中也有佛堂，是唐紹繼所負責的佛堂。此時台北、基隆一帶，由吳信學及唐紹繼開出的佛堂，共有八間。【50】然而，由於台北市的道務推展

【49】蔣國聖編（1990），〈基礎黃自然前人細訴修道歷程〉，《一貫道紀念專輯》（台中：國聖出版社），頁122。

【50】宋光宇（1998），《一貫真傳－張培成傳》（台北：三揚印刷），頁88-91。

很不易，隔年（36年）唐紹繼即派黃文漢、袁堯鵑到瑞芳，派顧祥麟前往台南開荒。

民國36年3月間，上海崇明地區的道親一行二十多人，在張培成的帶領下，也是來到台北市南昌街一帶落腳，並開了一家「天豐商店」，樓上安設「天豐壇」，正式展開台北市的道務。然而，剛經歷過二二八事件的台北市，加上本省與外省言語上的隔閡，道務的推展真是困難重重。天豐商店的微薄收入，要支應二十多人的生活開銷，實在不容易。張培成回憶說：「天豐商店的房子是租來的，店面很小，生意不好作，從大陸帶來的錢，支撐不多少天。大家的生活一天比一天苦。早晚兩餐得吃稀飯，只有中午一餐吃乾飯，每天的飯勉強可以維持吃飽，可是菜就不夠了。」【51】為了改善生意的收入，以解決大家的生活問題，張前人用僅有的資金在天豐商店附近買了房子，改開「永新百貨行」，並且作起上海與台灣之間的買辦生意。由張前人親自來回跑上海做生意，要照顧二十多人的生活，更重要的是還要辦道務，就這樣辛苦的一點一滴將道務逐步開展。

基礎組台北道務的開拓，還有一項重要的因素，是民國36年3月間，袁堯鵑渡化瑞芳的周新發求道，七天之後又渡了周新發的太太林勉。四月初渡了在和平媒礦工作的林華，林華求道後立即渡了曾阿順求道，隔年（37年）在曾阿順家安設佛堂，至此瑞芳一帶的道務開始宏展，曾阿順也在那一年領了點傳師

【51】宋光宇（1998），《一貫真傳—張培成傳》，頁93。

命。曾阿順的養女賴心，雖不識字，但口才一流，求道後對道務非常盡心，成全了很多人。賴心在民國39年領點傳師命後，隨即來台北市開荒傳道，成為基礎組台北道務的主要開創者之一，那時她才二十歲。

　　民國40年以後，曾阿順、賴心開始將道務的重心轉移到台北市，一直到民國48年，張培成正式任命台北道務的負責，由曾阿順帶著賴心與李長發掌理止。其間，曾得力於賴心悉心成全的點傳師就有張傳、陳忠魁、高勉、張謝水當、張錢妹、蘇獻章、鄭要等人。尤其是張傳，更是後來台北道務開展的關鍵人物。張傳，原本經營醬菜罐頭生意，賺了錢買了不少土地。民國40年求道後，即發心修辦道，民國46年將家裡的三、四樓打通，開設可以容納一百多人的大佛堂，在當時是基礎組台北地區最大的佛堂。民國55年，一場由張培成主持的點傳師會議中，張前人主式提出希望興建大廟的構想。會後張傳即向張前人表達願意獻地建廟的心願，於是隔年就在台北市東園一帶，建起一棟三層樓的大廟「先天道院」。這是基礎組也是台北市的第一所一貫道大廟，大廟的建立對台灣一貫道而言，是一項有別於大陸一貫道的新局開展，其後道務的發展更為方便，一些大型經典班、法會、辦道等活動，都可利用先天道院來進行。民國58年3月，首度在先天道院開辦四書（論語、孟子、大學、中庸）經典班，歷時三年。【52】類似的班程一直持續推展，影響所及，各組線也群起效法，民國六〇年代各地一貫道

【52】先天道院編輯，〈民國58年記事條〉，《先天道院大事記》，未刊稿。

大廟紛紛建立，蔚為風潮。當民國70年，先天道院申請加入中國道教總會時，呈報所轄的佛堂數共有364間，其中在台北市的有89間。【53】其後先天道院也一直扮演著重要的角色，包括申請一貫道合法化的過程，都在先天道院進行。

2.天恩宮

台北市的另一所一貫道大廟是位於木柵指南山的「天恩宮」，天恩宮落成於民國75年，屬祁玉鏞前人所領導的「發一天恩」道場。祁前人，河北靜海縣人，生於民國5年，民國29年在塘沽求道，隨即發心修辦道。民國37年8月間，隨同其他四人一同來台，初期曾在台南幫辦道務，但因民國38年的一場官考，和劉全祥、李鈺銘等五人一同被押送台北看守所，前後共被羈押三個半月才被保出。其後祁前人就留在台北市東門市場的同德商行，負責商店的經營。當時還有同被保釋出來的李鈺銘，也在劉振魁前人的同德商行幫辦。直到民國44年，李鈺銘首先離開同德商行，獨自開創道務，後來以台北市為基礎，發展出海內外20多國，共五千多間佛堂的「發一靈隱」道場。

【53】宋光宇（1983），《天道鉤沉：一貫道調查報告》（台北：元祐），頁181。

　　民國46年，劉前人對祁前人說：「你也該出去開創了，不要一直死守在這裡。」【54】於是祁前人就在李鈺銘前人的協助下，以在連雲街的「乾德壇」為基礎，開始了道務的發展。當時李前人是對祁前人說：「你在同德商行，付出這麼多，臨時要出來辦，也沒有道場；我就把連雲街那位蔡太太的佛堂交給你成全，以後這裡有乾道求道都交給你成全，那你那邊有坤道求道，就送來坤德壇這邊成全，乾坤分開也比較好辦事。」【55】。此後兩位前人的道務就一直密切配合，民國58年，李前人道場在淡水山上有一間「宣德壇」，是由一位陳大使夫人所開設，兩位前人第一次自己開三天法會，就在此地點合辦。【56】往後的道務，在兩位前人領導下，也經常互有聯繫與配合。

　　由於道務逐步推展，佛堂、道親人數愈來愈多，一般的家庭佛堂已不敷使用。於是民國62年，就在台北新店成立第一間大型公共佛堂「康莊佛堂」。其後的數年間，班班的法會就此處召開，培養出一批批的人才，道務漸次宏展。民國67年，又在台北市安和路成立另一處公共佛堂「聖心宮闕」，使得祁前人的台北道務更方便發展，家庭佛堂也快速成長。就在這個時候，民國68年間，康莊佛堂出了第一次官考，以後警察局的取締巡查不斷，讓康莊的道務難以推動。於是開始由道親們發動

【54】一貫義理編輯苑編(2007)，《陳淑美訪談記錄》（台北：一貫義理編輯苑），卷二，頁3。

【55】一貫義理編輯苑編(2007)，《陳淑美訪談記錄》，卷二，頁3。

【56】天恩宮編印（1992），《祁裕修前人生平道範》，頁11-12。

「建廟」，希望像其他組線，有一所大型的廟宇，方便開辦法會推展道務。終於在民國72年找到了木柵指南山上的現址，經三年興建，75年落成，祁前人取名為「天恩宮」。【57】

天恩宮建成後隔年，民國76年2月22日，由當時的內政部長吳伯雄正式宣布一貫道的合法化，一貫道四十年來被取締的日子，正式結束，迎向的是另一新局的開始。在爭取合法化的過程中，祁前人也是主要的推動者之一，其努力付出，終於獲得成果。而天恩宮成立後，年年在捐助孤兒院、養老院、冬令救濟與災變救助上，一直都不遺餘力。曾舉辦過「母親節表揚」、「齊家報國」、「崇德敬老」「青少年國學研習育樂營」、「小天使班」、「兒童讀經班」、「經典國學研習班」等的活動不計其數。

3.以寺廟為領導

一貫道任何組線的發展，一旦成立大型的公共佛堂或是建立寺廟，通常都得有相當的規模才行。在「有人斯有土，有土斯有才」的原則下，信徒多了，要蓋廟也就不成問題。而寺廟的建立，不論在郊區或市區，都會成為該組線的領導中心，形成以寺廟為核心的領導體系。因此，完整的領導體系一旦建立，就是在地化的完成。

相對於目前台灣的民間宗教及佛教的廟寺而言，一貫道的廟寺顯然有其特殊性。一座一貫道的廟宇，就是領導一方或

【57】 天恩宮（2002），《體行身教的仁者：至德大帝成道十週年紀念》（台北：天恩宮），頁38-40。

一個支線的道務中心，是各種大型活動及法會的主要場所，所以一般一貫道的廟宇在建築的外觀上，較不講求華麗的雕樑畫棟，所注重的是廟宇內部空間的寬敞，以便容納更多的開班人數為目的。因為一貫道的廟宇有其特定的信徒來源，不須靠外觀來吸引香客，及作各種法事或懺卜，以獲取香油錢來維持廟寺的開支。一貫道廟寺的經濟來源，除了建廟時是由眾信徒集資而成外，啟用後的開支就借各種的法會或大型的活動時，參與者的自由樂捐來維繫一切的開支。所以一貫道的廟宇會很勤於辦各種一天到三天的法會，及舉辦國學營、道學營、小天使班、敬老會…等的大型活動，借這些活動一方面以維繫信徒，一方面也可得到信徒在經濟上對廟的支助。這種情形與一般廟寺，專靠香油錢或由爐主向祭祀圈內的信徒收丁口錢，以維持廟寺活動和開支的方式顯然有所不同。

其次，為了安排這些道務性的法會及活動，一貫道的廟寺在組織結構上必然要比一般的寺廟來得複雜。除了廟寺的管理與維護外，還要有領導及推動整體道務的機構，因而大多會有一個管理委員會，及一個道務策劃會，而且「道務策劃會」因事務的繁多，所以在組織上及角色上都遠比管理委員會來得重要。經由道務的策劃與推動，使廟寺和分散各處的家庭佛堂、信徒、幹部、點傳師之間，得以緊密的結合。亦即一貫道的廟寺在普遍上，都是扮演主動積極的角色，由本身的組織來推動各項的道務，以達到凝結信徒的目的。這與一般廟寺的各種神明會組織不同，神明會是一個獨立運作的信仰團體，各廟寺不能直接統轄各神明會，各神明會之間也缺少橫向的連繫。一貫道的寺廟則沒有任何神明會的組織，有的是以佛堂為單位，或以點傳師為單位的信仰圈。如前面所分析的，發一靈隱的結構

就是層層的信仰圈之組合，最基層是佛堂所形成的信仰圈，其次是以點傳師為領導的中層信仰圈，再上就是以靈隱寺為中心的大型信仰圈。如此看來，一貫道的廟寺有固定信徒所形成的信仰圈，此與一般廟寺所形成的祭祀圈或信仰圈最大的不同，在於它非義務性、強迫性的區域祭祀圈，也非鬆散式、志願性的大地域信仰圈。【58】一貫道廟寺所形成的信仰圈可大到含蓋國內外，也可小至區域性的信仰圈，它是建立在共同信仰及志願性的基礎上，而且它的組織性遠大於一般所謂理解的寺廟信仰圈。

　　綜合以上的分析我們可以說，從民國六〇年代以來，在台灣發展出來的一貫道廟寺，是一種異於台灣一般廟寺的新結構，他的特點是簡化了外觀上的華麗裝飾，強化了廟寺的組織功能，省去了一些經懺、法事、點光明燈、抽懺問卜等傳統的寺廟活動，而著重於社會教化的推展。這樣的轉變如果就整個中國民間宗教的演進來看，應該是一項可貴的突破，它能在台灣這樣的社會條件下發展出來，實在是件值得關注的事。

【58】根據林美容的說法，信仰圈的範圍通常超越鄉鎮的界線，是一個志願性的宗教組織。參見氏著（1989），《人類學與台灣》（台北：稻鄉出版），頁82-87。

三、台灣一貫道的全球化

　　1980年代開始，台灣一貫道逐步向國外傳播，這是歷史少有的本土宗教外傳現象。外播各國的方式，和當年大陸傳來台灣的方式相似，以在當地建立佛堂作為傳道據點為開始，逐步經由在地化過程，不斷的擴設佛堂。當一地的佛堂開設到相當數量後，會根據台灣的經驗模式，建立起大廟，如此也就完成了在當地國的在地化過程。

（一）遍傳八十多國

　　根據中華民國一貫道總會編《一貫道概要》一書的統計，截至民國91年止，台灣一貫道的十八組線，向海外各國傳道的情形，如下〈表一〉的整理統計：【59】

【59】慕禹（2002），《一貫道概要》，頁80-128。

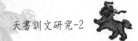

〈表一〉民國九〇年代一貫道國外傳道現況統計表

組線	傳佈國家地域
基礎組	台灣、日本、韓國、菲律賓、新加坡、馬來西亞、泰國、柬埔寨、印尼、香港、澳洲、紐西蘭、南非、美國、加拿大、英國、法國、荷蘭、比利時、德國、巴西、墨西哥、巴拉圭、阿根廷（24國）
文化組	台灣、新加坡、馬來西亞、泰國、越南、柬埔寨、日本、菲律賓、印尼、印度、尼泊爾、柬埔寨、緬甸、美國、英國、奧地利、巴西、寮國、南非、匈牙利、澳洲（21國）
法聖組	台灣、美國、巴拉圭、澳洲、尼泊爾（6國）
乾一組	台灣、美國、英國、馬來西亞、汶萊、泰國、德國、荷蘭、柬埔寨（9國）
天祥組	台灣、香港、菲律賓、新加坡、馬來西亞、泰國、日本、韓國、澳洲、美國、加拿大、阿根廷（13國）
天真組	台灣、日本、美國、澳洲、馬來西亞、加拿大（6國）
浩然組	台灣、新加坡、馬來西亞、日本、泰國、澳洲、越南、印尼、美國、美國（10國）
慧光組	台灣
金光組	台灣
中庸組	美國、巴拿馬、香港、美國（4國）
安東組	台灣、泰國、日本、香港、澳門、馬來西亞、新加坡、美國、加拿大、巴拿馬、奧地利、德國、阿根廷、義大利、西班牙（15國）
寶光組	台灣、新加坡、馬來西亞、泰國、印尼、柬埔寨、越南、澳洲、美國、加拿大、日本、澳門、菲律賓、紐西蘭、德國、奧地利、西班牙、巴西、阿根廷、巴拉圭、南非、緬甸、印度、尼泊爾、澳大利亞、東帝汶（26國）

浦光組	台灣、美國、加拿大
明光組	台灣、美國
常州組	台灣、香港、日本、新加坡、馬來西亞、泰國、印尼、越南、緬甸、英國、澳洲、美國、加拿大、南非、索羅門群島（15國）
發一組	台灣、香港、澳門、菲律賓、越南、柬埔寨、馬來西亞、泰國、緬甸、印尼、澳洲、紐西蘭、模里西斯、美國、加拿大、日本、韓國、新加坡、汶萊、越南、寮國、尼泊爾、印度、巴西、巴拉圭、阿根廷、玻利維亞、秘魯、烏拉圭、賴索托、德國、法國、英國、荷蘭、義大利、芬蘭、奧地利、南非、斯里蘭卡、孟加拉、瑞典、瑞士（42國）
興毅組	台灣、日本、韓國、菲律賓、香港、澳門、新加坡、馬來西亞、泰國、越南、柬埔寨、印尼、緬甸、澳洲、紐西蘭、南非、美國、加拿大、墨西哥、多明尼加、哥斯大黎加、貝利斯、薩爾瓦多、宏都拉斯、瓜地馬拉、尼加拉瓜、巴拿馬、厄瓜多爾、委內瑞拉、玻利維亞、巴西、阿根廷、巴拉圭、烏拉圭、秘魯、智利、英國、法國、荷蘭、瑞士、德國、義大利、西班牙、比利時（44國）
闡德組	台灣、緬甸
正義輔導委員會	台灣、日本、新加坡、馬來西亞、泰國、緬甸、印尼、美國、紐西蘭（9國）
	共計：80個傳佈的國家

　　表註：本表系根據民國91年，中華民國一貫道總會編《一貫道概要》一書中，有關台灣一貫道發展現況，及部份筆者田野調查的資料整理而成。

由上〈表一〉可以看出，現代一貫道已由台灣傳到世界八十多個國家，【60】是一個十足國際性的宗教，所以近年來由國外批出來的訓文也愈來愈多，呈現出來的天書形式也有適應當地化的改變，訓中訓以不同語文來呈現者有之。舉幾例如下：

〈訓一〉：泰文訓中訓（修行）【61】

講道說德皇
信受奉行有緣
懷德藏功
信心堅固
滿堂俊秀濟濟
頂天立地好兒郎
一理貫通明鏡光迴凡塵
道大難述理微藏破性理心
前程開拓聖賢學鵪鶉高下踽踽
提倡綱紀與理經四書引你真參悟
新生嗅習俗要改自反悟中流砥柱
族口韜假言識透達德於歸根認中
作本金液性同木克已復禮引莫疏忽
一點玄關醒覺人生前思通傳佈
悟得真諦見性飲水當思源何處
寄旅紅塵最樂為善時機千載莫再逃
尊天侯命含德若水慈諄向善慕
慕道尋仙登堂入室無掛無礙達光
白陽掀幕得開展知真認道悟然乎

〈訓二〉：印尼文訓中訓（良心）【62】

白陽賢契開來繼往
歷盡風霜守護道脈
體念前賢摩頂放踵
飲水思源感恩圖報
衣不重帛食不重味
倒居紅塵盡舞榭樓台
人生如戲曾何須計較勝敗
戲氣相求尊前導後
不論短長維繫道場
誰是誰非彼其
天道遠波非智不爭
滑泥揚波非智之舉
委屈求全忍辱之
毀方瓦門立合圓
立身行道犧牲奉獻
任重道遠責無旁貸
智者勞心強前程
今逢聖會參研真諦創
滌瑕蕩穢講信修睦
謙沖自牧虛心受教
登堂入室性命雙修
天恩浩浩法雨施眾
殊途同歸達故鄉
難辭路茫莊敬自強
篡篡兢兢敬自強
安貧樂道法聖王
道創無悔悔忙
忱歲愒日根長
居人後助白陽
笙磬同音助白陽
樹蓊蔚寫玄黃
韜光養晦守道光
德修功立駕慈航
涅而不緇方賢郎
持愛心恩報養
中道興辦萬煌
捨我其誰毅強
辦道堅毅毅強
勤譜三千樂章
道大理微貫十方
和樂韞懿韞長
拒諫是非則難當
傳德淵源流澤芳
鳳至河清瑞氣祥

【60】林榮澤（2007），〈台灣一貫道的關公信仰〉，《台灣民間宗教研究論集》（台北：一貫義理編輯苑），頁216-218。

【61】林榮澤編輯，《民間宗教天書訓文資料庫》，編號AG801216（台北：一貫義理編輯苑）。泰國，1991.12.16.

【62】林榮澤編輯，《民間宗教天書訓文資料庫》，編號AG820719。印尼泗水，1993.7.19.

〈訓三〉：英文訓中訓（上帝的愛）【63】

鍾靈毓秀出類拔萃
開來繼往克紹箕裘
那旗猶正飄逼人群
賢士旗待化人間祥
旭日陽台歡騰播愛
苦口婆心勸化人祥
炯炯丹心來濟普熱
苦盡甘來發揚仁熱
甘霖洪祥和愛慈
因材施教循循善誘
賜甘露滋潤心房
累世有修之童軒
駕馬十駕盡心盡力
十目所視十手所指
同心互助互援播
命世之才煉自性
真諦明祥傳阿彌賢
願蒼生福原原人
渡迷人究旅蒼生眾
恭逢盛會英賢相聚
日薄崦嵫滄海桑田

祖豆馨香永樂綿延
明德新民以達至善
風餐露宿道傳人間
驥子龍門如流從善
眾善美羊清淨安閒
效法聖賢美名流傳
知足常樂清淨安閒
東土迷人結草啣環
道場利網紅塵本假
名利網紅塵本假幻
那一夢如花非霧一現
道中人人把握研
邀天之倖道理參研
應珍惜身嚴
愛念怖身持身嚴
應珍惜身良宣
本性投發光鮮
慧光普照宇襄
莫弘碧血遠矚高瞻
守里知白明亮心田
春夢無痕苦海無邊
潛然淚下劫熱連連
娑婆化成菩提樂園
草故鼎新桃李不言

〈訓四〉：日文訓中訓（頓悟）【64】

獸有羊羔跪乳禽則烏鴉反哺
稚齡亦當順雙視體貼使舒服
幼馬雖小知理不欺母散為主
為人豈能理不明瞭至孝全無
觀今人取巧為聰明槍箭出暗
驚遠人自誤前途投機孽湖
虛有其表忘益見放蕩輕浮
做事不踏實地縱情放蕩輕浮之徒
借假修真講倫理禮全兼顧
仁義禮智慈好漢道德培知足
巍巍立娥錚去滌垢磨光復初
私慾邪佞刪念人中龍鳳自如如
棄假念建立外內達都
逢普渡時得點魚雅雅表超俗
愛人人必愛魚雅雅表超俗
冰壺秋月人格建立外內達都
潮流時趨利明雜念俱除古
如來自性今見光明雜念俱除古
魚躍鳶飛現智慧賢才特殊
蘭薰桂馥門耀凱歌唱返仙居

「仁」取「人」
「鐵」取「金」

【63】林榮澤編輯，《民間宗教天書訓文資料庫》，編號AG820523。新加坡，1993.5.23.

【64】林榮澤編輯，《民間宗教天書訓文資料庫》，編號AG790504。日本，1990.5.4.

目前就「民間宗教天書訓文資料庫」所藏，國外批出的訓文近年來有愈來愈多的趨勢。這些國外法會批出的訓文，代表一貫道走向全球化的表徵。雖然大多數的國外訓文仍以中文呈現，但訓中訓有愈來愈多用該國文字呈現的趨勢，如上列的四種。以下〈表二〉為民國70年開始到96年止，一貫道國外傳道訓文統計表：

〈表二〉民國40-95年一貫道國外傳道訓文統計表

年　代	一貫道訓文總數	國外地區訓文數	佔總訓文的百分比
民國40-69年	453	10	2.2%
民國70年	74	7	9.5%
民國71年	77	4	5.2%
民國72年	76	13	17.1%
民國73年	86	26	30.2%
民國74年	88	4	4.5%
民國75年	73	6	8.2%
民國76年	72	3	4.2%
民國77年	102	13	12.7%
民國78年	187	66	35.3%
民國79年	131	24	18.3%
民國80年	319	62	19.7%

年　代	一貫道 訓文總數	國外地區 訓文數	佔總訓文的 百分比
民國81年	282	53	18.8%
民國82年	317	106	33.4%
民國83年	386	113	29.5%
民國84年	423	126	30.1%
民國85年	453	207	45.7%
民國86年	655	372	56.8%
民國87年	461	279	60.5%
民國88年	216	99	45.8%
民國89年	93	54	58.1%
民國90年	83	42	50.6%
民國91年	55	12	21.8%
民國92年	279	147	52.7%
民國93年	656	413	63.1%
民國94年	376	147	39.1%
民國95年	320	120	37.5%
合　計	6424	2408	37.4%

資料來源：「民間宗教天書訓文資料庫」

從上〈表二〉所示，可以看出，民國七○年以前，台灣一貫道向國外傳道的還很少，民國78年以後逐年增加，至87年是第一個高峰。其後有略為下降，至93年又是另一波的高峰。尤其是近十年，85-95年國外傳道的情形很顯著。全部的國外訓文，從40年至95年共2408篇，佔全部訓文的37.4%。

(二)全球化的過程

就「民間宗教天書訓文資料庫」所藏2400多部的天書訓文中，第一部國外批出的訓文是在新加坡的化星壇，時間是在1980年5月9日。內容如下〈訓五〉所示：

〈訓五〉新加坡化星壇開沙訓【65】

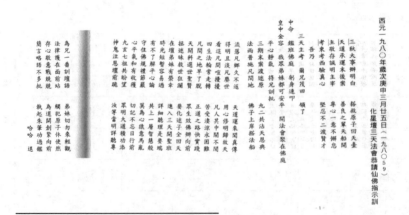

― 1 ―

【65】林榮澤編輯，《民間宗教天書訓文資料庫》，編號AS690509，新加坡，1980.5.9.

　　〈訓五〉是台灣發一靈隱在國外的第一間佛堂「化星壇」開三天法會時，由署名三天主考來開沙所批的訓。主要詩訓的內容20行，每行兩句14字，共280字。內容並無特別不同於國內之處，談到「在壇弟妹有榮幸，進入三天開聖班；時光短暫容易過，詳細聽理是要端。」大多是些勉勵做人道理、好好修行的話。而此發一靈隱國外的第一間佛堂，在往後的三年間，成為初期前進東南亞的道務中心，由此傳向馬來西亞、泰國、印尼、菲律賓等國，開展出不計其數的佛堂、大廟。

　　比較特別的，同樣是在1980年，由新加坡化星壇開荒到泰國的林門，在當地舉行一場超拔祖先的結緣訓，如下〈訓六〉所示：

〈訓六〉泰國林門林家父親結緣訓【66】

公元一九八○年歲次庚申六月初七日

活佛師尊恩典帶回泰國林門

林家父親結緣訓

我是地府聽經堂　胸懷蓮花回家門
歸陰之人林憒思　心中驚惶不敢臨
身帶陰氣隨駕回　天命允我執筆云
進回家門淚淋淋　五六年載別凡塵
在世不與世人爭　安分守己理家門
忽日身患怪病發　無言無語捨家人
一命昏暗入地府　方知已是長別分
萬般痛苦心絞痛　無可奈何對誰云

【66】林榮澤編輯，《民間宗教天書訓文資料庫》，編號GUA19800607，泰國林門，1980.6.7.

這篇開沙訓是由林家的女兒超拔在地府的父親林慎思，之後來結緣的訓文。全部共53行，每行14字，共742字。主要是交代家人一些勉勵修行的話，一貫道在國內也常有此方式成全信徒的結緣訓。隔年（1981）的6月12-14日，同樣在新加坡的化星壇，舉辦一場三天法會，有來自星、馬、泰各國的道親數十人參加。法會第一天由署名濟公活佛臨壇批訓，批出第一篇含有訓中訓的「天道廣宣」訓文，如下〈訓七〉所示：

　　〈訓七〉訓中訓「天道廣宣」【67】

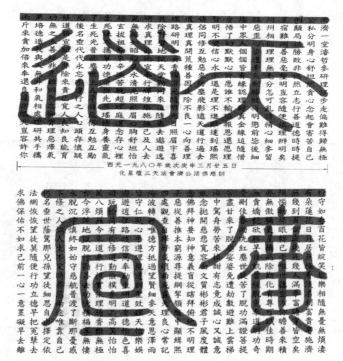

西元一九八〇年歲次庚申三月廿五日
化星壇三天法會濟公活佛慈訓

【67】林榮澤編輯，《民間宗教天書訓文資料庫》，編號AG700612。新加坡，1981.6.12.

這篇類似台灣常見的訓中訓體例，底訓共有48行，每行18字共864字。內容很淺白，說的多是人生道理，讀來清楚易懂。例如：「公私分明身心舒坦，貪心念起害苦自己。」、「道真理真開荒種善因，攻除不良一心向善理。」、「海中駕舟勞苦來換甜，有志竟成誠心又誠意。」等的句字。至於訓中訓的「天道廣宣」四個字，是在全部的底訓批完成後，再從中挑出來，按筆劃順序排出，如下〈訓八〉所示：

〈訓八〉「天道廣宣」訓中訓【68】

【天道廣宣】訓中訓
變幻人心似測棋　攻防不許有失毫釐
偶然誤步遭牽制　勝敗歸誰難得猜依
　調寄：一剪梅

語人長短語人非　是非難辨為　忘卻己行
違不違　瞎眼天理背　良心昧　不知悔
如此野蠻如此輩　來日地獄黃泉淚垂
奉勸世上人　早日反悔　修道心推
來日光明隨　光宗耀祖現光輝
同居理歡樂追
　調寄：星夜離別

　　抽出來的訓中訓內容，又成了調寄「一剪梅」及「星夜離別」的歌訓。通常如果是歌訓，在法會現場都會帶班員唱。這種樂教方式，在一貫道場中很常見。

【68】林榮澤編輯，《民間宗教天書訓文資料庫》，編號AG700612。

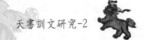

　　國外道務初期，即以新加坡為中心向東南亞各地開展。
1983至1985年出現第一本在台灣、泰國、馬來西亞等地批成的
天書訓文合集：《濟公八德妙訓》【69】。內容包括「明德」、
「孝、悌、忠、信、禮、義、廉、恥」、「天命」、「天堂」
等的訓中訓。還有較特別的是由署名一至十殿的閻君，分別在
十場法會中到壇批訓。舉其中的「孝」字訓中訓如下〈訓九〉
所示：

　　　〈訓九〉訓中訓「孝」【70】

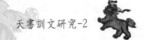

【69】《濟公八德妙訓》（台北：三揚印刷，民國74年）。

【70】林榮澤編輯，《民間宗教天書訓文資料庫》，編號AG720523。台灣花蓮，
　　　1983.5.23

　　此後，國外的道務開始大為宏展，一間間的家庭佛堂不斷的開設，一班班的法會不斷進行，成就了東南亞星、馬、泰、菲等國的道場。其中，最具有代表性的一部天書訓文《「道光」重玄妙訓》，是由六位不同署名的仙佛，分別在新、馬、泰等六場法會中批出，再合集而成。內容包括有訓中訓：「天心佛心」、【71】「慈心濟世」、【72】「窮當益堅」、【73】「百折不彎」、【74】「合群團結」、【75】「一道同風皆大歡喜」【76】等。最後再由這些訓中訓的內容，又合成第二層的訓中又訓「放之則彌六合卷之則退藏於密」十三字，再這十三字的訓中訓又合成第三層的訓中又訓「道光」，如下〈訓十〉所示：

【71】 林榮澤編輯，《民間宗教天書訓文資料庫》，編號AG740928。新加坡，1985.9.28.

【72】 林榮澤編輯，《民間宗教天書訓文資料庫》，編號AM741013。馬來西亞，1985.10.13.

【73】 林榮澤編輯，《民間宗教天書訓文資料庫》，編號AG741013。馬來西亞，1985.10.13.

【74】 林榮澤編輯，《民間宗教天書訓文資料庫》，編號AF741025。馬來西亞，1985.10.25.

【75】 林榮澤編輯，《民間宗教天書訓文資料庫》，編號AH741026。馬來西亞，1985.10.26.

【76】 林榮澤編輯，《民間宗教天書訓文資料庫》，編號ABBZ741103。泰國，1985.11.3.

〈訓十〉訓中又訓「道光」

「放之則彌六合卷之則退藏於密」訓中訓

無名道日名　在天天則清　庭地則寧　人悟則得聖
袍褸騰蛟龍　三期大歌泣九州　扭乾坤　圍結合頂踵
裏禮途征明　礦地方治　聖神共力乾　振驚山河動
四海一路上同視　天乃公揚道　廣佈春吉新興
正氣無仇敵　人和挽弟兄　德養性心難俊　大豪情風
忠恕起己先　波濤干戈平育　斬荊草性心惜
虹悲貫穹宇　持義為道　援千機俊珍
鳳蟠根本立　兩雄本堤理天一豪　揄豪愉義習之勤
超然翔雲堤　現妁覆龍驤　失載昌賢　列史定挽典型
窮途節乃　張繼昌援　荊之彥挽拯珍
了命返鄉　一心直思隆深　雄英怡風同
血渧滴汗粒　致法兒免孝恩報　天之生造岫　揶身革躬
深湛濟汗粒　欽欽納情　獨有性天淚　暉沐孝恩報
鴻儒揚道致　語儒且誠虔　慇懃奮愷憫　喜開過改勤
嶺嶠傲風骨　松梅黃菊香　浩瀚淘河　彪然名芳
肝膽昭日月　貞忠耿士心　欵誓似青雲　似海載威震　煜然需頭青
亮節仙為伍　生而取義善達天下太平

訓中訓：

邀翔一天鳳　如今舞波西東　本是理天一豪龍　惠難
白陽相逢　一時機千載　正義仲張
隆深似海　天生造英雄　掄揶不改　聖賢之心　算路
禮樓誠昭忠　長江頭　正氣貫長虹
欵心聲　似黃河洶湯　兒女身　英雄志
乾坤振神州　天地大明
龍鳳翔翔長空

道復昌國免舜風　天恩
正氣貫長虹　三期定挽大同

調寄：天地大明龍鳳翔翔長空

　　「道光」的訓中訓是一首非常雄壯的歌訓，調寄「天地大明龍鳳翱翔長空」。如此一層層的訓中訓，最後還能合成一首詞意非常好的歌訓，真是不簡單。

　　當東南亞國家的道務逐漸宏展之際，其他一些國家的道務也陸續開展。1989年7月4-5日，美國洛杉磯崇德佛堂，舉辦第一屆二天班法會，由署名濟公活佛臨壇批訓中訓「COURAGE」（勇），如下〈訓十一〉所示：

〈訓十一〉訓中訓「COURAGE」【77】

同年7月18-19日，在日本池袋也舉辦第一屆二天法會，由署名濟公活佛臨壇批出訓中訓「天道」（日文），如下〈訓十一〉所示：

〈訓十一〉訓中訓「天道」（日文）【78】

【77】林榮澤編輯，《民間宗教天書訓文資料庫》，編號AG780705。美國，1989.7.5.

【78】林榮澤編輯，《民間宗教天書訓文資料庫》，編號AG780719。日本，1989.7.19.

此後日本的道務也開始宏展，目前以日本天一宮為一貫道在日本最大的道場。

一貫道全球化的過程中，在國外批出的一篇篇訓文，代表一場場的法會，到目前為止，至少有2400多篇，分佈在數十個國家，實無法一一列舉。其中最具代表性的是《百孝經聖訓》。全書以「飛鸞解經」的方式完成於2003-2004年，內容是就《百孝經》的84句588字經文，以訓中訓的方式作詮釋，每個字用的底訓大約7-8行，每行14字，全文底訓共約58000字。全書以飛鸞方式解《百孝經》全文的588字，主要在闡述「孝道」的內涵，以淺白的文字把孝的道理透

過生活化的方式做解釋。【79】 以下就《百孝經聖訓》批訓的地點來看，如下統計〈表三〉所示：

〈表三〉《百孝經聖訓》19個批訓國家地點統計表

批訓地點	次數	批訓地點	次數	批訓地點	次數
台灣	69	新加坡	7	尼泊爾	2
印尼	53	加拿大	7	韓國	2
日本	26	泰國	4	紐西蘭	1
美國	16	香港	3	法國	1
馬來西亞	11	澳洲	3	南非	1
印度	11	緬甸	2	義大利	1
菲律賓	8				

【79】 林詳見林榮澤（2008），〈台灣民間宗教之「飛鸞解經」：以《百孝經聖訓》為例〉，《2008宗教經典詮釋方法與應用研討會論文集》（台北：真理大學宗教學系），頁191-232。

　　由上表可以看出，一貫道已走向全球化的發展，透過一篇篇的訓文，在全球各地傳播一貫義理，目前這樣的作法正持續進行著。有趣的是，像《百孝經聖訓》這類大部頭的訓文，分在不同的國家地區，使用不同的三才，有的相隔幾萬里遠，但卻能合起來成為一篇訓文，又可以從其中找出訓中訓，真是不可思議。舉例來看，第二篇的「一個孝字全家安」訓中訓如下所示：

〈訓五〉：《百孝經聖訓》第二篇〈一個孝字全家安〉

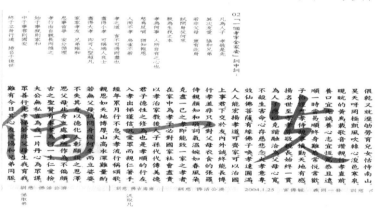

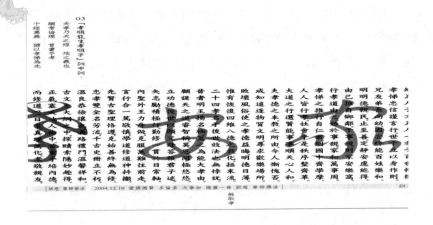

有關第二篇「一個孝字全家安」七個字的訓中訓，其結構組成為：

訓中訓	作　者	批訓地點	時　間
一個	濟公活佛	南非 東倫敦 同濟壇	2004.10.03
孝字	南海古佛		
全家	藍采和大仙	加拿大 多倫多 德賢壇	2004.12.10
安	活佛師尊		

這一篇訓的批出地點分兩處，彼此相隔幾千里，仙佛借的三才也不同一批人，所批出來的訓文能合成一篇訓中訓，就很

奇妙了。就這樣的呈現方式,全書84句訓中訓,58000多字的底訓,構成了本書的內容。我們可以很明顯的看出,這本訓文的主要目的是在闡述《百孝經》的588字的經文,也是借此訓文闡述孝道的義理思想。

綜合上述一貫道全球化的模式,也許我們會覺得只憑開佛堂、開法會、批訓文、建大廟等方式,就可以稱為全球化的發展嗎?其實,以目前全球化著重經濟面的發展模式來看,一貫道確實很難與現在所理解的全球化方式相對應。但如果以文化全球化的角度來看,這方面正是未來全球化發展的新趨向,一貫道的全球化發展,在某種意義上,主要就是一種文化的全球化發展。一貫道在台灣成功的在地化,再透過相同的模式,向世界各地快速發展,主要內涵還是透過宗教信仰作文化的傳播。一貫道在世界各地佛堂所批出的訓文,基本上都是華文,偶有訓中訓是用當地語言,但內涵還是以華文來讀,其內涵多為儒家的倫理道德思想,這些都是中華文化的本質。建的佛堂、大廟,供奉的神明,也都是中國的聖賢仙佛。因此,將一貫道向世界各地傳道這件事,也可以看成是中華文化傳播的現象。

(三)全球化的未來:
建構人生價值與意義的共識

關於文化全球化的問題,目前的一個爭論點,在於全球化的同質化,是否同時壓縮在地文化生產的空間,而形成所謂的「全球化是文化帝國主義」的爭議。另外,還有一項迷思,

就是單純的認為全球化只是麥當勞化、迪士尼化、西化、美國化的同義詞。現在已有愈來愈多的論點相信，全球化將會逐漸趨合世界各地的文化，使朝向單一模式的發展。湯理森（J. Tomlidson）即指出，這個現象是由於非西方社會普遍以西方文化為學習的對象，偏重西方的經驗，忽視或藐視自身文化經驗的可貴，而導致世界各地趨於一致性。【80】

　　一貫道在全球化的過程中，靠的是「天命」與「愿力」的動因，不斷的到各國設佛堂，建大廟，基本上是和台灣初期傳道的方式相似。一篇篇的天書訓文，在一貫道中被視為是上天的旨意，謂之「天命」，這些訓文不斷的配合一場場的法會中產生。每一場法會有因地制宜的不同演出，包括批出來的訓文也用當地的文字作訓中訓。但在核心內容上，依然不離勸善思想。一貫道的天書訓文，最主要的內涵就在勸化人心向善，指引人生的方向，以儒家的綱常論理思想為主，融合佛、道兩家的教義，以淺白的詩句，或是〈歌訓〉、〈訓中訓〉、〈訓中又訓〉、〈白話訓〉的方式，闡述人生的道理，傳達上天的旨意。這種借竅、開沙的方式，將神的力量加入宣教中，確實加強了信徒對這些訓文的信念，從而讓更多的人發心向道，願意為宣揚真理而奉獻，使得一貫道能快速的傳播開來。

【80】湯理森（J. Tomlidson）著，陳榮元、陳慧慈譯（2003），《文化全球化》（台北：韋伯文化）。

　　一貫道將到國外設壇傳道渡人，謂之「開荒」，靠的是每個人的「愿力」。每一項天職的取得，都是要經過立愿的過程，立了愿就要去了愿，謂之「愿力」。一貫道中很強調「愿不能了，難把鄉還。」所以愿力就成了動力，要能到外開荒，靠的也就是這點「愿力」。因此，一篇篇代表「天命」的訓文，加上佛前立愿的「愿力」，構成了一貫道全球化的動因。

　　要評估一貫道這種全球化模式的影響，確實不是件容易的事。唯有持續進行中的變化，是值得關注的事。如果將這項關注，放進全球化中的一個環節來看待，思考的空間將更為寬廣。換言之，前述全球化的發展過程，代表經濟、政治、文化等面向，交互影響、相互融合的過程，那全球化的將來又當如何發展呢？一貫道以「天命」、「愿力」作動力，不斷的向世界八十多國傳播，透過一篇篇的訓文，傳達出引起人心共鳴的人生道理，這正是Robertson所提出來的「全球意識」的概念。【81】Robertson認為人類不斷全球化發展的結果，將來勢必逐漸形成「全球意識」。換言之，全球化的發展，也許剛開始是以經濟性的動因為主，如麥當勞化的影響，但最終將走向普世價值的意識層面問題。在這個思考點上，我們看到一貫道的全球化，著重點在人生道理，和人存在的價值與意義的問題。試圖就這個人類長久以來的難題，提出具啟發性的引導。若果真就現在一貫道傳播速度之快，影響之大來看，將來勢必在此一全球化的發展趨勢上，產生相當的影響力。

【81】 R. Robertson (1992). Globalization: Social Theory and Global Culture. p.8.

四、結　論

　　根據董芳苑先生的分析，台灣在戰後來自大陸及國外的教門相當多，計有：回教、喇嘛教、理教、一貫道、天德教、夏教、世界紅卍字會、天理教、生長之家、大同教、阿南達瑪迦瑜珈、超覺靜坐等，另外還有一百多個基督教派。【82】其他如同善社、悟善社也是。如果再加上原本就有基礎的天主教、基督教長老會及戰後來自大陸的正統佛教。我們不難想像，這麼多的外來宗派，在戰後的台灣社會，各憑本事努力求發展。有的宗派發展的很成功，有的則趨於消失。不論成敗，這些教派必然都會對台灣漢人社會的宗教行為產生很大的影響。

　　這些戰後傳來台灣的宗教中，一貫道算是發展的較為成功的教派。從上述的分析中，可以看出，一貫道成功在地化的模式，關鍵在於佛堂的設立，早期一貫道佛堂大多沿襲大陸時期的作法，設在信徒的家中，既隱密又方便辦道，所以佛堂在一貫道發展過程中是很重要的依據。當信徒愈來愈多，一般的家庭佛堂容量有限，不足以應付法會開班的須要，於是有了大廟的建置，這也代表著在地化的完成。八〇年代起，一貫道開始大量向國外傳播，到2008年已有八十多國設有一貫道佛堂，一貫道成功的走向全球化，其所憑藉的也是佛堂與大廟的建置，加上一篇篇的天書訓文，強化了「天命」的尊貴性，讓信徒很

【82】董芳苑（1986），〈台灣新興宗教概觀〉，《認識台灣民間信仰》（台北：長青文化公司），頁223-224。

容易發心、立愿，形成一股力量，支持著每一位一貫道信徒，天南地北，國內或國外，到處去傳道開創，成就今日海內外千萬的信眾。

一貫道的全球化模式，就像Robertson所說的，全球化的將來會是「全球意識」的形成發展。未來人類在不斷的全球化發展的趨勢下，對人生根本問題的解決，也將逐步獲得共識，這份共識必然是關於深刻的人生道理，及人存在的價值與意義的問題。這方面在一貫道的天書訓文中，有很豐富的闡述。這些由不同署名的仙佛，在國內外不同地方所批示成的訓文，很容易引起人心的共鳴，將來在全球化的過程中，對形成普世價值，全球意識上，肯定有其影響力，這些都有待進一步的重視與研究。

（本文曾發表於《新世紀宗教研討》七卷三期）

參考書目

《先天道院大事記》，未刊稿。

三峽靈隱寺編，《老前人生平年譜》，台北：天道之光出版社，未刊稿。

三峽靈隱寺編（1998），《慈恩永懷：文慈菩薩成道十五週年紀念特刊》，台北：天道之光出版社。

佚名編（1985），《濟公八德妙訓》，台北：三揚印刷。

三峽靈隱寺編印（1991），《陳前人金蓮生平道範》，台北：天道之光出版社。

三峽靈隱寺編印（1992），《明德班題綱》，台北：天道之光出版社。

中華民國一貫道總會篇（1988），《一貫道簡介》，台南：靝巨書局。

天恩宮（2002），《體行身教的仁者：至德大帝成道十周年紀念》，台北：天恩宮。

天恩宮編印（1992），《祁裕修前人生平道範》，台北：天恩宮。

白水老人口述，《我的求道、辦道經歷》，出版年月不詳。

佚人著，《道統寶鑑》，台北：正一善書，出版年月不詳。

孚中（1999），《一貫道發展史》，台北：正一善書。

宋光宇（1984），《天道鉤沉──一貫道調查報告》，台北：元祐出版社。

宋光宇（1998），《一貫真傳──張培成傳》，台北：三揚印刷。

林美容（1989），《人類學與台灣》，台北：稻鄉出版社。

林萬傳（1986），《先天道系統研究》，台南：靝巨書局。

林榮澤（1993），〈一貫道「發一靈隱」：一個台灣一貫道組織的發展史〉，《東方宗教研究》，新三期。

林榮澤（2007），〈民間宗教天書訓文初探〉，《新世紀宗教研究》，5：4。

林榮澤（2007），《一貫道歷史：大陸之部》，台北：明德。

林榮澤（2007），《開道先鋒：劉振魁前人略傳》，台北：明德。

林榮澤（2007），《台灣民間宗教研究論集》，台北：一貫義理編輯苑。

林榮澤（2008），〈台北市一貫道發展史〉，《2008年宗教與文化學術研討會論文集》，台中：崇正基金會。

林榮澤（2008），〈台灣民間宗教之「飛鸞解經」：以《百孝經聖訓》為例〉，《2008宗教經典詮釋方法與應用研討會論文集》，台北：真理大學宗教學系。

林榮澤編輯（2007），《民間宗教天書訓文資料庫》，台北：一貫義理編輯苑。

祁裕修（1983），《文慈仙君結緣訓序》，台北：天道之光出版社。

中文譯名（M.Waters）著，徐偉傑譯（2000），《全球化》，台北：弘智文化。

崇正基金會編輯委員會編（2002），《一貫道台灣樞紐陳公文祥紀念集》，台中：崇正寶宮。

張天然（1939），《暫訂佛規》，台北，三峽靈隱寺重印，民國80年。

莊萬壽（2003），《台灣文化論—主體性之建構》，台北：玉山社。

楊雪冬（2003），《全球化》，台北：揚智出版。

董芳苑（1986），《認識台灣民間信仰》，台北：長青文化公司。

慕禹編（2002），《一貫道概要》，台南：靝巨書局。

蔣國聖編（1990），《一貫道紀念專輯》，台中：國聖出版社編印。

寶光元德編輯（2005），《妙極大帝暨楊老前人百歲誕辰追思紀念專輯》，桃園市：寶光元德出版。

中文譯名（J. Tomlidson）著，陳榮元、陳慧慈譯（2003），《文化全球化》，台北：韋伯文化。

Yang, C. K. (1970). Religion in Chinese Society. Berkeley: University of California Press.

Deliusin, Lev. (1972). "The I-Kuan Tao Society" in Jean Chesneaux (Ed.), Popular Movements and Secret Societies in China. Stanford: Stanford University Press.

Robertson, R. (1992). Globalization: Social Theory and Global Culture. London: Sage.

Scholte, J. A. (2000). Globalization: a Critical Introduction. NY: Palgrave.

「扶乩飛鸞」
的研究與展望

一、前 言

扶乩飛鸞：民間宗教 "神聖化" 的關鍵

近百年來，宗教社會學研究的二大理論基礎，一是由韋伯所建構，強調宗教是社會的產物，但宗教的觀念也會深刻影響社會。二是由涂爾幹所建構，強調宗教是社會和心理的源泉，宗教是人類心靈需求的呈現。兩人研究的角度和方法彼此不同，風格迥異，構成西方宗教社會學研究的兩大取向。按照韋伯的說法，宗教只是社會需求的呈現，但宗教在成功建立後，又會反過來影響社會本身的發展。另外，按照涂爾幹的說法，宗教具有滿足人類心靈需求的功能，這種心靈需求的滿足，在某種程度上也可視為具有心靈的療效。如果是透過宗教產生的心靈療效，就可統稱之為「神聖療效」。兩人的研究，一是著重於社會面，另一是著重於心靈面來探討宗教。

1960-70年間，宗教社會學的研究，開始出現另一種新的研究趨勢，力求統一韋伯及涂爾幹以來一直存在的兩種傾向，從

理論與哲學的角度，整體地論述宗教的本質、功能及其在人類社會中的地位，又十分注重宗教的歷史演變過程。這方面最有代表性的人物之一，就是貝格爾(Peter L.Berger)，他提出宗教定義的關鍵在"神聖"二字。在《神聖的帷幕：宗教社會學理論之要素》(The Sacred Canopy Elements of A Sociological Theory of Religion)一書中 [1]，Berger認為宗教的功能就是建立一種秩序，但又不是一般的秩序，而是神聖的秩序。簡言之，一切宗教信仰的關鍵，在於"神聖化"的建構。通常建構神聖化的過程，也就是在建構一種神聖的秩序。因此，任何成功的宗教，一定要有神聖化的成功過程。

　　按照Berger的說法，任何宗教的產生，或多或少都要經由神聖化的過程來建構，只是建構的方式也許不一樣，但神聖化的過程的能否成功，同樣是要看神聖化產生的影響力有多大。所以近來研究神聖化的問題，也有從心理的層面來看待，認為神聖化愈成功的信仰體系，愈能對信眾產生心理上的撫慰作用。本文主要探討中國"民間宗教" [2] 的發展，發現神聖化的過程，有相當的比例是得力於"扶乩飛鸞"，這也是中國宗教

---

[1] Peter L.Berger *The Sacred Canopy Elements of A Sociological Theory of Religion* Doubleday and Company,Inc. Garden City,New York 1969.

[2] 本文指稱的"民間宗教"一詞，是指唐宋以後，普遍流行於社會底層，非純粹佛、道兩教之外的多種民間教派之統稱。而個別敘述上的必要，則用「民間宗教教派」一詞，來代表某一特定的民間宗教教派。詳見韓秉方(1992)，〈中國的民間宗教〉，收錄於湯一介主編，《中國宗教：過去與現在》(北京：北京大學出版社)，頁163。

研究上的一大特徵。有別於佛教與道教，民間宗教經由扶乩飛鸞所建構的信仰體系，其神聖化的現象是很明顯的，其過程是容易成功的。

扶乩飛鸞，簡稱為"扶鸞"，就史料來看，扶鸞的別名有扶箕、降乩、鸞訓、天書、降筆、天書訓文等。扶乩飛鸞會有文字產生，集合成的文本經卷，散在《道藏》、《寶卷》及民間宗教的天書鸞訓中。這些借由扶乩方式產生的文本經卷，一直是不容易研究的文獻，主要的關鍵是如何界定這些飛鸞之作，是人為的或天成的，這兩種的研究方式及立論點會有差別。以下先就扶乩的起源來探討。

二、扶乩、飛鸞、借竅的研究

（一）扶乩起源的探討

所謂扶乩的「乩」字，本來就是一種古代的占卜法，卜者觀察箕底動靜來斷定所問事情底行止與吉凶，後來漸次發展為書寫，或與關亡術混合起來。【3】所以早期的扶乩又叫做「乩卜」，大體是置乩具於箕型的竹器作成之物上，視察它的動作。其間一旁有人唸咒，推動箕具，以觀察「箕」的動態，或

【3】許地山(1940)，《扶箕迷信底研究》(台北：臺灣商務印書館)，頁7。

視「箕」的動數以測事之吉凶，指點求事者的迷津。術語稱它為「箕占」、「箒占」。扶占在歐洲也曾經興盛過，如西洋的「板占」，即是從「箕占」的方法中習來而發展的。

目前學界有關中國扶乩起源的說法，大致有以下幾種：一是始於紫姑信仰。許地山的《扶乩迷信底研究》是國內最早針對扶鸞信仰提出探討的學者，他收集分析了130多條有關扶乩的史料，認為扶鸞大約是始自唐代的紫姑(或子姑)信仰。【4】其後趙衛邦(Chao Wei-Pang)也在《民俗研究》【5】（Folklore Studies）發表〈The Origin and Growth of the Fu Chi〉一文，引用《夢溪筆談》中關於紫姑信仰的史料，同樣認為扶乩的起源是與紫姑信仰有關。【6】第二種說法是許烺光(Francis L.K. Hsu)的〈在祖先庇護下〉(Under the Ancestors' Shadow)一文中，提出扶乩起源於對祖先的思念與關懷所致。主要是因為透過

【4】許地山(1940)，《扶乩迷信底研究》，頁7。

【5】《民俗研究》（Folklore Studies）於1942年創辦於北京，1949年後遷至日本，1963年改名為《亞洲民俗研究》（Asian Folklore Studies），2008年再次改名為《亞洲民族學》（Asian Ethnology）。這一刊物最值得珍視的是從創刊至五十年代初，這段時間這份刊物刊行了一系列中國民俗學研究論文，對目前仍頗具學術價值。比如賀登崧（Willem A. Grootaers）對宣化、大同地區寺廟和神明的調查報告與對真武的研究，趙衛邦（Chao Wei-pang）對扶箕、賽龍舟、遊戲、秧歌、算命和秘密宗教的研究，以及仁井田陞對北京工商會館的調查，Li Wei-tsu對北京四大門信仰的研究，都是學術價值很高的研究。

【6】Chao Wei-Pang(1948) "The Origin and Growth of the Fu Chi" Folklore Studies 1:9-27.

扶乩可以知道祖先目前在那裡?有何需求？所以扶乩的起源與
祖先崇拜有密切關係。第三種說法是由康德謨(Kaltenmark)於
〈The Ideology of the T'ai-Ping Chin〉一文中，認為陶弘景編的
《真誥》就是一部降筆扶鸞的天書，所以扶乩是起源於道教信
仰。[7] 第四種說法，林永根是以鸞門的立場撰《鸞門暨臺灣聖
堂著作之善書經懺考》一書，其中談到扶鸞的起源，認為是孔
子所創立的。[8] 這樣的說法比較沒有根據，可能是因為儒宗
神教立場，所以有這種的主張。第五種說法，鍾雲鶯於〈台灣
扶鸞詩初探——一種民間創作的考察〉一文中，認為扶鸞是源於
薩滿宗教的原始神人溝通方式。由於薩滿信仰是流傳於東北一
帶滿州人的祖先信仰，是否直接影響到中原文化扶乩飛鸞的起
源，則有待更多的史料作印證。

　　筆者認為以上諸種說法中，鍾雲鶯的說法比較值得參考，
鍾氏認為扶乩起源於薩滿的信仰。「薩滿」本身就是一種靈
媒，莊吉發在《薩滿信仰的歷史考察》一書中，對薩滿一詞定
義為：「薩滿，滿洲語讀如"Saman"，是阿爾泰語系通古斯
語族稱呼跳神巫人的音譯。」[9] 薩滿是指能夠通靈的男女，
他們在跳神作法的儀式中，將神靈引進自己的軀體，使神靈

---

[7] Kaltenmark, Max. "The Ideology of the T'ai-Ping Ching" In David K.Jordan &
　　Marc J.Swartz(ed.) *Personality and the Cultural Construction of Society: Paper
　　in honor of Melford E. Spior.* In preparation, pp,24.

[8] 林永根編著(1982)，《鸞門暨臺灣聖堂著作之善書經懺考》(台中：聖賢堂雜
　　誌社)，頁5。

[9] 莊吉發(1996)，《薩滿信仰的歷史考察》(台北：文史哲出版社)，頁1。

附體，而產生一種超自然的力量，而具有一套和神靈溝通的法術，也就是一種"靈媒"。根據莊氏的研究，古代薩滿信仰的民族有：匈奴、鮮卑、柔然、高車、突厥、肅慎、挹婁、靺鞨、契丹、女真、蒙古等民族，[10] 分佈在東北亞至西北亞的漁獵社會，而以北亞貝加爾湖及阿爾泰山一帶較為發達，但不包括中原文化的漢族。這是因為古代的中原文化，原本就有自己類似的薩滿，例如商代巫、覡，春秋時代齊國的方士，秦漢時代的神仙修煉士等，其中不乏有類似薩滿的靈媒角色者。如果說薩滿可以視為最早的扶乩者，那中國扶乩的起源應該與中原文化中的巫、覡，這些較早的靈媒之人有關。

　　根據胡新生在《中國古代巫術》一書的研究，商代的巫、覡是源於距今五六千年的新石器時代晚期，當時有最早的巫師出現。春秋時期流傳顓頊氏"絕地天通"的神話，就是曲折地反映出專職巫師的形成。胡氏指出，這些早期的巫師，既是祭師、醫生、天文家、歷史記錄者，同時又是傳達神旨和利用各種手段預測吉凶的預言家。[11] 這是因為這些人具有特殊的能力，能扮演起人與不可知力量之間的媒介角色。在古代的社會中，這些具有特殊靈媒能力者的社會地位很高，他們往往是帝王身旁的重要大臣，以商朝國君每事必問卜於上帝的情況來看，這些巫、覡就是以神道來協助國王治理天下之人。《周易·觀卦·彖辭》曰：「觀天之神道而四時不忒，聖人以神道

---

[10] 莊吉發(1996)，《薩滿信仰的歷史考察》，頁7。

[11] 胡新生(1999)，《中國古代巫術》(濟南：山東人民出版社)，頁9-13。

設教而天下服矣。」"神道設教"有可能就是一種透過占卜得到"天啟"的特殊方式,所以才說是「觀天之神道」,這也可能是後來扶乩飛鸞的來源。然而"神道設教"的具體內容,目前尚缺乏較明確的史料佐證,所以比較不夠具體。直到東漢末年,民間道教的產生,一些早期神道設教的方式,也被道教吸收,於是道教就用了一個名稱"天書"(Spirit writing)【12】來形容這些天啟的資料,如此就比神道設教來得具體明確了。由此來看,"天書"一詞可能是較早用來稱呼這些神道設教產生的天啟之作。

因此,綜合上述各家的看法,筆者認為中國扶乩的起源,可以追溯到先秦"神道設教"的記載,一些具有特殊靈媒能力的巫、覡等人,他們能透過占卜傳達神旨,或利用各種手段預測吉凶。不過扶乩飛鸞的真正成形,要等到民間道教興起後,吸收古代的乩占法,逐漸發展而來。正如康德謨(Kaltenmark)所言,陶弘景編的《真誥》就是一部降筆扶鸞之作,其中所描述的扶乩情況,和現代的扶乩已非常相近。

【12】 "天書"一詞譯為Spirit writing,而不直接字譯為Celestial Writing。係根據 David K. Jordan and Daniel L. Overmyer所著 *The Flying Phoenix: Aspects of Chinese Sectarianism in Taiwan* 一書中,對於中國自宋代以來,民間流傳的道德說教性扶乩著作,概以Spirit writing來指稱,充分表現出這些著作產生的方式。

(二)飛 鸞

「飛鸞」的由來，最早可以追溯到《山海經・西山經》有云：「西南三百里，曰女床之山，其陽多赤銅，其陰多石涅，其獸多虎豹犀兕。有鳥焉，其狀如翟而五采文，名曰鸞鳥，見則天下安寧。」相傳在《山海經》中記載的這支神鳥，一但出現就能帶來天下的太平，因此被視為祥瑞之鳥。這支名為"鸞鳥"的神鳥，全身五采紋飾，是既美麗又奇特。《山海經・海外經》曰：「軒轅之國，清沃之野，鸞鳥自歌。」鸞鳥常和鳳凰一起出現，常常是鸞鳥自歌，鳳鳥自舞。到東漢許慎著《說文解字》，對"鸞鳥"有曰：「鸞，赤神靈之精也。赤色五采，雞形，鳴中五音，頌聲作則至。周成王時，氐羌獻焉。」氐羌指的是今天的青藏一帶，根據許慎的說法，鸞鳥是一種彩色偏紅，體型身形像雞的鳥，分布在青藏一帶。

由於鸞鳥是一種很祥瑞的鳥，一但見諸於世，就代表天下安寧的到來，於是就有說：「王阜為重泉令，鸞鳥集止學宮。」(《東觀漢記》)謝承《後漢書》曰：「方儲，幼喪父，事母，母終，自負土成墳，種奇樹千株，鸞鳥止其上，白兔遊其下。」像這樣的說法頗多，只因為鸞鳥代表的是一種很祥瑞的鳥。可見當時民間早流傳著這樣的觀念，這個觀念也漸為道教所吸收，鸞鳥就成了一支靈鳥，牠能降鸞在沙地上，用嘴尖鳥字在沙上出字，達到"天啟"的目的。今日臺灣的鸞堂，尚存有這樣的說法：「一隻被鴻鈞老祖收為腳力的靈鸞，飛落在沙地上，以嘴尖寫字於沙上，因而啟發靈覺，上通玄機秉承天命，以靈鸞傳真天意，筆錄其詩文，字字金玉，句句珠璣，均是勸世渡眾之文。……，後因有時靈鸞請而不來，乃叩請上天

准予採用桃枝柳枝合製成鸞狀，……，揮鸞於砂盤之上。」[13] 意思是說，鸞鳥又稱為靈鳥，能飛降在沙地上，用觜寫字於沙上，這應該就是「飛鸞」一詞的涵義。只是後來的發展，鸞鳥已不可見，鸞鳥出字更不可能，於是漸以"扶乩"出字來代替。

根據許地山的研究，他認為：「飛鸞就是扶箕，大概是因神仙駕鳳乘鸞，故有此名。」[14] 最初的乩，「只是以箸插箕上，受術者扶著動的箕，使箸在沙盤上寫字，毋須筆墨。後來才改箕為丁字形桿，插筆於垂直一端，用兩手或兩個人執著橫的兩端，在紙上寫字；或不用筆，只彎曲垂直的一端安置在沙盤上，用兩手或兩個人執著橫的兩端在沙上書寫，隨即記錄下來。」[15] 這樣的一種方式，也稱作"飛鸞"，等於是神靈借著箕筆，在沙盤上或是紙上寫字，來傳達某些預示。有時是一些疑問的解答，或是對抉擇事項的指示，後來在宋元以後，才逐漸發展出以道德教化為主的扶乩活動。

關於扶鸞操作的研究亦為國外學者所關注的焦點。哥羅特 (Groot J.J.M.de) 編著的 *The Religious System of China; Volume VI* (中國宗教．卷六，1982)，詳細的探討扶乩(fu ki)、鸞輿(lwan yü)與扶鸞(fu lwan)的分野，進而探討扶鸞操作的過程與型態，

---

[13] 宣平宮醒覺堂管理委員會，《覺醒鸞聲》(南投：財團法人醒覺文；教基金會，2006)，頁11-12。

[14] 許地山(1940)，《扶乩迷信底研究》，頁7。

[15] 許地山(1940)，《扶乩迷信底研究》，頁10。

是國外最早介紹扶鸞的學術研究。【16】艾倫(Alan J. A. Elliott,)的 Chinese Spirit-Medium Cults in Singapore(新加坡 的中國靈媒崇拜，1955)，該書提到新加坡的扶鸞儀式，艾倫生動地描述扶鸞的操作儀式，通常由兩人共同扶著，右邊為通靈降神的巫者，通神時將鸞文書寫於沙盤上。德國宗教學者柯若樸(Clart)的博士論文 The Ritual Contex of Morality books： A Case-Study of a Taiwanese Spirit-writing Cult(善書儀式的來龍去脈：台灣扶鸞團體的個案研究，1996)，以台灣武廟明正堂為研究對象，從中分析「懸空」鸞筆與「輦轎」鸞筆的不同。另外，真理大學於 2004 年 6 月 8 日舉辦第一屆「扶鸞儀式的傳統與創新」學術研討會，會中 邀請新莊三聖宮、財團法人獅山勸化堂、宜蘭新民堂、三芝錫板智成堂與中華玉線玄門真宗教會等宗教團體，並於會場中同時進行扶鸞；而這五間團體的扶鸞形式、人數、鸞筆皆有不同，甚至有不需要三才六部20，僅正鸞生一人即可獨立完成的「金指妙法」，充分說明扶鸞操作儀式的變遷性與多元性。

　　陳立斌的碩士論文《臺灣慈惠堂的鸞書研究》【17】，提到台北慈惠堂與慈德慈惠堂用「輦轎」鸞筆，一共需要四個人來扶鸞。另外一種「丁字形桿」鸞筆是目前較為流行的鸞筆，也許是因為這樣的鸞筆使用上比較方便，慈德慈惠堂就是用這一

【16】 De Droot, J. J. M. *The Religious System of China; Volume VI* Taipei ： Southern Materials Center Press,1982, pp 1309-1341.

【17】陳立斌(2004)，《臺灣慈惠堂的鸞書研究》，輔仁大學宗教學研究所碩士論文。

種鸞筆來扶著《慈惠月刊》，它只需一個人就可以扶著。其實不管鸞筆的形式是什麼?扶鸞儀式都是仙佛神靈降附於人身推動鸞筆於沙盤中寫字，經由唱鸞生逐字報出，再由錄鸞生寫下，成為一篇鸞文，因此我們可以說，仙佛的神靈是「體」，而鸞生的形體是「用」，鸞書是天人合一之作。

(三)降神與天書

　　如上所述，扶乩飛鸞的成形是在道教興起後的事，初期道教對這些以"天啟"方式寫出來的文書資料，就謂之「天書」。目前臺灣扶乩飛鸞的作品，也是稱之為「天書」或「鸞書」。關於「天書」的探討，謝世維在〈聖典與傳譯：六朝道教經典中的「翻譯」〉一文中，對早期「天書」的觀念有較完整的探討。謝氏指出，當佛教的梵文經典傳入中國，初期國人就將這些來自天竺的梵文稱之為「天書」、「天語」，主要是由於這些梵文是由梵天所創的神聖書體，梵文的「音」也有其特殊的神聖性。【18】不過，較完整使用「天書」的概念，是在早期道教的經典中，概指那些署名仙真的經書著作。《隋書‧經籍志四》：「道經者，云有元始天尊，生於太元之先，------所說之經------天地不壞，則蘊而莫傳，劫運若開，其文自

【18】謝世維(2007)，〈聖典與傳譯：六朝道教經典中的「翻譯」〉，《中國文哲研究集刊》第31期，頁196-197。

見，凡八字，盡道體之奧，謂之天書。」[19]署名元始天尊所說之經，其目的應在凸顯所著經書的神聖性，並且以「天書」稱之。謝世維在探討道教上清經典中的「天書」時，引用《真誥》的記載，西元365年7月25日，靈媒楊羲與降神的紫微夫人之間的對話，說明道教天書的傳譯因緣及過程。[20]其中有一段關於天書的具體描述：「五色初萌，文章盡定之時，秀人民之交，別陰陽之分，則有三元八會，群方飛天之書，又有八龍雲篆明光之章。其後逮二皇之世，演八會之文為龍鳳之章；拘省雲篆之迹以為順形梵書。分破二道，壞真從易，配別本支，乃為六十四種之書也，遂播之于三十六天十方上下也。」[21]巧合的是筆者曾在宜蘭礁溪九天宮作田野調查，遇上該宮九天玄女的乩女，談及她學天書的過程。經過一、二十年由天界九天玄女教她的天書，一共也是六十四種，每一種都是不同的語言文字體系，她共學了四十多種，還有二十多種未能學會。道教有天書六十四種的說法，早在《真誥》中紫微夫人降神所言相中，已清楚的說明。

---

[19] 唐‧長孫無忌等撰，《隋書經籍志》卷四(上海：古籍出版社，1995年)，頁129。

[20] 謝世維(2007)，〈聖典與傳譯：六朝道教經典中的「翻譯」〉，頁202-204。

[21] (晉)陶弘景，《真誥》(HY1010)(台北：新文豐出版，1985年影印)，《正統道藏》，第35冊，卷1，頁7b8-9。

(四)道教與扶乩

　　道教經典中雖記載「降神」傳達天書的訊息，但對於降神的方式，是否為扶乩或是飛鸞，還是如現在一貫道的借竅、開沙的方式，則未有清楚的說明。一直到宋代，社會上扶乩術初盛之時，有針對扶乩的方法作了描述，扶乩的地點是一個道壇，中間設有神座，上書「太乙真人」、「南華真人」等道教神仙名號的現象。【22】當時扶乩出來的天書，謂之「天篆」。許地山的研究指出，宋沈括《夢溪筆談》卷二十一有記載：「舊俗正月望夜迎廁神，謂之紫姑，----其書有數體，甚有筆力，然皆非世間篆隸。其名有『藻牋篆』、『茁金篆』，十餘名。」【23】這是用特殊篆體書寫出來的字，可見紫姑降神的情境中，一定有類似扶乩出字的方式，書寫字體。由於所用的字體是篆體，就以「天篆」來稱呼。同時代的蘇軾記載：黃州汪若谷家降神，自稱李全，給蘇一種「天篆」，內容是，〈天蓬咒〉。【24】〈天蓬咒〉於南朝時就見於道書中，後來更衍生出大部的〈上清天蓬大法〉，可見當時的道教和社會上流行的扶乩活動，已有相當密切的關係。況且「天篆」應是來自《真誥》中所言「八龍雲篆明光之章」的說法，「天篆」、「雲書」指的都是道經中的天書。以此來看，宋代民間的降神扶乩，和道

【22】劉仲宇(2003)，《中國民間信仰與道教》(台北：東大圖書)，頁158-159。

【23】引自許地山(1940)，《扶箕迷信底研究》，頁11。

【24】許地山(1940)，《扶箕迷信底研究》，頁13。

教的壇堂有很密切的相關聯性。

目前有待進一步研究的，是道教的扶乩飛鸞始於何時？按照許地山的研究，扶乩最早是在宋代文人間流行的一種降神活動，它與民間道教的關係如何？是道士先有扶乩活動，還是宋代民間文人先有，根據上面的分析，至少我們可以確認，在南北朝的陶宏景編纂《真誥》一書時，道教已有扶乩的活動。反而是經過一段時間的發展，到了宋代影響到文人也有降神的活動。

到明代中葉以後，民間宗教教派勃興，其中有一個關鍵的因素，就是與扶乩有關。明代興化人陸長庚(1520-1601)，創立內丹道東派，此派就是有扶乩飛鸞的教派。該派的主要著作《方壺外史》、《三藏真詮》、《南華真經副墨》等書，都提到扶乩降神的情形。《方壺外史》云：「嘉靖丁未，偶以因緣遭際得遇法祖呂公于北海草堂，彌留款洽，賜以玄醴，慰以甘言。」【25】得遇呂祖講的正是扶乩降神的事。《三藏真詮》講的更明白：「真降，有形、神、氣三者不同。箕，神也；入竅者，氣也；可見者，形也。」【26】箕，就是扶乩，入竅應與借竅相似。再舉同屬道教的金丹道南宗為例，此宗派由北宋張伯端所創，到南宋第五祖白玉蟾大宏宗風。元朝時期，一部份金丹道南宗併入全真道，另一部份則轉入民間發展，漸融入民間宗教。這些金丹道南宗很可能與明清時期蓬勃發展的民間宗教

【25】《方壺外史·金丹就正篇》，序言。

【26】《三藏真詮·法藏》，第二卷，記隆慶二年降筆。

有關，其中關鍵的因素，就是因為這些教派有扶乩的活動。林榮澤著〈從西王母到無生老母：論道教西王母向民間宗教的轉化〉[27]一文，即是詳細討論到此金丹道南宗，如何借由扶乩產生無生老母神號的過程。無生老母是明清時期民間宗教的最高神，它的產生很有可能也是由道教借由扶乩的方式所形成。

今天臺灣的道教，我們依然可以看到此一傳統的沿襲，例如「聖筆揮鸞妙諦傳，天書部部顯真詮。光明在望修行者，直破迷思智慧然。」[28]這是臺中玉皇宮主祠神九天玄女娘娘，在2006年所批出天書的開頭語，像這樣主祠九天玄女的宮廟，在臺灣就有一百多處。而過去的五、六十年間，臺灣各地寺廟、宮觀、鸞堂所批出來的，類似這種天書、鸞書的訓文非常的多。一貫道的扶乩有借竅、開沙兩種方式，呈現出來的文本資料，就稱之為「天書訓文」。

觀察目前臺灣出現的所謂「天書」，可以發現一個現象，幾乎都是以扶乩飛鸞的方式來呈現。只是扶乩的方式，各地、各教派、各廟略有不同，但基本上是不離文字的書寫或抄錄。如果依此方式來推究，早期天書的呈現方式，或許略有不同，但留下文字的記錄可能是相同的，所以有學者指出，現今《道藏》中，存有不少的天書，即是這樣的原因使然。

---

[27] 林榮澤(2009)，〈從西王母到無生老母：論道教西王母向民間宗教的轉化〉，《2009道教神祇國際學術研討會論文集》，真理大學宗教文化與組織管理學系，2009年5月30-31日。

[28] 玉皇天心宮編(2006)，《行者之道思：仙佛感應錄》(台中，玉皇天心雜誌社)。

(五)借竅與開沙

　　就扶乩飛鸞發展的演進來看，從借用箕架出字的扶乩方式，進化到借用人身直接口述傳達的入竅方式，使扶乩的效果更流暢，傳達的語意更明確。這方面可以現代一貫道的扶乩飛鸞為代表，謂之「借竅」與「開沙」。透過借竅、開沙方式寫下來的文字，謂之「天書訓文」。批出來的文字，也從單面向的訓文陳述，到多面向的訓中訓，或訓中又訓的妙文，扶乩呈現出來的難度更高，遣詞用字更加深奧，義理內涵也更為豐富，這就是現代一貫道借竅開沙的特色。

　　「借竅」，又稱「先天乩」、「仙佛借竅」。一貫道師尊張天然將此命名為「先天乩」，指的是直接由仙佛借三才的身體，和信眾直接對話，而非經過沙盤或乩筆，所以又稱為「仙佛借竅」。當不同的仙佛臨壇時，三才就會有不同的角色，如關聖帝君臨壇，即氣勢威嚴；觀音臨壇，是慈眉善面；濟公臨壇，則瘋顛模樣；孔子臨壇，為學者姿態；南極仙翁臨壇，則又是老態模樣等。

　　「借竅」一詞的產生，目前所見的最早資料是民國25年(1936)，一篇署名金公祖師的乩訓講到：「上天不言借人力，天道人傳併合行；或借竅用口鳴，或飛乩批訓情。」【29】金公祖師是一貫道的十七代祖路中一，傳到十八代祖張天然後，

【29】《闡道玄篇》，收錄於林榮澤主編(2009)，《一貫道藏》，聖典之部第一冊（台北：一貫義理編輯苑），編號GR250329，頁140。

借竅一詞配合三才的使用，在一貫道中已然形成。民國30年(1941)，另一部非常重要的乩訓《皇中訓子十誡》中，就提到：「今時下真機展普遍大地，諸天神眾仙佛共下東林；各處裡施顯化驚惺迷子，或飛鸞或借竅親渡原真。」【30】可見此時的「借竅」一詞，已是一貫道中普遍使用的名詞。

　　就借竅的呈現者「三才」而言，指的是天才、地才、人才共三位一組，故謂之三才。早期張天然在大陸辦道用的三才，多為年輕的小男生，一貫道傳來臺灣後，多是挑選年輕(約國中生)小女生，經過一番靜修的訓練而成。無論天才、地才或人才，仙佛都有可能在法會中附體批訓，這些年輕的少女，有的甚至書讀不多，但當仙佛借竅時，卻能出口成章，揮灑自如，當場傳達出訓誨的義理。內容多不離一般做人的道理，但有時也會出現一些極富哲理的「訓中訓」，遣詞用字也很艱澀。通常批示的詩句多為對稱句，文詞淺顯易懂，也有很多是調寄時下的流行歌曲的「歌訓」，讓信徒用唱的方式唱頌，所以讓人有親身接受仙佛教誨的真實感。

　　借竅大都要在大型的法會中才能見到，早期在大陸是以立爐、立會的方式進行，一次要十多天到一個多月不等。來臺灣後的法會則以一至三天為主，法會中就會有這種先天乩竅，由仙佛借竅臨壇調教，讓班員感受特別深刻，也具有無比的效果。近年來，臺灣一貫道十八個主要組線中，大部份的支線在一九八〇年代以後，已逐漸廢除這種借竅的教化方式。至於經

【30】《皇中訓子十誡》，林榮澤主編(2009)，《一貫道藏》，聖典之部第一冊，編號FV300315，頁466。

由這種借竅所批出來的「天書訓文」，目前的總數已超過一萬部，以「民間宗教天書訓文資料庫」所收藏的訓文來看，其中不乏很深奧的人生哲理及三教經義的闡述。一貫道的借竅，雖有其特殊性，但並非一種獨創的現象。一貫道的三才是神人溝通的媒介，扮演著傳達神意的角色，等同於中國自古流傳的飛鸞、扶乩等現象。

三、善書、鸞書、天書的研究

民間宗教借由扶乩飛鸞的方式，造就一篇篇的「天書訓文」。如果單就這些天書的內容來看，這些來自天界的訊息要傳達的是什麼？而人存在這天地間，與這些來自天界的訊息又有什麼關係？這些問題是必須天書的內容來探究的。

當武王伐糾代商，建立周朝後，為了鞏固周天子的天命，周朝開始用"天"來替代商朝的"上帝"崇拜，上天就代表上帝，周朝用的天不是指物質性的天，而是具有道德性、神格性的天，周天子一年要分四季來祭天，要「顧諟天之明命」。"天"也是吾人本心本性的來源，謂之「天命之謂性」，所以說人是「天生地養」，上天生人的靈性，大地長養人的肉體。這些觀念的建立，都是在周朝代商之後，逐漸形成。然而，天不言地不語，人如何能知道天的意涵，天命如何能有所傳達，這些問題的處理就是扶乩的源頭。

(一)善書與鸞書

　　「善書」這個詞是學術界對民間勸善書籍研究，較早使用的名詞。但善書一詞易造成混淆的，主要是在善書的產生上，是「人為書寫」或是「扶乩書寫」，不容易區別。而且「勸善書籍」的定義很廣，目的是宗教性與非宗教性不易區隔，也是造成善書一詞不明確的原因。因此，基於善書一詞有過於籠統，在定義上不夠明確的問題，以致學者常各自使用不同方式來補充界定，反而造成定義上的不統一與複雜性。例如：鄭喜夫在〈清代臺灣善書初探〉一文中，依善書的內容分為三個定義層次，即最廣義、廣義、狹義等三種。最廣義的善書指的是一切對閱讀者之身心有益的圖文；廣義的善書是指包含有宗教色彩的有益圖文，與無宗教色彩的有益圖文；狹義的善書則是指無宗教色彩的有益圖文。【31】鄭氏的分法忽略了宗教色彩的有益圖文，也有扶乩之作及先賢論著不同的複雜性，及各種體例上的區別。因此，蔡懋堂另以新舊型的觀點來區分，在〈臺灣現行的善書(續)〉一文中，蔡氏將善書分成明末清初以來的「舊型善書」，及臺灣各宗教結社扶鸞著作的「新型善書」兩大類。【32】宋光宇在〈關於善書的研究及其展望〉一文中，也同樣有將善書分成「古典善書」與「現代善書」兩類，不過宋氏

【31】鄭喜夫(1982)，〈清代臺灣善書初探〉，《臺灣文獻》33卷3期，頁7。

【32】蔡懋堂(1976)，〈臺灣現行的善書(續)〉，《臺灣風物》26卷4期，頁101。

是將鸞書歸類為狹義的善書。【33】鄭喜夫還有就善書的刊印者
來分宗教團體、政治團體或政府、私人團體或個人刊印的善書
等三種。其次還可依刊印善書的目的分成：宗教目的、政治目
的、社會慈善目的、個人目的的善書四種。再就刊印的方式
來分，可區分為扶鸞著作及非扶鸞著作等兩類。【34】張之傑在
〈民間的善書〉一文中，則是就來源將善書分成五大類：佛典
經典、道教經典、儒家經典、民間宗教文獻(又分神仙頒授、
扶鸞著造、先賢著作等)、其他等。【35】張氏還有依文體的形式
將善書分成歌謠體、說唱體、散文體、小說體、對話體、語錄
體、讖等。以上這些對善書的定義與分類顯得有些複雜，反而
不易凸顯善書一詞的真正涵意。鄭志明在《臺灣新興宗教現
象—扶乩鸞篇》一書中，提到善書最通俗的定義是：泛指民間
自行刊印的各類勸善書籍，此是最簡要的定義了。

目前學界有關善書的研究，首推日人酒井忠夫(1960)所著
《中國善書研究》一書【36】，酒井將「善書」一詞界定為勸善
之書，為宋代以來所普遍使用，只是酒井的探討中，沒有提到
台灣的善書，反而就袁了凡及功過格、陰騭文等方面的探討
頗深。另外，酒井一書中提到扶乩寫成的善書有：《文昌帝
君陰騭文》、《關聖帝君覺世經》、《觀音大士戒溺女訓歌》

【33】宋光宇(1994)，〈關於善書的研究與展望〉，《新史學》五卷四期，頁
163-191。

【34】鄭喜夫(1982)，〈清代臺灣善書初探〉，頁8。

【35】張之傑(1987)，〈民間的善書〉，《宗教世界》33期，頁56。

【36】酒井忠夫(1960)，《中國善書研究》(東京：國書刊行會)。

等。其後有臺灣的蔡懋棠(1975)著〈臺灣現行善書〉【37】，介紹他所收集的六十二本善書，隔年他又發表〈臺灣現行的善書(續)〉，不但補充他在過去一年內收集的善書110種，也計算出曾經出現過的神佛名號316種，及寺廟或宗教結社的地址96處。魏志仲在《台灣儒宗神教法門著造善書經懺史鑑》一書中【38】，蒐集善書編輯成目錄；鄭喜夫於〈從善書見地談「白衣神咒」在台灣〉一文【39】，一共計錄了81種不同版本的白衣神咒；鄭氏的另一篇〈清代臺灣善書初探〉【40】，則是對善書的定義作了一番討論。宋光宇在〈地獄遊記所顯示的當前社會問題〉一文中【41】，提出善書反映出當前社會諸如家庭倫理問題、政治風氣、經濟犯罪、宗教問題等；其後林永根在《鸞生暨台灣聖堂著作之善書經懺考》一書【42】；陳主顯的〈善書的宗教倫理要義初探〉一文【43】；及鄭志明的〈台灣鸞堂與鸞書

【37】蔡懋棠(1974)，〈臺灣現行善書〉，《台灣風物》24：4，頁86-117。

【38】魏志仲(1977)，《台灣儒宗神教法門著造善書經懺史鑑》(台北：清正堂)。

【39】鄭喜夫(1981)，〈從善書見地談「白衣神咒」在台灣〉，《台灣文獻》32：3。

【40】鄭喜夫(1982)，〈清代臺灣善書初探〉，《臺灣文獻》33：3，頁7-37。

【41】宋光宇(1982)，〈地獄遊記所顯示的當前社會問題〉，省府民政廳編，《民間信仰與社會研討會論文集》，頁116-136。

【42】林永根(1985)，《鸞生暨台灣聖堂著作之善書經懺考》(台中：聖德雜誌社)。

【43】陳主顯(1982)，〈善書的宗教倫理要義初探〉，台灣省政府民政廳編印，《民間信仰與社會研討會論文集》，頁7-20。

的社會教育功能〉【44】；焦大衛及歐大年的 *The Flying Phoenix: Aspects of Chinese Sectarianism in Taiwan* 一書【45】、林漢章的〈清代台灣的善書事業〉【46】、張之傑的〈民間的善書〉【47】等，也分別就鸞書所呈現的臺灣社會與文化意涵提出探討。近年來還有王見川的〈光復(1945)前台灣鸞堂著作善書名錄〉【48】、柯若樸的 *The Role of the Eternal Mother in a Taiwanese Sprit-Writing Cult* 一文【49】等。以上這些關於善書的探討，大致可包括臺灣善書的介紹，善書與社會，善書與鸞堂，善書與民間信仰，善書的思想內涵等方面。鄭志明寫〈遊記類鸞書所顯示之宗教新趨勢〉【50】一文，所收集到的遊記類善書有19本；而「資料庫」目前所收集到的遊記類鸞書已有60本。近年來的王志宇，根據中央研究院宋光宇主持的「臺灣現行善書之收集與分析」計劃，收集到的四百多部鸞書，寫成《台灣的恩主公

【44】鄭志明(1990)，〈台灣鸞堂與鸞書的社會教育功能〉，《台灣的鸞書》，頁149-198。

【45】Jordan, David and Overmyer, Daniel(1986). *The Flying Phoenix: Aspects of Chinese Sectarianism in Taiwan*, New Jersey: Princeton University Press.

【46】林漢章(1987)，〈清代台灣的善書事業〉，中華民國史蹟研究中心編印，《台灣史研究暨史料發掘研討會論文集》，高雄，頁141-150。

【47】張之傑(1987)，〈民間的善書〉，《宗教世界季刊》九：一，頁55-62。

【48】王見川(1995)，〈光復(1945)前台灣鸞堂著作善書名錄〉，《民間宗教》一，頁173-194。

【49】Philip Clart(1995). The Role of the Eternal Mother in a Taiwanese Sprit-Writing Cult. (Paper for Presentation at the AAS Annual Meeting, second draft), pp.12-16.

【50】鄭志明(1988)，《中國善書與宗教》(台北：學生書局)。

信仰：儒宗神教與飛鸞勸化》【51】一書。此外，較多的是一些
以神壇為單位，各自批訓出版的勸善書訓。

　　為便於作區隔，本文探討的範圍，以設定在善書中的扶乩
飛鸞之作為主，也就是包括天書、鸞訓、扶乩、飛鸞、借竅、
開沙、扶箕等方式產生的天啟資料為主，不包括人為書寫的勸
善書。

（二）天書訓文的研究

　　「天書訓文」一詞最早是由林榮澤所提出，用以界定由
「開沙」、「借竅」方式產生的訓文。林氏認為傳統使用的
「善書」一詞，容易造成與人為寫成的勸善書相混淆，也較不
能凸顯出是經由飛鸞寫成的特性。二來由於臺灣民間鸞堂批出
來的書訓，很多也是自稱為「天書」。此外，借竅方式批出的
訓文，和一般民間宗教的扶乩飛鸞，也有很大的不同，加上這
些天書的內容，幾乎都是以勸人為善的訓誡方式呈現，所以在
一貫道中，一直就以「訓文」稱呼這些署名仙佛所批的訓語。
兩者合起來，就是林氏所用的「天書訓文」一詞。林榮澤還將
多年收集的天書訓文，成立「民間宗教天書訓文資料庫」，目
前收錄約8千部的天書訓文。

【51】王志宇(1997)，《台灣的恩主公信仰：儒宗神教與飛鸞勸化》。

　　首先使用這些天書訓文作研究的是黃意靜，她的碩士論文《一貫道回文訓文研究：以〈行契天道為合人性〉為例》【52】一書，算是開這方面的先例。文中主要是就〈行契天道為合人性〉一部訓文提出分析，另外還引用到十六部天書訓文作佐證。從回文式的書寫，到義理的探討，以了解一貫道天書訓文具有的豐富內涵。其後有拙作〈現代一貫道的關公信仰：以天書訓文為核心的探討〉【53】是第一篇大量使用「天書訓文資料庫」寫成的論著。接著蕭玉敏著的碩士論文〈一貫道浩然浩德組開壇訓文研究〉，【54】則是以一貫道浩然浩德組為研究對象，分析天書訓文中的開壇訓，分析其文體和文學形式，開啟俗文學領域——民間宗教文學的新方向，並藉由開壇訓文去了解新興宗教一貫道的思想內涵。柯若樸(Philip Clart)在2006年底發表的一篇〈The Image of Jesus Christ in a Chinese Inclusivist Context: I-Kuan Tao's Christology and Its Implications for Interreligious Dialogue〉【55】主要是對一貫道天書(spirit-written)

【52】黃意靜(2003)，《一貫道回文訓文研究：以〈行契天道為合人性〉為例》(台中：靜宜大學中國文學研究所碩士論文)。

【53】林榮澤(2006)，〈現代一貫道的關公信仰：以天書訓文為核心的探討〉，「2006華人民間信仰學術會議論文集」，真理大學。

【54】蕭玉敏著（2007），〈一貫道浩然浩德組開壇訓文研究〉，台北：台北教育大學語文與創作學系碩士論文。

【55】Philip Clart(2006). The Image of Jesus Christ in a Chinese Inclusivist Context: I-Kuan Tao's Christology and Its Implications for Interreligious Dialogue. 發表於元智大學主辦，「宗教・文學與人生研討會論文集」，2006年12月。

中，與耶教、伊斯蘭教有關的訓文提出探討。只可惜柯若樸所能看到及轉引自李世瑜的耶、回相關的訓天僅有四部【56】。而在「天書訓文資料庫」中還有不少的耶、回訓文，若能一併探討，會更完整。林榮澤新近發表的〈民間宗教天書訓文初探〉一文，將十幾年來參與田野調查的團隊所收集回來的材料加以整理並分析它的結構，從「宇宙生命學」的觀點切入，發現天書訓文的內容富有「勸善教化」的內涵，【57】認為有必要更進一部深入研究探討。此外，林榮澤撰〈一貫道「飛鸞釋經」模式之探討：以《百孝經聖訓》為例〉【58】一文，則是針對天書訓文的內容模式提出探討，特別是就訓中訓的部份，借由《百孝經聖訓》來解構其模式。

　　以前宋文里的〈負顯化：觀看借竅儀式的一種方法〉【59】一文，討論到一貫道天書訓文的產生，認為是「完全不知所云的文字拼湊。」這是他個人的觀察所得，提出來的一些質疑和看法。至於訓文的內容，他就少有論述。有關借竅儀式的真實性問題，由於是真是假都缺少足以令人信服的科學性驗證，所

【56】主要引用的天書訓文有：《五教真諦》、《回、耶教主聖訓》、《耶穌基督聖訓》、《天道真理講義》等。

【57】林榮澤編著（2007），《臺灣民間宗教研究論集》（臺北市:一貫義理編輯苑）。

【58】林榮澤(2008)，〈一貫道「飛鸞釋經」模式之探討：以《百孝經聖訓》為例〉，《臺灣宗教研究》，7卷2期，2008年12月，頁1-35。

【59】宋文里(1999)，〈負顯化：觀看借竅儀式的一種方法〉，《臺灣社會研究季刊》，第35期，頁163-201。

以目前還很難有明確的定論。然而，筆者一直認為，這並不至於影響到研究這些天書訓文的重要性。因為總數超過一萬部的"善書"加上"天書訓文"，實際上是研究過去五、六十年來，臺灣社會的歷史、文化、宗教信仰、寺廟、文學、語言學、宇宙生命學等方面的寶庫。

(三)天書訓文資料庫

筆者多年來收集整理的天書訓文，總數在八千多部以上。目前已成立「天書訓文資料庫」，並著手編輯《一貫道藏》，現已出版〈聖典之部〉的第一冊，往後將陸續編印成套，估計會有數十到百冊之多，對於研究一貫道的天書訓文，相信會有很大的幫助。

林榮澤在〈民間宗教天書訓文研究初探〉一文中，提出對天書訓文的探討是以「宇宙生命學」的觀點切入，他認為不斷的在臺灣各地所產生成千上萬的「天書訓文」來看，其內容主軸是「勸善與教化」的思想。這些來自天界的訊息所形成的天書，闡述了人類生命道理，與人類未來該何去何從的道理息息相關。以下僅就「民間宗教天書訓文資料庫」所藏的內容簡述如下：

(一)內容：一貫道訓文約7000部、鸞堂鸞書600多部、各類遊記60多部、道教鸞書約50部、佛教寺廟出的鸞書約20部。

(二)產生的地點：所有的鸞書皆來自臺灣及澎湖各地的鸞堂，而一貫道的天書訓文，除大部份在臺灣批出外，近年來在國外批出的也不少。就目前所建置的篇目來看，包括有：泰國

456部、印尼476部、馬來西亞283部、美國255部、中國大陸230部、澳洲191部、澳門136部、新加坡164部、日本146部、香港115部、緬甸97部、法國83部、菲律賓80部、加拿大32部、印度23部、紐西蘭17部、柬埔寨16部、模里西斯9部、英國2部等。

(三)產生的年代：最早從民國13年(1924)到民國97年(2008)止，每十年為一個單位來看如〈表2-1〉所示：

〈表2-1〉民間宗教天書訓文產生年代表

年　代	數　量
1920-1929(民國9-18)	6部(一貫道訓文6部、鸞書0部)
1930-1939(民國19-28)	97部(一貫道訓文97部、鸞書0部)
1940-1949(民國29-38)	97部(一貫道訓文97部、鸞書0部)
1950-1959(民國39-48)	34部(一貫道訓文31部、鸞書3部)
1960-1969(民國49-58)	68部(一貫道訓文59部、鸞書9部)
1970-1979(民國59-68)	364部(一貫道訓文313部、鸞書51部)
1980-1989(民國69-78)	1162部(一貫道訓文904部、鸞書258部)
1990-1999(民國79-88)	3859部(一貫道訓文3739部、鸞書120部)
2000-2008(民國89-97)	1950部(一貫道訓文1907部、鸞書43部)
年代不詳	334部(一貫道訓文248部、鸞書86部)

資料來源：依「民間宗教天書訓文資料庫」目前所建置的7971筆作統計。

就〈表二〉的統計可以看出，一九八○年代是臺灣鸞書產出最多的時期，而九○年代，則是一貫道的極盛期，總計有近2500部的天書訓文出現。這些訓文都是在一場場的法會中，由不同署名的仙佛所批出，如果以每場法會平均二、三百人計，至少有二、三百萬人參與過這樣的法會，這還不包括一些沒有仙佛訓文的法會，可見這些訓文教義的影響相當大。

(四)署名的仙佛：就目前統計的7971多筆篇目來看，共有249位仙佛。其中的前十名，依序：第一是署名濟公活佛的3467部；其次是三天主考的930部；第三是南極仙翁的528部，第四是八仙藍采和323部，第五是南海古佛253部，第六是八仙李鐵拐238部，第七是八仙韓湘子162部，第八是關聖帝君151部，第九是哪吒三太子133部，第十是呂洞賓90部。

(五)主要型式：天書訓文的內容格式，主要分成詩訓、歌訓、訓中訓、白話訓等四類。就目前資料庫的7971筆資料來看：詩訓6037部、歌訓6494部、訓中訓2217部、白話訓1338部。合計的數量超過總計編目，是因有的一部天書訓文中，兼具有上述一至四種所致。至於這四種型式的內容，在下一節中再詳述。

要了解現代現代一貫道天書訓文的特色，最直接的方式莫過於透過田野調查，實際去收集目前一貫道中所使用的教義經卷，會有比較真實貼切的了解。就研究者近年來的考察，一貫道的天書訓文，已成為一貫道教義的主要依據。這些訓文目前被臺灣各地的一貫道信徒，編印出來當作教本，成為教義與修行的依據。目前已有超過一萬部的"天書訓文"，而收錄在

「民間宗教天書訓文資料庫」【60】中的一貫道訓文也有七千多部，其重要性已經可以看成是一貫道的主要經典，就像其他宗教有自己的經典，一貫道的經典漸以這些天書作為主要的內容。所以，如果要了解目前臺灣一貫道的教義思想，不研讀一貫道中的天書訓文，是很難真正了解的。

四、研究展望

關於扶乩飛鸞的研究，除了挖掘更多的史料，深入了解扶乩的起源與發展的過程，以及扶乩在每一時期，對民間宗教發展上的影響等，都是未來再開發的研究問題。此外，對於扶乩所留下來的文獻，更是可以著力研究。以現代一貫道借竅開沙所留下來的天書訓文為例，這部份如果站在扶乩發展史來看，確實已達最精緻的地步，甚至可以說已超乎人力所能為的地步。以下先舉幾例來看：

2004年8月在美國紐約開的一班二天法會中，署名藍采和大仙一來就批了一首調寄「東方之珠」的聖歌給班員唱，結果因為在場的班員幾乎都不會唱，藍大仙還自己帶唱。然後接著是批出一篇「持戒」的訓中訓，如下〈訓一〉所示：【61】

【60】 林榮澤編輯（2007），《民間宗教天書訓文資料庫》，（台北：一貫義理編輯苑）。

【61】 《一貫道天書訓文》，編號AB930807 (台北：民間宗教天書訓文資料庫C)。美國紐約，2004年8月7日。

藍采和大仙慈訓

根據〈法會側記〉[62]的描述:「當課程進行到第一天(2004年8月7日)的下午四點半時,藍采和大仙應我們老師濟佛力邀,伴著歌聲翩翩下凡。藍大仙手持花籃,將鮮花朵朵分贈給大家,『心真一切真,真花贈送真心人』,並祝福大家都能開花結果,做個有道之人。接著藍大仙批訓文,調寄"東方之珠"-------最後他老在訓文中巧妙的勾劃出一隻莊嚴的佛手,手持摩尼寶珠,寶珠上刻著『持戒』二字,指點我們當以持戒

---

[62]〈法會側記〉是每一部天書訓文的最後,由在場負責文書的人員,就當時法會進行的情形,所記錄下來的實況描述。

來修自性。」【63】從這段法會情境的描述中，大致可以體會，藍采和大仙和現場班員的互動。這篇訓文最特殊之處，是訓文中還有訓文，是手持摩尼寶珠的訓中訓，通常是在底部的詩訓批完成後，再從中抽出字來構成訓中訓。對這些訓中訓的創造，有說是中文字本來就有這樣的特性，隨便怎麼拼湊都可以讀的通，但看這編訓中訓的內容，就在左邊的描述中，有一些佛法的名詞，如三輪體空、菩提心、三惡道等。這些名詞是固定的用語，所以要能好用在一起，不能放錯位子，假如真有人為的創作，確實也要費一番心思，更何況這樣的訓文有成千上萬部，有的訓文不但有訓中訓，將全部的訓中訓合起來，又有訓中又訓，真是令人難以解釋，不得不佩服創作者的巧思。

　　這種訓中又訓的天書訓文，我們可以舉一例來看，就是《十義》這一部訓中訓，它處理的就是儒家提倡的綱常倫理，如下〈訓二〉所示：

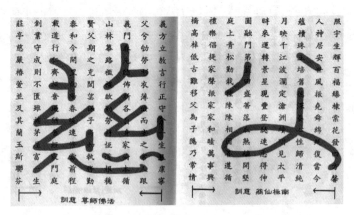

【63】《一貫道天書訓文》，編號AB930807，〈法會側記〉。

〈訓二〉：「父慈」訓中訓及「十義」訓中又訓

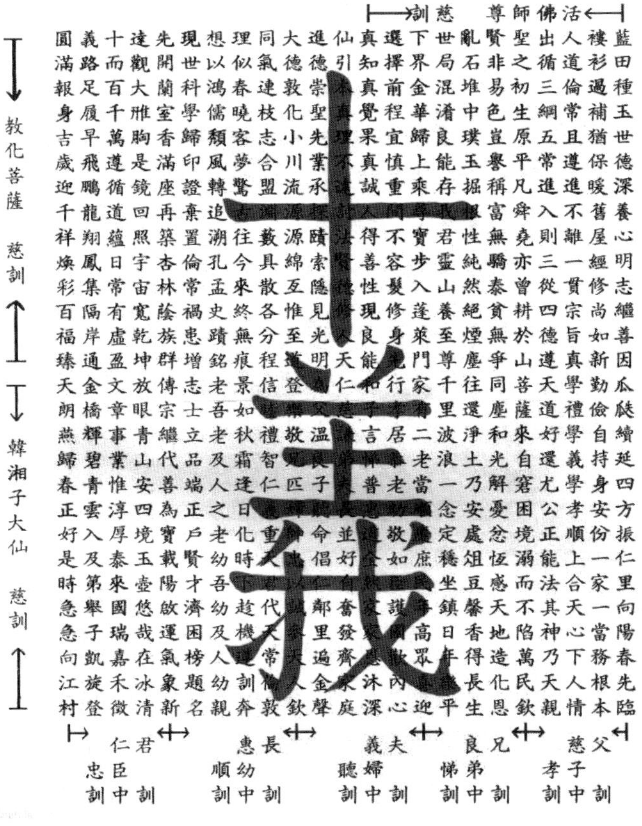

活佛師尊 慈訓

藍田種玉世德深養心明志繼善因瓜瓞續延四方振仁里向陽春先臨
褸衫過補猶保暖舊屋經修尚如新勤儉自持身安份一家一當務根本
人道倫常且遵進不離一貫宗旨真學禮學義學孝順上合天心下人情
出循三綱五常進入則三從四德遵天道好還尤公正能法其神乃天親
聖之初生原平凡舜堯亦曾耕於山菩薩來自窘困境溺而不陷萬民欽
賢非易色豈譽稱富無驕泰貧無爭同塵和光解憂忿恆感天地造化恩
亂石堆中璞玉掘根性純然絕煙塵往還淨土乃安處俎豆馨香得長生
世局混淆良能存我君靈山養至尊千里波浪一念定穩坐鎮日年[illegible]平
下界金華歸上乘尋寶步入蓬萊門家有二老當[illegible][illegible]庶[illegible][illegible]高眾[illegible]迎
選擇前程宜慎重間不容髮修身[illegible]行孝居[illegible]老[illegible]敬如[illegible]護國歡內心
真知真覺果真誠人得善性現良能和子言悌普[illegible][illegible][illegible]然[illegible][illegible][illegible]沐深
仙引本真理不違討法賢德修人天仁慈謙弟[illegible][illegible]並好自奮發齊家庭
進德崇聖先業承探蹟索隱見光明[illegible]父溫良子[illegible]命倡仁鄰里遍金聲
大德敦化小川流源源綿互惟至道登樂敬[illegible]匹[illegible][illegible][illegible]以[illegible][illegible][illegible][illegible]欽
同氣連枝志合盟淵藪具散各分程信[illegible]禮智仁[illegible]重[illegible]君代[illegible]常[illegible]敦
理似春曉客夢驚古往今來終無痕景如秋霜逢日化時[illegible]趁機[illegible]訓奔
想以鴻儒顯風轉追溯孔孟史蹟銘老吾老及人之老幼吾幼及人幼親
現世科學歸印證棄置倫常禍患增志士立品端正戶賢才濟困榜題名
先開蘭室香滿座再築杏林蔭族群傳宗繼代善為寶載陽啟運氣象新
達觀大雅胸是鏡回照宇宙寬乾坤放眼青山安四境玉壺悠哉在冰清
十而百千萬遵循道蘊日常有虛盈文章事業惟淳厚泰來國瑞嘉禾徵
義路足履早飛鵬龍翔鳳集隔岸通金橋輝碧青雲入及第舉子凱旋登
圓滿報身吉歲迎千祥煥彩百福臻天朗燕歸春正好是時急急向江村

教化菩薩 慈訓

韓湘子大仙 慈訓

父慈子孝訓中訓　兄良弟悌訓中訓　夫義婦聽訓中訓　長惠幼順訓中訓　君仁臣忠訓中訓

「十義」原出自《禮記・禮運》篇，是父慈、子孝、兄良、弟悌、夫義、婦聽、長惠、幼順、君仁、臣忠等十項美德。這部天書訓文分由署名濟公佛活、南極仙翁、純陽祖師、

教化菩薩、張果老、韓湘子、藍采和等七位仙佛,在四個不同的地方(田中、斗六、斗南、苗栗)所批成。時間是在民國76年底到77年初,十篇訓是依序對「十義」的精義作了闡述,內涵非常豐富,實難一一敘述,僅就其一「父慈」為例來看:這部由南極仙翁和濟佛合批而成的訓文,法會的第一天先由南極仙翁臨壇,批完鎮壇詩後,續批「父」字的底訓,仙翁一邊批詩訓,一邊以輕鬆的白話訓勉勵大家。批完底訓後再點出「父」字的訓中訓,仔細讀來,可以了解為人父者要懂的道理:「棣棠花發」的典故,是比喻兄弟聯芳,也就是說結婚成家後,和自己的兄弟要相互關照,家族團結、妯娌合和,這樣就能像「棣棠花發四方馨」。另外,也要懂得圓融門第藍田盛的道理,好比是在庭前栽種青松,非常的茂盛,讓以後能代代相因好好遵循。「橋高梓低」講的是父子之道,能合於「父為子隱」的天理人情。法會的第二天,濟佛到壇續批「慈」字訓的底訓,批完再點出訓中訓「慈」字。濟佛的這部訓談的是父親的慈道:首言教子有義方,須先言行守分,以身作則;要努力勤儉持家,雖是辛苦劬勞蓽路襤褸,也要堅持以道德來教育下一代,做到「持恒道根穩」;載道行仁,創業守成而不匱乏,如此雖住的是縫縫補補的茅屋,終能富裕的過一生。就這「父慈」兩字的訓文讀之,內涵深具啟發性,其他的九義也大致如此。

「十義」訓文的訓中訓共二十字,全抽出來按順序合併起來,就是最後的「十義」兩個字的訓中又訓。這「十義」的訓中又訓是濟公活佛在另一場法會的場合,以鎮壇訓的方式批出,如下〈訓三〉所示,也為這「十義」訓文作最後圓滿的總結。

〈訓三〉「十義」訓中又訓【64】

中華民國七十七年歲次戊辰正月初四 斗六崇修堂 活佛師尊慈訓

追古淵源　探討人間　尋我根本　真理不遠　法賢德修

人道為先　和睦樂父慈子孝　有兄良弟悌恭謙　夫義婦聽

長惠幼順　帥天下君以仁　自然臣民　忠誠參天　人倫遵

天道全　家家歡喜樂年年　　　　調寄：國恩家慶〔十義訓中訓〕

吾乃

南屏道濟　奉

中旨意　降塵地　參

中華　賢徒安好　喜氣洋洋　哈哈

十義冠頂訓：

藍褸人　出聖賢　亂世下　選真仙　進大同　理想現

先達十義圓

此外，近年來天書訓文的國際化，也是很值得重視的一項發展。1980年代以後一貫道開始向國外大量傳播，到2008年止，已在世界80多國設立佛堂、大廟。尤其在東南亞一帶的發展最為迅速，總佛堂量已超過臺灣，各地傳回來的天書訓文數量不斷增加，道教大為宏展。舉其中最具有代表性的一部天書

【64】《一貫道天書訓文》，編號AG770104。臺灣斗六，1988年1月4日。

　　訓文《「道光」重玄妙訓》為例，是由六位不同署名的仙佛，分別在新、馬、泰等六場法會中批出，再合集而成。內容包括有訓中訓：「天心佛心」【65】、「慈心濟世」【66】、「窮當益堅」【67】、「百折不彎」【68】、「合群團結」【69】、「一道同風皆大歡喜」【70】等。最後再由這些訓中訓的內容，又合成第二層的訓中又訓「放之則彌六合卷之則退藏於密」十三字，再這十三字的訓中訓又合成第三層的訓中又訓「道光」，如下〈訓四〉所示：

【65】 林榮澤編輯，《民間宗教天書訓文資料庫》，編號AG740928。新加坡，1985.9.28.

【66】 林榮澤編輯，《民間宗教天書訓文資料庫》，編號AM741013。馬來西亞，1985.10.13.

【67】 林榮澤編輯，《民間宗教天書訓文資料庫》，編號AG741013。馬來西亞，1985.10.13.

【68】 林榮澤編輯，《民間宗教天書訓文資料庫》，編號AF741025。馬來西亞，1985.10.25.

【69】 林榮澤編輯，《民間宗教天書訓文資料庫》，編號AH741026。馬來西亞，1985.10.26.

【70】 林榮澤編輯，《民間宗教天書訓文資料庫》，編號ABBZ741103。泰國，1985.11.3.

〈訓四〉訓中又訓「道光」

「放之則彌六合卷之則退藏於密」訓中訓

訓中訓

本是遙翔一天鳳　如今奔波西東　本是理天一豪龍　惠難
白陽相逢　時機千載　正義伸張　道復昌國堯舜風
隆似海　天生遠英雄　揶揄不道　聖賢之心　篳路
檻褸誠昭忠　長江頭　正氣貫長虹　滴滴血淚歃
歃心聲昭神州　黃河洶湧　女兒身　英雄心　三期定挽大同
乾坤振神州　天地大明　龍鳳翱翔長空

調寄：天地大明龍鳳翱翔長空

「道光」的訓中訓是一首非常雄壯的歌訓，調寄「天地大明龍鳳翱翔長空」。如此一層層的訓中訓，最後還能合成一首詞意非常好的歌訓，真是不簡單。

當東南亞國家的道務逐漸宏展之際，其他一些國家的道務也陸續開展。1989年7月4-5日，美國洛杉磯崇德佛堂，舉辦第一屆二天班法會，由署名濟公活佛臨壇批訓中訓「COURAGE」(勇)，如下〈訓五〉所示：

〈訓五〉訓中訓「COURAGE」【71】

　　同年7月18-19日，在日本池袋也舉辦第一屆二天法會，由署名濟公活佛臨壇批出訓中訓「天道」（日文），如下〈訓十一〉所示：

〈訓六〉訓中訓「天道」（日文）【72】

【71】林榮澤編輯，《民間宗教天書訓文資料庫》，編號AG780705。美國，1989.7.5.

【72】林榮澤編輯，《民間宗教天書訓文資料庫》，編號AG780719。日本，1989.7.19.

此後日本的道務也開始宏展，目前以日本天一宮為一貫道在日本最大的道場。

〈訓七〉：泰文訓中訓(修行)【73】

白陽掀幕得開隙　知道霜然悟然乎
慕道尋仙登堂入室無掛礙　達光睹
尊天侯命含德茫　喜時調己善水途
寄旅紅塵最樂時機千載莫再逢
一點玄關見性心飲水當　頭何處
悟得真諦醒覺人生　頭何處迷糊
英雄美人都已做　如是智者識時達務
真木假世俗理路為道必莫疏忽
民族假借識透達德於歸根認命中
生俗要改自反悟中流砥柱慈賜福
前程開拓聖賢述理微經四書引你踏正途
道大難述理微難破性理心真參悟
一理貫通明鏡精益求精孜孜矻矻德不孤
頂天立地好兒郎光迴凡塵俗世備舟邁足
滿堂俊秀濟濟精益求精孜孜矻矻跡趨步緯有度
信心堅於光道德不孤
懷德藏民愛物風行草偃音四佈
信受奉行有緣蒸流出天綸音同赴
講道説德啟皇原借假修真瑤台同赴

〈訓八〉：印尼文訓中訓(良心)【74】

天恩浩浩法雨施眾　鳳至河清瑞氣祥
登堂入室性命雙修　一德川原流澤芳
謙沖自牧虛心受教　拒諫是非則難當
滌瑕蕩穢講信修德　和鸞雍雍慧德流長
今逢聖會參研真諦　勤上大理微樂章
委屈求全強研程圓　辦道立德輝煌
毀謗立身道犧牲奉獻之舉　勉毅毅養
立身行道德功不倚　捨我其誰
天道綸音樹聖莊敬　涅而不緇
誰是誰非彼我莫爭　中道立世心凶慝
不論是非彼我莫爭　德功立駕慈航
馨氣相求尊同導度　渡泥揚波非清
戲耍針灸勝敗　笔磬同音響默幫
人生好舞樹歌台來願　居人心同白陽
倒行逆施　恨歲長
衣不重帛食不重味　忙歲悄悔忙
體念前賢摩頂放踵　道法聖王
飲水思源感恩圖報　安貧樂道法聖王
歷盡風霜守護道脈　難路莊敬自強
白陽賢契開來繼往　歷…記詳
殊途同歸達故鄉

【73】林榮澤編輯，《民間宗教天書訓文資料庫》，編號AG801216。泰國，1991年12月16日。

【74】林榮澤編輯，《民間宗教天書訓文資料庫》，編號AG820719。印尼泗水，1993年7月19日。

目前在國外批出的一篇篇天書訓文，代表一場場的法會，到目前為止，至少有2400多篇【75】，分佈在數十個國家，實無法一一列舉。天書訓文的國際化與全球化是一個值得重視的研究課題。許地山所言扶乩初起於文人間降動問事吉凶的活動，如今已發展成全球性文化、宗教、信仰的傳播活動，其中所造成的影響力正與日俱增，這是很值得關注的現象，也是今後有關扶乩飛鸞研究上的一大課題。

五、結 論

綜合以上的探討，中外學界有關扶乩飛鸞的關注，已有相當的研究成果。然而，這方面存在的問題依然不少，皆是今後可以著力之處。首先，在扶乩的起源上，最早應可以追溯到五、六千年前，中原文化的巫與覡，這些能溝通神人的靈媒，不僅掌握了文字的使用能力，還能占卜吉凶，他們很可能就是後來扶乩人的前身。只是扶乩飛鸞的真正成形，要等到道教吸納這些術數，經過進一步發展，到魏晉南北朝逐漸形成。當然，這方面還有待更多的史料作佐證。

【75】 林榮澤(2008)，〈一貫道推行儒教之研究：以天書訓文為探討核心〉

其次，在扶乩飛鸞的發展與影響性的研究，目前較空缺的一個區塊，是道教與扶乩問題的探討。從扶乩演變的過程來看，不應起於宋代文人間的紫姑降神活動，而是與道教有密切的關係。尤其是明代中葉以後，由於有一些融入民間的道教教派，他們很可能有扶乩的活動，所以不僅帶起往後民間宗教的勃興，也與無生老母信仰神的產生，有很大的關係，這也是往後可以再深入探討的部份。

其三，在扶乩飛鸞的成品方面，也就是鸞書、天書訓文的研究上，這方面是最有開拓空間的一環。以往學者的研究大多當成人為的善書來研究，如果真是天界傳來的訊息，那這些天書就很有想像及研究的空間。美國人類學家David K. Jordan(焦大衛)曾於1966、1968年兩次來臺灣，在台南西港的保安村作田野調查研究。他對當地寺廟的扶乩、拜鸞之宗教活動特別有興趣，並仔細作了收集研究，後來寫成《飛鸞：中國民間教派面面觀》(The Flying Phoenix: Aspects of Chinese Sectarianism in Taiwan)。焦大衛在書中就特別提到，他在接觸這些天書、鸞書的材料時，就認為是很重要研究民間教派的材料，但由於不容易讀懂，他還透過面對面訪談的方式，以補正不足之處。這樣用心的研讀，小心的求證，因此才能寫成《飛鸞》這部大作。[76]焦大衛重視這些鸞書、天書訓文的用心，正好是今天我們應該學習的對象。

---

[76] David K. Jordan(1986). *The Flying Phoenix: Aspects of Chinese Sectarianism in Taiwan* ,Princeton University Press. pp.xiv-xv.

面對如此浩瀚的天書訓文，就一位收集和研究者而言，首先應有必要就其中理出一些研究的頭緒，以方便後來者作更多、更深入的探討，這也是筆者之所以會提出「宇宙生命學」的觀念來切入，當作一把開啟天書訓文的鑰匙。就所接觸的成千上萬部訓文來看，最大的感想是這當中所蘊含的道理，感覺上好似一位很有智慧的長者，在對不懂事的孩子，作諄諄的教誨。要孩子們能學好一些人生的道理，以便能好好的生活下去，而且活的快樂、有價值、有意義。然而，這位有智慧的長者，看似並非一人，也非現實世界的人，而是來自天界傳來的訊息，他以不同的仙佛菩薩名號出現，借著一部部的天書，不停的傳遞來自上天的福音，這到底又所為為何呢？唯一可以理解的是，這些天書訓文有一個共同的目的，就是希望人類能學會一些道理，這些道理可能很重要，但卻不為現世的人們所重視，於是要透過如此的方式，不斷的作這種「勸善化世」的工作。如果這樣的思考能夠成立，那就可以將這些天書訓文所要傳達的訊息內容，作一個概括性的統合，由於它是關係到人所應學習的道理，又是來自天界的訊息，就姑且稱之為「宇宙生命學」。

因此，一個核心的問題，就是如何看待這些天書訓文、鸞書？以目前豐碩的研究成果，往後還可以進一步去探研的方向是什麼？筆者認為，人類不只是地球上生命的一員，也是大宇宙生命的一員。將來人類要學習的道理，不會只是關於地球上人類歷史傳承下來的道理，更應該要學習整個大宇宙歷史傳承下來的道理，以作為下一階段人類要進入大宇宙作準備。而這些宇宙生命的道理應該很重要，人類如果不懂的話，實不配成為大宇宙的一員。在科學萬能的發明與創造下，帶給人類物慾

横流的負面作用也愈來愈大，將來勢必要去思考人類的未來還缺什麼，是不是全賴科學就能走向美好的未來，這方面肯定是須要深思的。目前我們看到這麼多的鸞書、天書、善書，好似由天界傳達下來如此多的訊息，或許正好是未來人類所需要的「宇宙生命學」道理，這正是筆者認為，可能是今後要在天書訓文的研究上，多所著力之處。

(本文曾於「2009年臺灣宗教研究的歷史、現況與前瞻學術研討會」宣讀，感謝張家麟教授講評及現場諸多前賢指正，謹此致謝)

一貫道「飛鸞釋經」模式之探討

—以《百孝經聖訓》為例

一、前 言

　　自從德國哲學家施賴爾馬赫(F. Schleier-Macher)和狄爾泰(W. Dilthey)在古典詮釋學的基礎上，創立了當代詮釋學。當代的詮釋觀漸以追求「創造的詮釋觀」為主流。它拋棄了傳統詮釋觀對文本的固著和對解釋者個人成見的回避，而主張詮釋者帶著自己的成見進入詮釋物件的領域，通過將自己和詮釋物件融合創造出新的視野。當代詮釋觀念還認為理解和詮釋是人的存在方式，其最終目的是揭示人存在的意義，從而將詮釋提到了本體論的高度。

　　第一個將這種創造的詮釋觀帶進中國儒學詮釋學的人是傅偉勳(1999)，有關儒學詮釋學的研究是近年來東亞研究學門中很受重視的一項，它的內容包括對儒家經典傳統的小學、名物制度之學、思想史、考據學與詮釋理論等的探討。(黃俊傑

2004：147)傅偉勳在1984年3月，首度提出「創造的詮釋學」一詞，其後在1990年第一屆當代新儒學國際研討會中，正式提出儒學詮釋學作為儒學研究的八大課題之一。所謂「創造的詮釋學」根據傅偉勳(1999)的說法，意在建立中國哲學的解釋原則，其主要思想包括：對中國古代經典的研究應從實謂、意謂、蘊謂、當謂、必謂五層次進行，此後有關儒學的經典詮釋研究即越來越興盛。藉由這五個層次的分析來理解天書訓文的詮釋模式，即是本文寫作的主要目的。

考查台灣民間宗教對經典的詮釋，一直存在兩種併行的模式。第一種是「以教解經」的模式：中國道教發展的初期，張道陵引用《道德經》作為講道的教本，後來集結講義成《老子想爾注》一書，算是「以教解經」最成功的例子。一直到現代的民間宗教，由教內知識份子所作的經典詮釋，大致上不脫此一「以教解經」的傳統。我們看到一貫道和歷史上其他的新興宗教一樣，在教義的發展模式上，也是借用傳統的經典，提出一貫道教理上的詮釋，這一脈傳承的經典詮釋，是自一貫道十五代祖王覺一以來，逐步建構起來以儒家經典為主軸的教義思想。近年來這方面已有鍾雲鶯(2003、2004、2005、2006)對此一問題的一系列探討，可視為這一脈相承，以知識份子為代表的經典闡述模式。然而，還有另一種更為普及，影響更大的解經模式，謂之「飛鸞釋經」，則是透過"天書訓文" (林榮澤2007：15-16)的方式來進行，這種方式很接近西方詮釋學的原義，也就是透過「諸神信使」來傳達神的旨意。但目前有關後者經典闡述模式之研究，還非常少，因此本文將透過對一貫道天書訓文的探討，希望有助於更加了解一貫道對儒家經典義理的詮釋。

本文選擇天書訓文《百孝經聖訓》一書作為研究的對象，主要因為該書是目前一貫道場，開設最多經典班的授課教材，是目前非常有代表性的一部訓文。全書以飛鸞的方式完成於2003-2004年，內容是就《百孝經》的84句588字經文，以訓中訓的方式作詮釋，每個字用的底訓大約7-8行，每行14字，全文底訓共約58000字。全書以飛鸞方式解《百孝經》全文的588字，主要在闡述「孝道」的內涵，以淺白的文字把孝的道理透過生活化的方式做解釋，很值得探討。近來一貫道透過飛鸞的方式產生了大量的訓文，根據天書訓文資料庫所藏總共有七千多部 (林榮澤2007)，大部分是對儒家義理的詮釋，《百孝經》一書即是代表，本文即以此為例作探討。

　　本文探討的重點，將集中於一貫道解釋經義的模式作分析。至於所引用訓文中的義理內涵，為配合本文之主題內容，及篇幅之所限，大部份將不作深入的探討。

二、天書訓文的內容模式

(一)借由扶乩產生天書

　　天書訓文主要是借由扶乩、飛鸞的方式產生。根據許地山的研究，"扶乩"可說是由來已久，是一種古代原始社會的占卜法。他認為：「飛鸞就是扶箕，大概是因神仙駕鳳乘鸞，故有此名。」(許地山1986：7)最初的乩，「只是以箸插箕上，受術者扶著動的箕，使箸在沙盤上寫字，毋須筆墨。後來才

改箕為丁字形桿，插筆於垂直一端，用兩手或兩個人執著橫的
兩端，在紙上寫字；或不用筆，只彎曲垂直的一端安置在沙
盤上，用兩手或兩個人執著橫的兩端在沙上書寫，隨即記錄下
來。」(許地山1986：10)這樣的一種方式，也稱作"飛鸞"，等於
是神靈借著箕筆，在沙盤上或是紙上寫字，來傳達某些預示。
有時是一些疑問的解答，或是對抉擇事項的指示，後來在宋元
以後，才逐漸發展出以道德教化為主的扶乩活動。

　　根據筆者收集及研究天書訓文的經驗，臺灣各地除佛教
的寺廟外，包括道教、鸞堂、一貫道、民間信仰等，大多有扶
乩、飛鸞的現象。可以說，飛鸞、扶乩是臺灣民間宗教信仰的
一大特徵。以「民間宗教天書訓文資料庫」中佔最多數的一貫
道天書訓文為例，每一部天書的產生，大多是在法會中，仙佛
臨壇所批的訓文，是一種現場即時的創作。它的產生主要是
借由「開沙」、及「借竅」兩種方式，前者叫"飛鸞宣化"，在
《一貫道疑問解答》一書中，有如下的說明：

　　時至三期，浩劫將至。上帝不忍九二原子，同罹浩劫，於
是普降一貫大道，挽救善良。差下彌勒古佛、觀音古佛、濟公
活佛共辦收圓。同時復派諸天神佛助道，設立鸞壇。由仙佛之
性靈，借人之色身，神人合一。以木筆沙盤，垂示訓章，宣揚
一貫真道，以期醒迷覺世，謂之飛鸞宣化。(佚名《一貫道疑問
解答》：24)

　　這裡所謂借人之色身，指的是借三才。"三才"是讓仙佛借
用來傳達旨意的媒介，臺灣一貫道的"三才"多由年輕的小女孩
擔任，經過一番靜修後，就能與神佛相感應。而所謂三才是指
「天才地才人才是也，扶乩者稱為天才；抄字者稱為地才；報
字者稱為人才。三才組成，始能飛鸞宣化。」(《一貫道疑問解

答》：25) 這種一貫道特殊的扶乩活動，是直接由仙佛借三才的身體，和信眾直接對話，而非經過沙盤或乩筆，所以又稱為"借竅"。意即是由仙佛直接借在三才的身上，臨壇訓示或解難。當不同的仙佛臨壇時，有可能借三才中的任一位，也有可能同時好幾位仙佛借不同的三才到壇，三才就呈現不同的角色，如關聖帝君臨壇，即氣勢威嚴；觀音臨壇，是慈眉善面；濟公臨壇，則瘋顛模樣；孔子臨壇，為學者姿態；南極仙翁臨壇，則又是老態模樣等。一般在一貫道中的天才，皆為年輕識少的青少年。臺灣的一貫道三才則多為小女孩，有的甚至書讀不多，但當"仙佛借竅"時，卻能出口成章，揮灑自如，當場傳達出訓誨的義理。所訓誨的內容多不離一般做人道理，有時也會出現一些極富哲理，且遣詞用字很艱澀之難詞。

(二)一貫道天書訓文的結構

民國92年在臺灣台北懷德壇二天法會中，濟公活佛到壇一開頭批的是六字一句的對句：

學如天之包容　　學如地之承載　　學如君之善同
學如親之不怨　　學如師之不悔　　學如仁之無私
學如義之合宜　　學如禮之謙遜　　學如智之無量
學如信之實在【1】

【1】林榮澤編輯，《民間宗教天書訓文資料庫》，編號AG921202 (台北：一貫義理編輯苑)。臺灣，2003年12月2日。

這是一部總計約一萬字的天書訓文，內容包括有詩訓、白話訓、歌訓及訓中訓。開頭以五恩(天地君親師)、五常(仁義理智信)大家都很熟的儒家義理十個字，濟公將它以非常簡要，且一語中的的陳述其精神內涵，讀來會發人深省。以下就分成六部份來解釋一貫道天書訓文的結構：

1、鎮壇詩

「鎮壇詩」指的是仙佛臨壇後的開頭語，這些開頭語多半只有少數幾行，主要是用作開場白，同是也有報仙佛名號的用意，所以名為「鎮壇詩」。鎮壇詩通常比較多的型式是由4-6行對丈的詩句組成，有時會以每一行的第一個字來呈現臨壇者的身份。如下〈訓一〉所示：

〈訓一〉：鑑班院長臨壇的鎮壇詩【2】

中華民國八十七年歲次戊寅正月初三日(一九九八.1.30)
北斗忠義宮三天法會恭求仙佛指示訓(台)

鑑往知來古訓銘　　正本清源修性靈
班師征塵五魔競　　心無罣礙歸正宗
院萃義華二六守　　誠虛禮佛復本容
長幼有序承一脈　　意氣風發奔前程

俺乃
鑑班院長　領了
中旨　進入佛宮已參
聖偈．再問弟妹否安平
平心靜氣　垂手蕭立　待兄訓評　嗻嗻
天增歲月人增壽　　新春如意且無憂
爆竹一聲除舊歲　　新春希望壯志酬

---

[2] 林榮澤編輯，《民間宗教天書訓文資料庫》，編號AS870130。臺灣，1998年1月30日。

〈訓一〉前面的四句開頭正好是來批訓的鑑班院長，這種型式為標準的鎮壇詩。其次較常見的，也有以歌訓當鎮壇詩的，如下所述。

2、歌訓

「歌訓」指的是調寄時下流行歌曲的訓文，內容通常較為淺白易懂，且富有感情，也有寓意深遠，或悲壯激揚的歌詞。這種歌訓幾乎每一篇訓文都有，或在開頭，當鎮壇詩；或在結尾當總結。舉例如下〈訓二〉所示：

〈訓二〉：《明明德》訓之〈歌訓〉【3】

民國七十四年歲次乙丑二月十七日〔話佛濟世仙師借竅慈訓〕彌勒佛院

漫漫泛輕舟　感慨一何多　滿腔盡是血淚　無處酌悲歌
六萬年來零落　滿目山河依舊　人事竟如何　百姓喪
浸流世塞已千戈　千金劍　萬言策　兩蹉跎　醉中呵
壁自語　醒來一滂沱　不恨年華去也　只恐英雄心志強
半爲銷磨　顧替衆生病　稽首禮維摩
　　調寄：水調歌頭

吾乃
濟公和尙　奉了
中命　來至佛開　隱身早參
皇中座　徒見們安危否

嘆世道頹危　想仁義頹喪　古風已不振　何時方能再見光
輝　使道心不再微　勵德樹聲　篤實光輝　明德新民化
迷昧　誠意正心修身齊家國治平頹危
　　調寄：凱旋歌

俺本是
八仙老鐵拐　奉
中命　與濟公相隨　來至佛地　早把
皇中參　賢士可安否

○放眼天下人迷昧　澆漓殘缺　道科學越發昌盛　人心越危
誰將道德匡扶起　仁人志士莫推辭　父與子綱倫且當守
遵戒規　莫怨天　富與貴有定期　嘆火樹盧空
萬緣盡摧　不如撒手歸靈山　逍遙自在無憂慮　待玉詔
來臨　金丹成　返宮幃
　　調寄：滿江紅

【3】林榮澤編輯，《民間宗教天書訓文資料庫》，〈三綱領八條目聖訓〉。臺灣，1985年2月17日。

上述〈訓二〉所示,是由署名濟公活佛、李鐵拐大仙的兩位仙佛同時臨壇批訓,各批了一首歌訓作開頭,再報上名號。

3、詩訓、白話訓

這些是構成整部訓文最主要的內容,仙佛臨壇時,會一邊以詩句的方式批訓,同時也會以口語白話的方式訓示。前者稱「詩訓」,後者稱「白話訓」。詩訓的型式不一,字數也不等,也無絕對的押韻,是一種不拘型式的詩句。白話訓就比較明白易懂,呈現的方式就像是口語表達,文書人員將其內容錄下後,一字不漏的謄錄下來即成。詩訓和白話訓,大多是同時並行中完成,意思是說,某一位仙佛臨壇批訓時,他可能批了二、三句詩訓,停下來講了一段白話訓後,再接下去批後面的詩句,如此詩訓與白話訓,彼此參差其間,直到完成。詩訓舉例如下〈訓三〉所示:

〈訓三〉:三天主考詩訓【4】

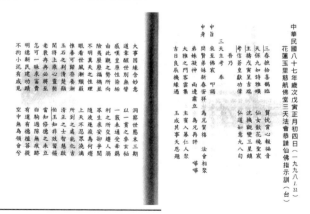

【4】林榮澤編輯,《民間宗教天書訓文資料庫》,編號AS870131。臺灣,1998年1月31日。

　　上述〈訓三〉這篇詩訓是一篇署名三天主考的開沙訓，其中開頭的一小段。所謂開沙訓，呈現的方式是借由三才的乩筆，在沙盤上閉目橫書所完成。其次再看〈訓四〉所示的白話訓：

　　〈訓四〉：天然古佛白話訓【5】

中華民國八十七年歲次戊寅五月二十日（一九九八6 14）

泰國曼谷宏道宮　天然古佛白話訓

什麼叫感恩？感恩是用話來講的嗎？想想懺悔班仙佛是如何調教的，你們的自律程度有多高啊？你的心志有沒有保持在開過懺悔班之後的初發心？懺悔班的約定是自我的約定，不是約定給仙佛看的。每一個修道人都有自己的一張考試卷，有的人考得順順利利，有的人考得坎坎坷坷，不論是順境或是逆境，都是你自己的考試卷，都要用你自己的心去填。

一次懺悔班不可能把你們的罪給全部都洗乾淨，因為你們多得是重蹈覆轍，如果你們不再改進改進，就愧對天恩啊！

修道是一念之差，你此念是佛，你就是佛，此念是魔，你就是魔。佛魔兩界都在你身邊圍繞著，看你自我抵抗的能力強不強，如果你抵抗的能力強你就優勝，如果你心力不足就被打敗

-61-

<hr>

【5】林榮澤編輯，《民間宗教天書訓文資料庫》，〈白話訓〉，編號 AC870614。泰國曼谷，1998年6月14日。

　　所有的白話訓，基本型式都相同，大都是將仙佛臨壇所說的話，一字不漏的謄錄下來。也有部份是作了節錄，未全錄說的全文。

　　4、底訓、訓中訓

　　當詩訓完成後，如果另有要表達的內涵，也就是從詩訓中挑出字組合成另外的訓文，通常是按字體書寫的筆畫，將字抽離出來組成另外的「訓中訓」。此時，這篇訓文的詩訓部份，就改稱為「底訓」；抽離出來的字組成的訓文就稱「訓中訓」。以民國74年的一部，由署名濟公活佛、李鐵拐大仙所批的《明明德》訓中訓。如下〈訓五〉所示：

　　〈訓五〉：《明明德》訓中訓【6】

_____

【6】林榮澤編輯，《民間宗教天書訓文資料庫》，〈三綱領八條目聖訓〉。臺灣，1985年2月17日。

以下為〈訓五〉之訓文（直行，由右至左閱讀）：

右側灰底訓中訓「明明德」區塊：

```
賢聖為德道行極有非未雄英綱巿光己
士重善高坎壯為天卜委雄幗幟羽格當
當輕最年雲遊以化萬知納幑招論其迴
勉凡樂邵徊個老大千力招侯心物誠光
訓增賢信好克憑挽當由福覺相誠意照
中益易所心盈挽化迷昧覺男危意本映
之慮算小玩以義在歲危昧間勢國心本
意亂喪謀勇在望辭謙漂男大世正面物
遵精色計歲謀勇在望辭顧顥間志心我
訓德愛惠還鄉名惠抛勢大鵬漂談泊明
實力己俱相問功怎自首添之泊泊何志
踐振身泰濟惠寒功無淚血驚其明寧入
名儒行躍寒津士滴無瀲鳥正尋靜聖
標風道光影歡歡為心予遨四志致超
人宣光前行顏顏功枉嘉翔海歸源遠凡
間傳前遠顏添難然傳善天咸遠
```

中間直行區塊：

```
界利以圖世名殘計謀邦本振刷焉
之死不休商歲小廢禮怎得安
哀悲寒蚤慕子彼草闖道秋闖風襲勁而展
宜聘賢良懼莫任心此風復非智而間鑽男間傳
凶野蹦蹦短戈棄焉留迎旋徊人程
顧瞻名前思義閒仁義君理道
明明德訓
```

左側直行區塊：

```
涙瀲驚鳥家何在漂泊顧返功怎添
感世顥危知在望義辭顧化迷昧男千
招福禍急知由喪嘉勇挽濟化大賢
厝耍小計惜德嵯惠會逢徘徊非
命窮運殊峔嵯適
```

如上〈訓五〉，是由濟公活佛及李鐵拐大仙兩位同時臨壇所批的訓，第一層的〈底訓〉全文共有42行，每行16字，共672字。第二層的訓中訓是「明明德」三個字，是由底訓中抽出的163個字，按筆劃順序組合而成。這部訓文是整本《三綱領八條目聖訓》的第一篇，該書集結成冊於民國74年，主要闡述的正是《大學》一書中明明德、新民、止於至善、格物、致知、誠意、正心、修身、齊家、治國、平天下的要旨。至於是如何閱讀，必須先由底訓開始讀，全部底訓讀完後，再將訓中訓抽離出來讀，如此全部讀完，才算了解這篇訓文所要闡述的內涵。由於內容相當多，幾乎一篇這樣的訓文就可以寫一篇論文來闡述，所以本文主要介紹其解釋經訓的模式，至於解釋的內容，限於篇幅，實無法一一詳述。

5、訓中又訓

如果「底訓」的部份是第一層，「訓中訓」的部份是第二層，「訓中又訓」則是第三層的訓文。換言之，當把訓中訓的文字抽離出來，重新排列之後，又有訓中訓在其中，此時，就稱之為「訓中又訓」。這種訓中又訓有時可以到第三層、第四層以上，著實不容易。例如下〈訓七〉所示：

〈訓七〉：《世界大同》書的訓中又訓【7】

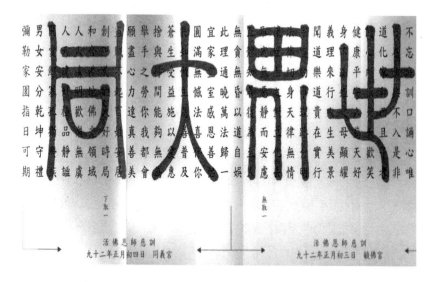

【7】發一同義宮(2003)，《世界大同書》，〈訓中又訓〉。

上述這篇〈世界大同〉的訓中又訓，是由禮運大同篇的底訓，抽出來成為第二層的彌勒像的訓中訓，再由彌勒像的訓中訓抽出來成為第三層的〈世界大同〉訓中又訓。如下所示：

訓中又訓：「世界大同」

隨心所欲天天自在
快樂而不踰矩
父慈子孝家庭安和
人人互體知取法　宇宙的定律
讓世上一切善惡之對立化去
復為至　人事理路分明得宜
良知做主慈愛為伴侶
盜賊不起百姓安居
關愛鰥寡孤獨廢疾
天人合一建清淨美好
極樂的大光明地

以上所列天書訓文的五項基本的結構，目前所見的七千多部，大致上都不離此範圍。有的是具備其中的幾項，全部具足的通常是大部頭的天書，它很可能是好多部訓文合成的。

三、《百孝經聖訓》的結構

《百孝經聖訓》集結成書後，臺灣一貫道發一組陳大姑前人在序言中，說明了這部經形成的因緣，她說：

本書溯自西元2003年1月4日起，以三年多時間，於19個國家，由34位仙佛，應機在一貫道發一組各單位之率性進修班、複習班等，235場法會中，以開沙或借竅的方式，借不同之三才，批示完成此《百孝經妙訓》。(序言：8-9)

以下先就整部《百孝經聖訓》的篇目整理如下〈表一〉所示：

〈表一〉《百孝經聖訓》篇目簡表

	篇　目	批訓者	批訓地點	時　間
1	天地重孝孝當先	曾參夫子	臺灣 臺南 新化 同義宮	2003.11.15
2	一個孝字全家安	濟公活佛	南非 東倫敦 同濟壇	2004.10.03
		南海古佛		
		藍采和大仙	加拿大 多倫多 德賢壇	2004.12.10
		活佛師尊		
3	孝順能生孝順子	活佛師尊	韓國 仁川 禮德壇	2003.01.12
		鍾離權大仙		
		何仙姑	菲律賓 計順市 齊德壇	2003.01.18
		活佛師尊		
		活佛師尊	臺灣 新竹 興林壇	2003.01.11
		善財童子		
4	孝順子弟必明賢	觀世音菩薩	臺灣 慈濟堂	2003.07.27
		活佛師尊		
		漢鍾離大仙	美國 邁阿密 如是壇	2003.07.28
		活佛師尊		

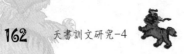
5	孝是人道第一步	李鐵拐大仙	臺灣 中壢 亞德壇	2003.03.22
		活佛師尊		
		活佛師尊	臺灣 花壇 北玄宮	2003.03.22
		李鐵拐大仙		
6	孝子謝世即為仙	靈妙天尊	吉隆坡 沙巴 臨時壇	2003.04.26
		南極仙翁		
		南屏濟公	新加坡 哥打峇魯 行德壇	2003.06.06
		教化菩薩		
		南屏道濟	砂勞越 古晉 誠德壇	2004.06.02
7	自古忠臣多孝子	韓湘子大仙	臺灣 新屋 光耀壇	2004.07.24
		哪吒三太子	臺灣 新屋 光耀壇	2004.07.25
		活佛師尊	泰國 弘恩壇	2004.10.24
8	君選賢臣舉孝廉	南極仙翁	印度 邦加羅爾 廣達壇	2003.08.29
		南極仙翁	臺灣 林園 廣濟宮	2003.09.13
9	盡心竭力孝父母	如意師兄	臺灣 高鳳 慈恩壇	2004.10.22
		南極仙翁	臺灣 高鳳 慈恩壇	2004.10.23
10	孝道不獨講吃穿	南極仙翁	臺灣 元亨壇	2003.12.13
		活佛師尊		
		活佛師尊	臺灣 慈濟堂	2004.02.08
		呂洞賓大仙	臺灣 慈濟堂	2004.02.07
11	孝道貴在心中孝	南極仙翁	印尼 棉蘭 廣發壇	2003.04.11
		太子師兄		
		善財師兄	印尼 雅加達 廣宏壇	2003.04.18
		太子師兄		
		活佛師尊	印尼 泗水 廣緣壇	2003.04.26
		呂洞賓大仙		

12	孝親親責 莫回言	孚佑帝君	印尼 坤甸 慈廣壇	2004.07.17
		教化菩薩	印尼 雅加達 廣宏壇	2004.07.23
		南極仙翁		
		善財師兄	印尼 泗水 廣緣壇	2004.07.31
13	惜乎人間 不識孝	觀音菩薩	印尼 雅加達 廣聖壇	2003.03.21
		活佛師尊	印尼 雅加達 廣聖壇	2003.03.22
		三太子師兄	印尼 泗水 廣緣壇	2003.03.28
		南極仙翁		
		觀音菩薩	印尼 占碑 廣宣壇	2003.04.06
		教化菩薩		
14	回心復孝 天理還	仲由夫子	印尼 春輝儒院	2003.11.27
		南屏道濟	印尼 春輝儒院	2003.11.28
		張果老大仙	印尼 嫻德壇	2003.11.29
		活佛師尊		
15	諸事不順 因不孝	活佛師尊	日本 福島矢祭 臨時壇	2004.11.23
		李鐵拐大仙	日本 秩父 天一宮	2004.11.27
		活佛師尊		
16	怎知孝能 感動天	活佛師尊	臺灣 臺北 弘法壇	2003.10.18
		南海古佛		
		太子師兄	臺灣 臺南 臨時壇	2003.10.25
		善財師兄		
17	孝道貴順 無他妙	活佛師尊	臺灣 花壇 北玄宮	2003.02.15
		三太子		
		活佛師尊	臺灣 高雄 天聖宮	2003.02.22
		活佛師尊	臺灣 臺南 濟德宮	2003.02.22
18	孝順不分 女共男	濟公活佛	印度 涵德壇	2003.08.03
		濟公活佛	印尼 邦加賓港 邦德壇	2003.08.23
		屏山道濟	印度 巨港 凱德壇	2003.08.30
		濟公活佛	印尼 雅加達 崇德佛院	2003.09.13

19	福祿皆由 孝字得	李鐵拐大仙	加拿大 溫哥華 華德壇	2003.07.12
		活佛師尊	加拿大 溫哥華 華德壇	2003.07.13
		南極仙翁	加拿大 卑詩省 齊德壇	2003.07.19
		活佛師尊	加拿大 卑詩省 齊德壇	2003.07.20
20	天將孝子 另眼觀	活佛師尊	新加坡 金門會館	2003.03.01
		活佛師尊	臺灣 居鑾 成德壇	2003.05.31
		活佛師尊	新加坡 金門會館	2003.06.21
		活佛師尊	澳洲 闡德壇	2003.08.17
		南屏道濟	新加坡 新山 崇慧佛院	2003.08.31
21	人人都可 孝父母	李鐵拐大仙 藍采和大仙	印尼 峇里 廣誠壇	2004.07.02
		韓湘子大仙 天仙狀元	印尼 茂物市 明順壇	2004.07.09
22	孝敬父母 如敬天	活佛師尊	日本 岡山 天壽壇	2004.10.17
		活佛師尊	日本 千葉 天信壇	2004.10.17
		哪吒三太子 活佛師尊	日本 盛岡 臨時壇	2004.10.23
23	孝子口裡 有孝語	哪吒三太子 南屏道濟	臺灣 中和 祝德壇	2003.03.22
		南屏濟顛	臺灣 鶯歌 妙善宮	2003.03.22
24	孝婦面上 帶孝顏	濟公活佛	臺灣 高雄 武聖宮	2004.09.26
25	公婆上邊 能盡孝	濟公活佛	印尼 坤甸 廣慈壇	2003.07.12
		南極仙翁	印尼 峇里 廣誠壇	2003.07.25
26	又落孝來 又落賢	南極仙翁	美國 加州 德恩壇	2004.06.12
		南屏道濟	美國 加州 德恩壇	2004.06.13
		南屏濟公	美國 北卡州 德旭壇	2004.06.26
		哪吒太子	美國 紐約 彌勒寶堂	2004.07.03
		南屏濟公	美國 紐約 彌勒寶堂	2004.07.04

27	女得淑名 先學孝	教化菩薩	臺灣 岡山 慈音堂	2003.08.23
		南屏道濟	美國 波士頓 恆德壇	2003.09.13
28	三從四德 孝在前	南屏濟公	印尼 摩卓歌德 齊德壇	2003.08.23
		濟公活佛	印尼 泗水 正德佛院	2003.08.30
		濟公活佛	印尼 西加里曼丹 晉恩佛院	2003.09.06
		南屏濟顛	印尼 坤甸 宣德佛院	2003.09.13
29	孝在鄉黨 人欽敬	濟公活佛	美國 洛杉磯 光明聖道院	2003.06.21
		抱子觀音	美國 舊金山 沾德壇	2003.06.28
		南屏濟顛	美國 舊金山 沾德壇	2003.06.29
30	孝在家中 大小歡	藍采和大仙	馬來西亞 怡保 新民壇	2004.12.10
		邱長春大仙	馬來西亞 金馬崙 宏心壇	2004.12.24
31	孝子逢人 就勸孝	皮皮仙童	菲律賓 馬尼拉 廣德壇	2005.01.14
		南極壽星	菲律賓 安智保洛 天霖佛院	2005.01.21
		南屏濟顛		
		藍采和大仙	菲律賓 紅溪禮示 化慈壇	2005.01.29
32	孝化風俗 人品端	濟公活佛	日本 盛岡 臨時壇	2003.04.19
		活佛師尊	日本 宮古 天智壇	2003.04.19
		西湖瘋僧	日本 騎西 天修壇	2003.04.20
		湖隱禪師	日本 神栖 智田壇	2003.04.26
		濟公活佛	日本 昭島 天義壇	2003.04.27
		濟公恩師	日本 郡山 臨時壇	2003.04.27
33	生前孝子 聲價貴	太子爺師兄	印度 PONDICHERRY 臨時壇	2004.10.02
		南極老仙翁	印度 CHNNAI 臨時壇	2004.10.09
		活佛老師	新加坡 慧中壇	2004.09.25
		呂法律主	馬來西亞 宣修壇	2004.09.25

34	死後孝子萬古傳	南屏道濟	臺灣 屏東 佳冬 慈濟堂	2005.02.12
		南屏小仙童	臺灣 屏東 佳冬 慈濟堂	2005.02.11
		太子師兄	臺灣 林園 廣濟宮	2005.02.26
35	處世惟有孝力大	南海古佛	印尼 加里曼丹 尊義壇	2003.08.30
		李鐵拐大仙	印尼 三馬林達 尊禮壇	2003.09.06
		張果老大仙	印尼 錫江市 立德壇	2003.08.23
36	孝能感動地合天	濟公活佛	印尼 仁德壇	2004.07.09
		南屏濟公	印尼 圓德壇	2004.07.17
		活佛師尊	菲律賓 馬尼拉 明光壇	2004.07.31
		活佛師尊	菲律賓 納卯 圓明壇	2004.08.06
		南極仙翁	臺灣 高雄 岡山 慧音堂	2004.05.22
		小皮皮仙童		
		濟公活佛		
37	孝經孝文把孝勸	南屏道濟	印尼 巨港 臨時壇	2004.08.28
		南極老壽星		
		韓湘子大仙	臺灣 高雄 岡山 慧音堂	2004.08.21
		南屏道濟		
38	孝父孝母孝祖先	南屏道濟	印尼 麻里巴板 尊義壇	2004.12.11
		李鐵拐大仙		
		濟公活佛	印尼 錫江市 立德壇	2004.12.04
		韓湘子大仙		
39	父母生子原為孝	善財師兄	臺灣 花蓮 育仁壇	2003.09.19
		三太子師兄		
		活佛師尊	臺灣 花蓮 育仁壇	2003.09.20
		李鐵拐大仙		

40	能孝就是好兒男	地藏古佛	臺灣 臺南 佳里 毓佛宮	2004.05.22
		南屏道濟	臺灣 臺南 佳里 毓佛宮	2004.05.23
		目犍連尊者	臺灣 臺南 新化 同義宮	2004.07.10
		南屏道濟	臺灣 臺南 新化 同義宮	2004.07.11
		南屏濟公	加拿大 菩輝壇	2004.06.05
		南屏道濟	美國 奧克拉荷馬州 德遠壇	2004.06.20
41	為人能把父母孝	曾參夫子	臺灣 臺南 新化 同義宮	2004.10.02
		孟軻夫子		
		閔損夫子	臺灣 臺南 新化 同義宮	2004.11.04
42	下輩孝子照樣還	南屏濟顛	亞羅士打 雙溪大年區 同心同德壇	2003.12.27
		靈妙天尊	亞羅士打 怡保區 育德壇	2004.09.04
		南屏道濟	亞羅士打 檳威區 同合壇	2004.10.03
		關法律主	亞羅士打 加央區 同行壇	2004.09.18
		靈妙天尊	亞羅士打 加央區 同行壇	2004.09.18
		南海古佛	亞羅士打 檳威區 同合壇	2004.10.02
43	堂上父母不知孝	善財師兄	臺灣 林園 廣濟宮	2003.08.15
		哪吒太子		
		濟公活佛	臺灣 林園 廣濟宮	2003.08.16
		南極仙翁		

		韓湘子大仙	印尼 棉蘭 宏德壇	2003.11.24
44	不孝受窮 莫怨天	南屏道濟	印尼 晉仁壇	2003.11.24
		李鐵拐大仙		
		李鐵拐大仙	印尼 浩正壇	2003.11.24
		濟公活佛		
		韓湘子大仙	印尼 巨港 尊信壇	2003.11.29
		南屏道濟		
		藍采和大仙		
45	孝子面帶 太和象	濟公活佛	印尼 毛呵島 緣德壇	2004.10.03
		南海古佛	泰國 崇光佛院	2004.05.15
		濟公活佛		
46	入孝出悌 自然安	濟公活佛	日本 鴨川 天仁壇	2003.04.06
		南極仙翁	日本 東京 天慈壇	2003.04.06
		活佛師尊		
		濟公活佛	日本 清水 臨時壇	2003.04.12
		活佛師尊	日本 千葉 天信壇	2003.04.13
		濟公活佛	日本 岡山 天壽壇	2003.04.13
		南海觀音	日本 根箱 加藤壇	2003.04.16
		活佛師尊		
		濟公活佛	日本 梨山 天蕭壇	2003.04.19
47	親在應孝 不知孝	活佛師尊	亞羅士打 怡保區 怡德壇	2003.03.15
		藍采和大仙	亞羅士打 檳威區 同合壇	2003.03.15
		南屏濟顛	亞羅士打 檳威區 同合壇	2003.03.16
		南屏道濟	亞羅士打 合德壇	2003.08.30
		南屏濟顛	亞羅士打 檳威區 同合壇	2003.10.18

48	親死知孝 後悔難	李鐵拐大仙	日本 東京 赤羽 行德壇	2003.09.21
		漢鍾離大仙		
		濟公活佛		
49	孝在心孝 不在貌	南屏道濟	香港 普興壇	2004.12.26
		南屏仙童	香港 萬興壇	2003.12.25
		藍采和大仙	香港 臻和壇	2004.12.30
50	孝貴實行 不在言	南極仙翁	臺灣 臺中 正承佛院	2003.03.22
		南屏道濟		
		南極仙翁	臺灣 苗栗 觀音宮	2003.03.22
		南屏狂僧		
51	孝子齊家 全家樂	濟公活佛	臺灣 花蓮 掬德壇	2003.01.04
		南屏濟顛	臺灣 臺北 懷德壇	2003.01.04
		南屏道濟	臺灣 臺中 崇仁 崇德佛院	2003.01.04
		蘇東坡大仙		
52	孝子治國 萬民安	藍采和大仙	日本 東京 行德壇	2003.04.05
		活佛師尊	日本 東京 行德壇	2003.04.06
		南屏道濟	臺灣 臺東 池上 闡德壇	2003.03.15
		藍采和大仙		
53	五穀豐登 皆因孝	范仲淹大仙	臺灣 臺南 佳里 毓佛宮	2004.10.09
		靈妙天尊		
		南屏道濟	臺灣 臺南 新化 同義宮	2004.10.23
54	一孝即是 太平年	南海古佛	印尼 巨港 廣崇壇	2003.08.01
		教化菩薩		
		何仙姑	印尼 雅加達 廣宏壇	2003.08.08
		教化菩薩		
55	能孝不分 貧和富	哪吒三太子	臺灣 雲林 斗六 濟化宮	2003.04.12
		南海小龍女		
		靈隱禪師		

56	善體親心 是孝男	善才童子	美國 紐約 彌勒寶堂	2005.01.01
		濟公和尚	印尼 春暉儒院	2004.12.25
		教化菩薩	美國 北卡州 德旭壇	2005.01.15
		濟公活佛	美國 北卡州 德旭壇	2005.01.16
57	兄弟和睦 即為孝	藍采和大仙	臺灣 新竹 仁和佛院	2004.05.03
		南海古佛		
		濟公活佛		
58	忍讓二字 把孝全	濟公活佛	紐西蘭 奧克蘭 聖恩佛院	2004.06.26
		南極仙翁	韓國 平澤 智德壇	2004.07.31
		濟公活佛	韓國 平澤 智德壇	2004.08.01
		濟公活佛	澳洲 布里斯本 闈德壇	2004.07.10
		濟公活佛	澳洲 雪梨 興盛壇	2004.07.03
		濟公活佛	澳洲 布里斯本 闈德壇	2004.07.11
59	孝從難處	濟公活佛	屏東 明聖佛院	2004.05.15
60	孝容滿面 承親顏	濟公活佛	澳洲 雪梨 興盛壇	2003.10.04
		濟公活佛	印尼 邦加檳港 邦德壇	2004.07.17
		濟公活佛	尼泊爾 波卡拉 準德壇	2004.09.04
		鍾離大仙	尼泊爾 加德滿都 富德壇	2004.09.11
61	父母雙全 正宜孝	中華聖母	臺灣 林園 廣濟宮	2003.06.28
		教化菩薩		
		活佛師尊		
		藍采和大仙		
62	孝思綵寮 親影單	活佛師尊	法國 法中壇	2004.08.22
		活佛師尊	印尼 善圓壇	2004.09.05
		鍾離大仙	印尼 普圓壇	2004.09.12
		活佛師尊		
63	趕緊孝來 光陰快	濟公活佛	泰國 一心壇	2004.04.17
		濟公活佛	泰國 烏汶府 浩德壇	2004.04.14

64	親由我孝 壽由天	教化菩薩	臺灣 臺中 普誠壇	2003.09.26
		何仙姑		
		呂法律主		
		活佛師尊		
65	生前能孝 方為孝	靈妙天尊	印尼 巨港 尊信壇	2003.08.23
		呂法律主	印尼 棉蘭 宏德壇	2003.08.09
		活佛師尊	印尼 棉蘭 宏德壇	2003.08.10
		活佛師尊	印尼 棉蘭 浩正壇	2003.08.09
		活佛師尊	印尼 棉蘭 晉仁壇	2003.08.09
66	死後盡孝 徒枉然	活佛師尊	屏東 佳冬 慈濟堂	2004.07.10
		南海古佛		
		活佛師尊	法國 法中壇	2004.08.15
67	孝順傳家 孝是寶	南海古佛	臺灣 草屯 崇德佛院	2003.02.22
		濟公活佛		
68	孝性溫和 孝味甘	濟公活佛	臺灣 屏東 明聖壇	2004.10.31
69	羊羔跪乳 尚知孝	南屏道濟	臺灣 新竹 奉天宮	2004.08.21
		南屏道濟	臺灣 中壢 協仁壇	2004.08.21
70	烏鴉反哺 孝親顏	濟公活佛	印尼 東加里曼丹 三馬林 達 尊禮壇	2004.05.02
		鍾離權大仙		
		濟公活佛	印尼 東加里曼丹 麻里巴 板 尊義壇	2004.04.24
		藍采和大仙		
		濟公活佛	印尼 棉蘭 盡仁壇	2004.04.09
		李鐵拐大仙	印尼 棉蘭 宏德壇	2004.04.10
		南屏道濟		
71	為人若是 不知孝	歡喜小仙童	印尼 濟德壇	2004.09.10
		活佛師尊	印尼 普圓壇	2004.09.15
		韓湘子大仙	新加坡 慧中壇	2004.09.18
		濟公活佛	新加坡 慧中壇	2004.09.19

72	不如禽獸 實可憐	白水老人	臺灣 臺南 新化 同義宮	2004.08.18
		大德真君	臺灣 臺南 新化 同義宮	2004.09.12
73	百行萬善 孝為首	活佛師尊	臺灣 臺北 崇德佛院	2003.04.19
74	當知孝字 是根源	濟公活佛	義大利 翡冷翠 觀音臨時壇	2004.09.12
		濟公活佛	緬甸 仰光 聖心壇	2003.11.01
		濟公狂僧	緬甸 仰光 興賢壇	2003.11.02
		活佛師尊	菲律賓 計順市 齊德壇	2004.08.14
75	念佛行善 也是孝	哪吒三太子	菲律賓 計順市 齊德壇	2003.09.20
		南屏濟顛	菲律賓 計順市 齊德壇	2003.09.14
		白鶴童子	菲律賓 馬尼拉 和德壇	2003.09.13
		南屏濟公	菲律賓 馬尼拉 享德壇	2003.09.17
		活佛師尊	紐西蘭 奧克蘭 聖恩佛院	2003.09.20
76	孝仗佛力 超九天	濟公活佛 韓湘子大仙	加拿大 多倫多 張氏壇	2003.11.29
		濟公活佛	美國 紐約 崇慧佛院	2003.11.22
		南屏道濟	美國 洛杉磯 光明聖道院	2003.11.15
77	大哉孝乎 大哉孝	濟公活佛	臺灣 臺南 普渡壇	2004.08.08
78	孝矣無窮 孝無邊	濟公活佛	臺灣 清水 觀音堂	2004.11.12
79	此篇句句 不離孝	濟公活佛	臺灣 高雄 武聖宮	2005.12.11
80	離孝人倫 顛倒顛	濟公活佛	印度 馬德拉斯 臨時壇	2004.07.04
		濟公活佛	印度 馬都萊 臨時壇	2004.08.21
		濟公活佛	新加坡 闡德壇	2004.08.28
		南極仙翁	印度 馬德拉斯 臨時壇	2004.11.27
		濟公活佛	印度 馬德拉斯 臨時壇	2004.11.28

81	念得十遍千個孝	三天主考	臺灣 臺南 新化 同義宮	2004.10.03
		中華聖母	臺灣 臺南 新化 同義宮	2004.11.03
82	念得百遍萬孝全	開心仙童	新加坡 梁氏壇	2003.09.06
		活佛師尊	新加坡 慧中壇	2003.09.07
		南極仙翁	新加坡 莊氏壇	2003.09.13
		活佛師尊	印度 THIRUVARUR 臨時壇	2003.09.14
		活佛師尊	印度 VILLIVAKKAM 臨時壇	2003.09.28
83	千遍萬遍常常念	三太子師兄	臺灣 嘉義 弘楊壇	2004.09.24
		善財師兄		
		李鐵拐大仙		
		活佛恩師	臺灣 嘉義 弘楊壇	2004.09.25
84	消災免難百孝篇	活佛師尊	日本 宮崎 峯田壇	2004.04.11
		活佛師尊	日本 東京 天慈壇	2004.04.11
		藍采和大仙	日本 山梨 天肅壇	2004.04.13
		活佛師尊	日本 山梨 天肅壇	2004.04.17
		活佛師尊	日本 宮古 天智壇	2004.04.18

註：資料來源《百孝經聖訓》

　　以上84句的《百孝經》經文，每句7字，共588字，分別在不同的國家地區，共235場法會中，由不同署名的仙佛批訓完成底訓及訓中訓，再合成一冊而成《百孝經聖訓》。其中就臨壇批訓的仙佛來看，共有34位，整理如下〈表二〉所示：

〈表二〉《百孝經聖訓》34位批訓者次數統計表

批訓者	次數	批訓者	次數	批訓者	次數
濟公活佛	173	邱長春真人	2	白水聖帝	1
南極仙翁	22	張果老大仙	2	開心小仙童	1
哪吒三太子	16	中華聖母	2	白鶴童子	1
南海古佛	15	皮皮小仙童	2	南屏小仙童	1
李鐵拐大仙	13	曾參夫子	2	蘇東坡大仙	1
藍采和大仙	13	關法律主	1	大德真君	1
教化師姐	9	三天主考	1	孟子	1
韓湘子大仙	8	如意師兄	1	老萊子	1
善財師兄	8	歡喜小仙童	1	目犍連	1
呂洞賓大仙	6	仲由夫子	1	小龍女	1
漢鍾離大仙	6	閔損夫子	1	范仲淹大仙	1
何仙姑	3				

　　由上表可以看出，按批訓者多寡，最多的是濟佛173次，其次是南極仙佛22次，哪吒三太子16次，南海古佛15次，李鐵拐、藍采和大仙各13次。其他的28位仙佛皆少於十次。再就批訓的地點來看，如下統計〈表三〉所示：

〈表三〉《百孝經聖訓》19個批訓國家地點統計表

批訓地點	次數	批訓地點	次數	批訓地點	次數
臺灣	69	新加坡	7	尼泊爾	2
印尼	53	加拿大	7	韓國	2
日本	26	泰國	4	紐西蘭	1
美國	16	香港	3	法國	1
馬來西亞	11	澳洲	3	南非	1
印度	11	緬甸	2	義大利	1
菲律賓	8				

　　由上表可以看出，一貫道已走向全球化的發展，透過一篇篇的訓文，在全球各地傳播一貫義理，目前這樣的作法正持續進行著。有趣的是，像《百孝經聖訓》這類大部頭的訓文，分

在不同的國家地區，使用不同的三才，有的相隔幾萬里遠，但卻能合起來成為一篇訓文，又可以從其中找出訓中訓，真是不可思議。舉例來看，就以第一篇訓文為例，其內文的組成，主要是分底訓及訓中訓兩部份，如下圖所示：

〈訓八〉：《百孝經聖訓》第一篇〈天地重孝孝當先〉

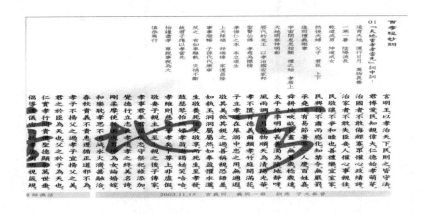

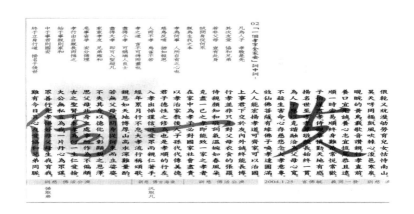

　　上圖是《百孝經聖訓》的第一篇「天地重孝孝當先」，七個字的訓中訓。它的組成如下表所示：

訓中訓	作　者	批訓地點	時　間
天地	曾參夫子	臺灣 臺南 新化 同義宮	2003.11.15
重孝	活佛師尊	臺灣 臺南 新化 同義宮	2003.11.16
孝當	老萊子大仙	臺灣 臺南 佳里 毓佛宮	2004.01.24
先	南屏道濟	臺灣 臺南 佳里 毓佛宮	2004.01.25

　　上表所示是《百孝經聖訓》的第一篇，由四位署名曾夫子、活佛師尊、老萊子、南屏道濟的仙佛，分在臺灣的二個地方批成訓文，時間是2003年11月15-16日及2004年1月24-25日，

再合起來成為第一篇的訓中訓。呈現的方式是先由底訓開始，一字一句一行的批出，底訓批完成後，再依字的筆續挑出訓中訓而成。像第一篇「天地重孝孝當先」七個字的訓中訓，內容是：

道育天地 運行日月 萬物長養 一寒一暑 陰陽消長 乾道成男坤成女 然後夫婦 父子 君臣 上下 進而禮義樂章。宇宙間息息相關 禮之始 孝居上天地明察 神明彰 歷代的先王 以孝治國安家邦 聖賢仙佛 孝慈為標榜。孝悌 仁之本 本立道生 上天降福 祥瑞臻 家運昌隆 事事順暢 子孫代代康寧 反之 有如車離軌 災禍不斷 故君子應以孝當先 怡謹盡孝 尊親事親為大 慎恭篤行

上述的訓中訓共有140字，這些是由七個字的筆畫所組成。在《百孝經聖訓》的全書中，共有這樣的訓中訓84句，正好是《百孝經》的全文，等於是每一句七個字訓中訓構成一篇，共84篇組成本書。再舉幾例較特別的來看：第二篇的「一個孝字全家安」訓中訓：

〈訓九〉：《百孝經聖訓》第二篇〈一個孝字全家安〉

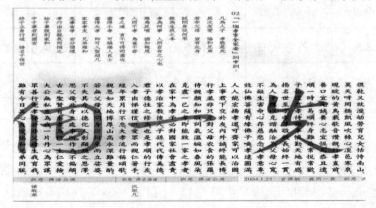

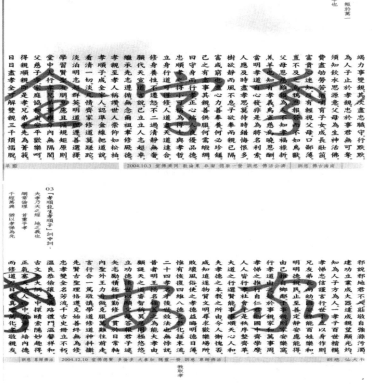

有關第二篇「一個孝字全家安」七個字的訓中訓，其結構組成為：

訓中訓	作者	批訓地點	時間
一個	濟公活佛	南非 東倫敦 同濟壇	2004.10.03
孝字	南海古佛		
全家	藍采和大仙	加拿大 多倫多 德賢壇	2004.12.10
安	活佛師尊		

這一篇訓的批出地點分兩處，彼此相隔幾千里，仙佛借的三才也不同一批人，所批出來的訓文能合成一篇訓中訓，就更為奇妙了。

　　就這樣的呈現方式，全書84句訓中訓，58000多字的底訓，構成了本書的內容。我們可以很明顯的看出，這本訓文的主要目的是在闡述《百孝經》的588字的經文，也是借此訓文闡述孝道的義理思想。再來看看以下的一篇：

〈訓十〉《百孝經聖訓》第四篇〈孝順子弟必明賢〉

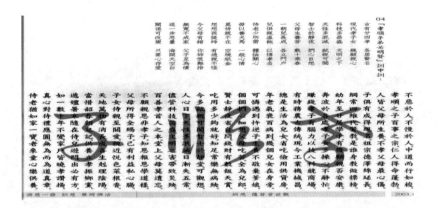

有關第四篇「孝順子弟必明賢」七個字的訓中訓，其結構組成為：

訓中訓	作　者	批訓地點	時　間
孝順	觀世音菩薩	臺灣 慈濟堂	2003.07.27
子弟	活佛師尊		
必	漢鍾離大仙	美國 邁阿密 如是壇	2003.07.28
明賢	活佛師尊		

　　這篇訓中訓是分在臺灣及美國兩地合成，時間正好相隔一天。可見是在美臺兩地同時進行，由不同署名的仙佛借三才同時批訓，再合起來成為本篇訓文，一樣也是七個字的訓中訓。整部《百孝經聖訓》的結構就是這樣，588字經文，分成84句，

以訓中訓的草書體，經一年多批訓完成。

四、《百孝經聖訓》的解釋模式

天書訓文的解經模式可用「飛鸞釋經」四個字來概括，「飛鸞」是中國自古以來所說的「神道設教」方式，由靈媒透過扶乩、飛鸞、開沙、借竅等方式，傳達神的旨意。如果用這種方式來闡述三教的經典，特別是對經文作了詳細的闡發時，就成了「飛鸞釋經」的方式。要了解這樣的解經方式，我們可以先用現代西方哲學主流之一的「詮釋學」，作比較分析：

(一)來自神的信使

我們都知道，西方詮釋學(Hermeneutik)，是源於赫爾默斯(Hermes)一詞，他是一個希臘神話中「諸神的信使」的角色。因此，伽達默爾(Gadamer)在〈古典詮釋學和哲學詮釋學〉一文中說到：「Hermes是神的信使，他把諸神的旨意傳達給凡人。------『詮釋學』的工作就總是這樣從一個世界到另一個世界的轉換，從神的世界轉換到人的世界，從一個陌生的語言世界轉換到另一個自己的語言世界。」(洪漢鼎2002：2)，Gadamer算是將詮釋學的原義說的很貼切了。問題是靠「諸神的信使」傳達神的旨意，從神的世界轉換到人的世界，從神的語言轉換到人的言語。這在現實的世界裡，要如何能見到，如何去理解。於是，致力於探討人類的「理解」與「誤解」現象的當代詮釋

學，乃應運而生。然而，種種跡象表明，詮釋學本身也被這張理解與誤解交織而成的網覆蓋著，使它本來已很模糊的面目變得更為模糊了(潘德榮1999：1)。造成這項模糊的關鍵，在於現實的世界裡，很難真正找到一位詮釋者，本身既是神的信使，又是傳達神意的詮釋者。

然而有趣的是，當我們看到臺灣民間宗教「飛鸞釋經」的現象時，存在於西方詮釋學上的模糊性爭論，似乎有了一線曙光，以能更符合詮釋學原義的方式來理解經典詮釋，似乎正在臺灣的民間社會裡展開。其中主要的關鍵在於，「飛鸞解經」本身靠的正是神的信使，也就是希臘神話中的Hermes，兩者只是方式、名稱不同，本質上是相同的。臺灣民間宗教經由飛鸞所產生的文本，我們稱之為「天書訓文」，目前「民間宗教天書訓文資料庫」所藏的天書，已將近一萬部，總字數超過一億字以上。目前經整理建檔的篇目有7766筆，這些天書訓文的產生，尤其是一貫道的訓文，大都是在平均百人以上的大型法會中，由署名不同的仙佛臨壇即席批訓，經在場的文書人員記錄而成。通常，在訓文的開頭會有一段〈鎮壇詩〉，或〈歌訓〉，然後才會報上來者的佛號，目前天書訓文資料庫裡的記載，已有250多位不同署名的仙佛，大都是中國民間信仰的諸神，西方的神祇僅僅只有耶穌、穆罕默德兩位。如此多的訓文在臺灣的民間社會產生，應有其相當的影響力。

（二）創造的詮釋

臺灣民間宗教在過去的五、六十年間，創造出非常多的天

書訓文，這也是另一項臺灣的奇蹟。問題是要如何能理解這些天書，它到底要傳達的是什麼？這就是一項很大的難題了。筆者在〈民間宗教天書訓文初探〉一文中(林榮澤2007：13-78)，針對此一問題，提出「宇宙生命學」的觀念，來看待這些天書所蘊含的道理。但這只是對這些天書的初步認定，實有待進一步去理解這些天書訓文的內容。如此，引用近代哲學主流之一的「詮釋學」理論，實有助於更清楚的了解這些天書到底在說些什麼？

　　前面提及當代詮釋觀的主流是「創造的詮釋觀」，而第一個將這種創造的詮釋觀帶進中國儒學詮釋學的人是傅偉勳(1999：10-11)，他提出的五層次創造詮釋學，指的是：

· 第一層「實謂」：「原思想家實際上說了什麼？」是指借原文校勘、版本考證來確定原作者（即原典本身）實際上說了什麼？

· 第二層「意謂」：「原思想家想要表達什麼？」是透過語意澄清，脈絡考察，傳記研究，邏輯分析等手段來理解原作者的真正意思。

· 第三層「蘊謂」：「原思想家可能要說什麼？」指借助思想史的研究及歷史上存在的其他重要詮釋文本，澄清原典可能蘊含的意思。

· 第四層「當謂」：「原思想家應當說出什麼？」指詮釋者闡發原典文字其後的深層義蘊或根本義理有關。

· 第五層「必謂」：「原思想家現在必須說出什麼？」是指要救活原本的思想或作為突破性的創新，詮釋者必須創造性地表達什麼。

藉由以上這五個層次的分析來理解一貫道天書訓文的詮釋模式，似乎是一項可以思考的模式，有助於更容易明瞭天書所要表達的內涵。換言之，如果藉由傅偉勳五層次的創造詮釋學，來理解天書訓文的經典詮釋，則每一部天書訓文都可以替換成以下的五個層次來思考理解：

「實謂」：這部訓文實際上說了什麼？

「意謂」：這部訓文想要表達什麼？

「蘊謂」：這部訓文可能要說什麼？

「當謂」：這部訓文應當要說出什麼？

「必謂」：這部訓文現在必須說出什麼？

舉個例子來說明，例如《百孝經聖訓》的第51篇：「孝子齊家全家樂」。這篇訓文的形成，是2003年在臺灣台北懷德壇二天法會中，濟公活佛到壇一開頭批了六字一句的對句：

學如天之包容　學如地之承載　學如君之善同　學如親之不怨　學如師之不悔　學如仁之無私　學如義之合宜　學如禮之謙遜　學如智之無量　學如信之實在【8】

這是一部總計約一萬字的天書訓文，內容包括有詩訓、白話訓、歌訓及訓中訓。開頭以五恩(天地君親師)、五常(仁義理智信)大家都很熟的儒家義理十個字，濟公將它以非常簡要，且一語中的的陳述其精神內涵，真是以往聞所未聞的說法，讀來會發人深省。然而，內容最妙的應算是訓中訓了，在這部天書中有兩頁訓中訓，如訓九、訓十所示：

【8】林榮澤編輯，《民間宗教天書訓文資料庫》，編號AG921202。臺灣，2003年12月2日。

〈訓九〉：「孝子齊家」訓中訓【9】

道萬一不盡二福修道萬格健道今不革知初誠揚親慈為科口孟椿培和綱實明敬
彌教貫朽心六慧心之善致全問□假心命發於名民母人技體母萱內風常踐一老
六啟真人知滿性尊為誠人學明□□立中身止嚴父文之三並省吹守□貫不
合信傳生性□□貴首出辨求慈命誠行至□□養邊茂重□理知志
三宗真本歸亨守序孝互仁□唯明為於之至而思崇不為天□□由記
界旨諦真實德本齒悌共勇典真七一本原外終善育序尚若規家悌生機外□
遍見顯限踐建位辨現勉備範□全合面點盅自論將玉道煩矩道迷□化之貫
當德平合器陰輔□往身化□共固無一在道湔所親圓昌信乎新勤乎欲
下能乎合器陰輔□往身化□其固點呼仁至□良關方盛□□導也水
自收也承天喜後德向迎齊家原慰□□□真執如男君迷者當
在放者□□代本來家庭永真生性為心質內無日長復虛得氣□□昧拋妻
安不自薪學心皆耀禮道建引化內在通守應隱外敵更革初寒不樂有謹法真在能
心侍然火明善孝祖周德樂活萬德根性誠萬之通心增之優問侍綿分慎聖倒一思
田偏篇綿言淵賢玄全宣園泉千添源天謙緣間權安添顏先暖偏綿焉虔賢顏邊源

訓慈尊師佛活　　　　　訓慈尊師佛活
壇德懷　北台　　　　　壇德搠　蓮花

〈訓十〉：「全家樂」訓中訓【10】

九慎安三四敬守研誠心以不引誨能教挽全以如推本一人修家天效尊內
六終和綱海上忠經化正身分迷人允化救心道保及立人若身欲乎下德而
歸追樂正之愛盡究手而作你歸不躬兄投為赤教枝正招持□利自性敬
宗遠業□內下義典禀后則我覺倦正聖□寶子化榮致容睿者孚然承己
祖民良慈皆悟信探登為名□□目登里德存近理國因亨由順立立
興德風□弟□性聖務模相不□祥彼想實至至不之□□土□啟身
旺厚遍□日朋理殿見範斷見厭柔諫岸悟踐善盛亂□滿源由起意
代先上五攜執大喜榮格宅□□同速日由國己莫素□絮超外
代意下倫平正普齊榮慈念命德□□新親風達要更恩矩凡而
相承一興孫一貫哉融國致海眾合承□共凌□其達必達多是孝德禮入渡
傳志睦八事道一道融治知涵生□□濟雲樂德疏振人道□□聖眾
脈立堯德態閣職化佛太誠納慈無道法心超建親眾民渡偽和敬正作法天
脈德舜彰恭家愿家光平壽百心私閣兩手俗功成自有詐氣老義標佛下
延先天顯謙歡擔園泅沾年虞川綿偏宣露連凡端賢全安緣闢添前涵杆仙兼

訓慈仙大坡東蘇　　　　　訓慈尊師佛活
院佛德崇　仁崇中台

【9】林榮澤編輯，《民間宗教天書訓文資料庫》，編號AG921202，訓中訓一。

【10】林榮澤編輯，《民間宗教天書訓文資料庫》，編號AG921202，訓中訓二。

　　以上兩篇訓中訓的七個字「孝子齊家全家樂」，就是在這部天書訓文中最重要的部份。創作的方式是先從底訓的開頭起，以每句七言的方式，每行兩句，這樣逐句逐句的批完。而且是署名濟公活佛及蘇東坡大仙，分別在不同的時間地點，有花蓮掬德壇、台北懷德壇、台中崇仁壇、台北崇德佛院等四處，批出來的訓文集合而成，再從其中找出訓中訓，就是「孝子齊家全家樂」七個字。通常這樣一篇訓中訓，底訓闡述的內容就會和訓中訓相關，以這篇「孝子齊家全家樂」的底訓來看，通篇是相貫串，闡述儒家的綱常倫理孝悌之道，看不出有因不同時地及不同仙佛而有不相融之處，著實不簡單。至於訓中訓的七個字，抽出來看其內容如下：

> 「孝子、齊家、全家樂」訓中訓：
> 夫孝乃為德之本　教之所由生也
> 是以為人子女者　必孝於父母
> 而欲孝於父母者　必修道涵德
> 首格其外物　致其良知
> 正守本心　誠其初意
> 葆其真性　圓明安舒
> 修其善身　器量廣大
> 繼之能達至家齊
> 齊家乃治國平天下之本
> 一家仁一國興仁
> 是故諭父母明道　兄弟入理
> 以道修身　以德潤身
> 秉天心　存善念
> 懷大志　創聖業
> 父慈子孝　兄友弟恭
> 齊其家　修辦和樂哉

　　可以看出，這篇「孝子齊家全家樂」的訓中訓，就是在闡述孝道的內涵。提出欲孝於父母者，必修道涵德的條件：首先要「格其外物、致其良知、正守本心、誠其初意、葆其真性、圓明安舒、修其善身、器量廣大」，繼之才能齊家治國平天下。

通常像這樣的一部天書訓文，大概會在二個小時以內完成，有時還穿插白話訓，也就是說臨壇的仙佛，是一邊和班員講話，又一邊批這些詩訓，最後還能完成訓中有訓的內容，確實不容易。類似這樣不同內容的天書訓文，在一貫道中至少有幾千部以上，有的訓中訓內容更為玄妙，顯然不是一般人所能作到。

　　要理解這樣的天書訓文，引用傅偉勳的五層次創造詮釋，可以作如下的理解：

　　「實謂」：訓文的結構分析與實際上說了什麼內容？

　　63行的底訓，每行14字，共882字，形成「孝子齊家全家樂」七個字的訓中訓。訓中訓的部份是這篇訓文所要闡述的主要內容，底訓只是作為形成訓中訓的必要部份。換言之，這篇訓實際上要說的是什麼呢？就是訓中訓的「孝子齊家全家樂」七個字。

　　「意謂」：透過語意澄清，脈絡考察，了解訓文想要表達的是什麼？

　　訓中訓每個字大概由6-7行的底訓構成，在字義上正好是由這些底訓，加上訓中訓的內容來構成。如上〈訓九〉所示「孝」字的底訓：

　　敬老不忘記尊賢，飲水當要能思源。明一貫知所以，之乎也者拋在一邊。

　　實踐為理由教化，勸導迷昧真倒顛。綱常守乃本分也，所以為人法聖賢。

　　和風吹之顯生機，是必君子謹慎虔。培內德重孝悌，忠信者男女有分焉。

　　椿萱並茂，夫家道昌盛，和氣樂綿綿。孟母三遷，為規矩

圓方，求得不倚偏。

這些底訓中，所要表達的內涵可綜合成十個辭句：「敬老尊賢」、「飲水思源」、「明理一貫」、「綱常守本」、「效聖法賢」、「謹慎培德」、「和樂綿綿」、「椿萱並茂」、「孟母三遷」、「規矩不偏」等。其中「椿萱並茂」語出《幼學瓊林》，意思是父母俱存謂之椿萱並茂。可見這整篇底訓將孝的內涵談的很廣，也將孝的義理發揮的很透澈。再看「孝」字的訓中訓，是依筆畫的順序排字：「夫孝 乃為德之本 教之所由生也 是以為人子女者 必孝父母」其中的「孝父母」三個字是在下一個訓中訓「子」的訓文中，其他的訓中訓也是如此。

「蘊謂」：借由中國孝道思想的考察，了解訓文可能要說的是什麼？

要真正了解這篇訓文，必須要有充分的中國孝道思想背景。例如，「子」字的底訓中提到「口體之養，不若煩親關懷，噓寒問暖」，指的是《孟子》提到的養口體之典故，孟子曰：「曾子養曾皙，必有酒肉。將徹，必請所與。問有餘，必曰『有』。曾皙死，曾元養曾子，必有酒肉。將徹，不請所與。問有餘，曰：『亡矣』。將以復進也。此所謂養口體者也。若曾子，則可謂養志也。事親若曾子者，可也。」（〈離婁上〉）。此外，「子」字底訓中的「揚名聲孝之終」，是出自孔子與曾子問答的《孝經》，提到：「立身行道，揚名於後世，孝之終也。」而「家」字底訓的一開頭：「萬善為首孝悌現，送往迎來道德宣。」講的正是儒家「孝悌也者，其為仁之本矣。」（《論語・學而》）的觀念。

「當謂」：批訓者其後的深層義蘊或根本義理，也就是這部訓文應當要說出的是什麼？

　　這部份的道理，通常有兩種情況可以探究。一是全部的訓中訓合起來又有「訓中又訓」，例如上述〈訓七〉的「世界大同」訓中又訓，這四個字就是整部《世界大同聖訓》當要說出的道理之總結。第二種情況是整部訓文並沒有再合成訓中又訓，這時就會有仙佛臨壇批訓作序，闡述出本部訓文最主要的內涵是什麼？也就是當要說出的道理是什麼？《百孝經聖訓》是分由署名金公祖師及至聖先師孔子兩位，臨壇批訓作序。金公祖師點出批寫本部經書的主要目的：「三綱如亂世般動蕩，人心失去本質；道德如天方夜譚，是以百孝經傳世，廣佈流傳，希能自上而行於下者，自先而施於後者，使老中青少皆明孝之本義。以格物致知入手，誠意正心，行出孝字，冀挽世人之心歸仁心，知義理謹禮規守信實。寄望有志之士，使百孝經蔚蔚成風化，亦是天下眾生之福澤。」很清楚的闡述批寫本部經最主要的目的是什麼？就是要挽化人心，冀世界為大同。至於孔子作的序，也是補充這個觀點，孔子說：「竭力著百孝經義，是匡世道正紀肅綱，又惟恐後人行之不徹，難見實踐之功，故飛鸞垂世，金口木舌，忠告善導，望能振聾啟瞶，移風易俗也。」也充分說明了仙佛飛鸞批訓的苦心，及最主要應當要說出來的用意是什麼？無非就是要世人能明了孝的道理，好好去實踐，則能達到移風易俗，端正綱紀的目的。

　　「必謂」：詮釋者必須創造性地表達什麼？也就是這部訓文讀來應有一些訓文中沒有表達出來的，而現在必須說出什麼？

　　通常這部份的詮釋，就是閱讀者領會多少的問題了。當閱讀者成為詮釋這部《百孝經聖訓》者時，必要有一些創造性的思惟，能了解批訓者的言外之意、弦外之音。如果一部訓文的用語很深奧時，解釋起來就充滿了想像空間。這部《百孝經聖

訓》的特點是底訓很淺白，訓中訓又比底訓清楚白話，所以讀來很容易懂，也很貼近現代人的認知和理解，是一部將儒家義理作現代生活化闡述的代表作。雖說如此，但每人讀來可能很容易有不同的體會，說出來的詮釋就不盡相同，如果是必要說出來的內涵，就是對這部經的創造性詮釋。

五、《百孝經聖訓》對孝的詮釋

透過傅偉勳創造的詮釋學，要來理解整部《百孝經聖訓》的核心思想，也就是這部經所要說的到底是什麼？從訓文中應可清楚的了解，就是訓中訓所要表達的內容。換言之，我們對天書訓文的詮釋，最主要的核心內涵，即在於每篇訓文的訓中訓。就以這部《百孝經聖訓》而言，它最主要是闡述孝道的內涵，透過訓中訓的方式，呈現出孝道思想不同層面的開展。以下分舉數例探討之：

(一)孝是一股強大光明的力量

《百孝經聖訓》第53篇「五穀豐登皆因孝」的訓中訓，對孝字內涵的闡述很有啟發性，講的是孝與天地萬物相感應的道理，認為孝可以造就喜樂的磁場，連五穀蔬果都可在孝心的感應下，變得鮮美並含藏活力。如下〈訓十一〉所示：

〈訓十一〉：《百孝經聖訓》第53篇訓中訓【11】

53「五穀豐登皆因孝」訓中訓：

孝是一股強大光明的力量
可以造就溫馨和諧
又歡悅喜樂的磁場
五穀在孝心感應下
都能起良善的變化
蔬果鮮美　健全有機
稻麥與芽菜含藏活力
花朵盛開　光彩又美麗

四季豐收樂無比
汗水融在笑容裡
因為在孝子的世界裏
有愛　勤奮　以及毅力
蟲蟻走避　不會侵襲
雨水滋潤　不會過與不及
陽光給予歡呼　天人真心祝福
萬類感其德　真誠助之　滿願如意

　　這篇「五穀豐登皆因孝」的訓中訓非常淺白，但卻含義深遠。將孝的內涵與天地萬物的道理相結合，認為在孝子的世界裡，有愛、勤奮、以及毅力，可以得到天人真心的祝福，滿願如意。這樣對孝的闡述，很富有內涵。以下再來看另一篇的訓中訓「孝道不獨講吃穿」，講的是孝的真實本質。

(二)孝是無微不至的愛心關懷

　　孝道不在口體之養，而是注重內心的感受，要用心事親，

【11】光慧文教基金會編，《百孝經聖訓》，頁218。

居致敬意，晨昏定省，虔誠以對。如下〈訓十二〉所示：

〈訓十二〉：《百孝經聖訓》第10篇訓中訓【12】

10「孝道不獨讓吃穿」訓中訓：

父母恩德　南山巍巍
生我劬勞　衣食無缺
拊我畜我　長我育我
出入腹我　顧我寶貝
日夜伴隨　綻放光輝
日復一日　始盡無悔
歲月人催　臉頰憔悴
換得兒女　功成名位
欲報恩德　孝心為貴
親親為大　仁者德培

親親為大　仁者德培
愛心關懷　不至無微
養親和樂　氣平悅色
菜根淡薄　方是真味
承歡濃情　微言禮節
晨昏定省　虔誠以對
孝子事親　居致敬意

事親幾諫　見志不從
順意承志　委曲無違
了然根源　正心修身
立身行道　光耀門楣

〈訓十二〉是《百孝經聖訓》第10篇的訓中訓，講的是孝的本質。強調父母生我、拊我、畜我、長我、育我，出入腹我的辛勞。欲報恩德，唯有孝心事親，不只是讓父母親吃飽穿暖的口體之養，而是要無微不至的愛心關懷，順意承志，委曲無違。最終還要能立身行道，揚名於後世，光耀門楣，以顯父母，孝之終也。

【12】光慧文教基金會編(2007)，《百孝經聖訓》，頁46。

(三)孝是天經地義的人倫根本

《百孝經聖訓》闡述孝的內涵，也融會了很多《孝經》的道理。第13篇「惜乎人間不識孝」的訓中訓，就提到《孝經》首章所言的：夫孝，天之經也，地之義也，民之行也。如下〈訓十三〉所示：

〈訓十三〉：《百孝經聖訓》第13篇訓中訓【13】

13
「惜乎人間不識孝」訓中訓：

夫孝　天之經也　地之義也
民之行也
孝道乃為人之根本
本立道生　家和萬事興
惜乎世人不識真孝
倫常顛倒　道理不明
以致造下無邊罪過
苦海沉淪　何日盡矣
斯今臨義
白陽修士　當篤志力行
挽化社會不良風氣
推廣三代同堂　提倡道化家庭
實踐孝悌治家　振興禮儀之邦
此生立身行道於人間
少懷老安為心願
行大大孝以慰父母　顯親揚名
開萬世太平
功崇德昭　孝範美評

第13篇講的是奉勸世人要即時行孝的道理：感嘆世人不知行真孝，以致倫常顛倒，道理不明，造下無邊的罪過，長沉苦海，永失真道，實為可惜。所以勉勵每個人，要力行孝道，挽

【13】光慧文教基金會編(2007)，《百孝經聖訓》，頁58。

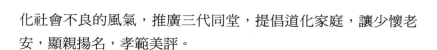

化社會不良的風氣，推廣三代同堂，提倡道化家庭，讓少懷老安，顯親揚名，孝範美評。

(四)旋乾轉坤之偉人皆孝悌中來

中國自古以來，即有以孝治天下的傳統。因此，聖人之德，本於人倫，堯舜之道，不外孝悌。古來的聖賢偉人，皆是出自孝悌中來。此為《百孝經聖訓》第15編「諸事不順因不孝」的訓中訓所示：

〈訓十四〉：《百孝經聖訓》第15篇訓中訓【14】

15「諸事不順因不孝」訓中訓：

觀今之天下　而言孝悌
人幾視為迂腐之談
皆謂不適于用乎
如今不重孝悌之人多也
聖人之德　本於人倫
堯舜之道　不外孝悌
古來旋乾轉坤之偉人
皆出自孝悌中來哉

不孝與不悌相因
事親與事長並重
故薄於倫常之地者　必無真事業
所謂入則孝　出則悌
人人興起　家家慕傚
則漸還淳古之俗
天下萬善孝為之本
眾當自省　勉勵行之　福報自臻

【14】光慧文教基金會編(2007)，《百孝經聖訓》，頁66。

　　《百孝經聖訓》的第15篇，講到人生要能順事成功，就一定要行孝，自古以來的偉人莫不由孝悌中來。若不孝、不悌之人，必無法成就一番真事業。所以應該提倡孝悌之道，讓人人興起，家家慕傚，就能逐漸移風易俗，福報自臻。

(五)誠其身而後順其親

　　「孝順」兩字合用，所以孝親貴在順從，但順親也有一番道理，必須學習舜的以德順親，而常安樂。還有學習閔損之孝，使家人得到圓滿幸福。如下〈訓十五〉所示：

　　〈訓十五〉：《百孝經聖訓》第17篇訓中訓【15】

17
「孝道貴順無他妙」訓中訓：

天取人以德　德首重於孝
聖人之德由孝顯　其為本而教民之
古聖相傳　堯舜一脈　皆行孝道也
人受生於親　親恩以鞠
故孝親者貴順　順其親有道
舜之孝　以德順其親　而常安樂
閔損之孝　使人不間其父母之言

孝乃始於事親　終於立身
欲順親者　先誠其身
依禮能
孝其親必德成　順其親必信朋
敬其親必順長　恭其親必序悌
故愛親敬尊之義　在克成其孝
以顯親之德　而推其四海矣

【15】光慧文教基金會編(2007)，《百孝經聖訓》，頁74。

這篇的重點在講「順親」的道理，強調欲順親者，先誠其身，依禮而行就能：「孝其親必德成，順其親必信朋；敬其親必順長，恭其親必序悌。」這些道理講的很有啟發性。

(六)孝能感動地和天

如何能盡孝道，在《百孝經聖訓》第36篇的訓中訓，有較完整的說明，如下所下：

〈訓十六〉：《百孝經聖訓》第36篇訓中訓【16】

36 「孝能感動地合天」訓中訓：		
孝道之須知		
要安養父母之身	使之生活無虞	
要敬順父母之心	使之精神無憂	
要顧全父母之義	使之綱常無虧	
要渡脫父母之苦	使之得道無惑	
要不辱父母之名	子當修身謹嚴	
要恆保父母之樂	子當齊家修辦	
要顯揚父母之德	子當行道不輟	
要追思父母之慈	子當早晚祭拜	
要報答父母之恩	子當立志成道	
要解卻皇中之憂	必須渡盡蒼生	
要體貼皇中之意	必須代天宣化	
要寬慰皇中之心	必須建功立德	
要永伴皇中之身	必須覺行圓滿	

這裡列出的孝道須知有13項，是借由第36篇的訓中訓，依

【16】光慧文教基金會編(2007)，《百孝經聖訓》，頁150。

「孝能感動地合天」七個字的筆畫順序，所合成的13項孝道須知，可說非常巧妙。這13項的前9項是針對生身父母而言，後4項是指一貫道的至上神「無生老中」，也是生吾人靈性的母親，也是天地的主宰造物主。所以後面的4項孝道內容比較特殊，談的是對上天老中的孝道，是要代天宣化，渡化眾生，建功立德，覺行圓滿的道理。

（七）孝從難處見真孝

以報答。父母永遠是兒女的導航，守護著兒女成長。父母愛子心，遠比山高與水長。如下所示：

〈訓十七〉：《百孝經聖訓》第59篇訓中訓【17】

> 59「孝從難處見真孝」訓中訓：
>
> 父母親　育幼恩養　兒女何以報償
> 每思推乾居安臥　內心感感傷
> 深怕兒女身受傷　呵護叮嚀耳旁
> 幼學壯行握方向　牽腸掛肚奔忙
> 兒女遠行事業創　父母親淚流成行
> 父母愛子心　遠比山高與水長
>
> 父母親　培植恩養　兒女何以報償
> 驚覺父母髮蒼蒼　觸景心痛心傷
> 攜兒女導之綱常　用心教化義方
> 真愛滋養開心窗　心靈聖潔明亮
> 父母永遠是導航　守護著兒女成長
> 未盡菽水歡　誠祈禱父母福壽長

【17】光慧文教基金會編(2007)，《百孝經聖訓》，頁242。

以上所舉的七例，是從《百孝經聖訓》中，抽出49個字的訓中訓內容，我們大致可以看出，整部聖訓最重要的內容就是這些訓中訓，共有588字。訓中訓的內容都非常淺白，主要是對「孝」的闡述，讀來很容易讓人了解。如果將這588字的訓中訓內容集結成一整篇的文章，相信也是很符合現代意涵，又能契合人心的「當代孝經」。

六、結　論

　　綜合本文上述的分析，對於西方興起的詮釋學，要求回歸最初的原義，是以清楚理解神的聖經為目的，所以又可以將詮釋學說成是理解與解釋的技藝學。可是到了近代，特別自施萊爾馬赫以來，他的那句名言：「哪裡有誤解，哪裡就有詮釋學」，於是詮釋學就被定義為「避免誤解的技藝學」。(洪漢鼎2002：70)此一西方詮釋學的觀點，或許應該被理解為，詮釋學是為了避免誤解經義，而興起的一門解釋之學。此即為本文主要的詮釋觀點，是很可適用於理解《百孝經聖訓》的天書訓文，因為所有的一貫道天書訓文，基本上都是神的信使所為，也正符合詮釋學的原義。這些訓文原本就須要透過詮釋，將神的意旨解釋成人能了解的話語，其中很重要的原則，當然要僅守詮釋學的原則，就是「避免誤解」。

　　本文僅是初步的嘗試，主要是集中在一貫道天書訓文，解釋經典的模式作探討。這樣的釋經模式，在一貫道中是經由一場場的法會，不斷的產生出來，所以很有必要就其釋經方式作分析。在分析上，主要是藉用傅偉勳「創造的詮釋學」的五個

層次的思考，探索天書訓文實際上說了什麼？想要表達什麼？可能要說什麼？應當要說出什麼？現在必須說出什麼？來理解這些天書的內涵。傅偉勳五層次思考的好處，是可以讓我們更周延完整的去思考理解這些經典。就本文的分析，高達58000字的《百孝經聖訓》而言，透過這五個面向的思考，加上對天書訓文模式的了解，我們可以較明確的說這部天書所要表達的核心，就在這588字的訓中訓裡。當然，這方面仍有待更多的研究，配合其他相關的詮釋學理論，將更有助於我們理解這些天書的內容。

（本文曾發表於《臺灣宗教研究》七卷二期）

參考書目

佚人著，《一貫道疑問解答》(台北，三峽靈隱寺重印本)。

林榮澤(2007)，〈民間宗教天書訓文初探〉，《新世紀宗教研究》，5卷4期。

林榮澤(2007)，《臺灣民間宗教研究論集》(台北：一貫義理編輯苑)。

林榮澤編輯，《民間宗教天書訓文資料庫》(台北：一貫義理編輯苑)。

洪漢鼎(2002)，《詮釋學史》(台北：桂冠圖書)。

財團法人光慧文教基金會篇(2007)，《百孝經聖訓》(台中：光慧文化出版)。

許地山(1986)，《扶乩迷信底研究》(台北：臺灣商務印書館)。

傅偉勳(1999)，《從創造的詮釋學到大乘佛學》(台北：東大圖書)。

發一同義宮(2003)，《世界大同書》(台南：同義宮)。

黃俊傑(2004)，〈東亞儒家經典詮釋傳統研究的現況及其展望〉，《臺灣東亞文明研究學刊》，2004年6月號。

潘德榮(1999)，《詮釋學導論》(台北：五南圖書)。

鐘雲鶯(2003)，〈試論臺灣一貫道對《大學》之詮釋〉，《第三屆臺灣儒學研究國際學術研討會論文集》（臺南：國立成功大學中文系，2003年2月）。

鐘雲鶯(2004)，〈一貫道《學庸淺言新註》所闡述之終極關懷〉，《第一屆北區技專校院宗教與人間關懷學術研討會論文集》（桃園：龍華科技大學通識教育中心，2004年12月）。

鐘雲鶯(2005)，〈一貫道詮釋儒家經典之關鍵性觀念的考察〉，《台灣宗教研究》第4卷第1期（2005年6月）。

鐘雲鶯(2006)，〈一貫道對「格物致知」之詮釋及其呈現的宗教意義〉，發表於「宗教、文學與人生國際學術研討會」（元智大學與世界一貫道總會合辦，2006年9月22日）。

鐘雲鶯(2006)，〈論一貫道《學庸淺言新註》的注疏意義〉，《臺灣東亞文明研究學刊》第3卷1期。

當代儒學的生活化
與神聖化
─以一貫道對儒家思想的推廣為例

一、前　言

　　近來年，迎接「當代新儒家」的話題，似乎又成了學界所重視的大事。雖說儒家思想的當代際遇，是相當坎坷，也相當詭譎，但也同時引來了「新的轉機、新的希望。」[1]每一位關心「當代新儒家」的人，都希望儒學的新轉機與新希望，應該就在我們這個時代，而且是正在進行中，然而學術界多來年有關當代新儒家復興的探討，似乎還在努力凝聚一個共識點與著力點。劉述先在〈論孔子思想中隱涵的「天人合一」一

[1] 葉海煙(2005)，〈迎接現代的儒家：試論劉述先著《儒家思想意涵之現代闡釋論集》〉，《東吳哲學學報》第十二期，2005，8，頁167。

貫之道——一個當代新儒學的闡釋〉一文中，重新喚起我們對孔子「一貫之道」的重視。劉先生認為當代新儒家的一大貢獻，是指明儒家思想，實具有豐富的宗教意涵。[2] 為了證明孔子對「天道」義理的重視，劉先生特別整理出《論語》中，共有八十二章談到有關「天人合一」思想的論證。也許劉先生是要提醒當代的新儒家，在論述儒家思想的宗教意涵時，不能忽略「天」、「天道」與「天人合一」的內涵。但要能真正實踐儒學，賦予儒學的現代意義，就不能不真切的了解，「天道」在實踐意義上的重要性。假如當代新儒學的關鍵問題，是在如何實踐儒家思想，使成為現代人人可行的生活方式，並足以影響人心，成為一項普世的價值。則筆者認為有兩項關鍵因素，即當代儒學的「生活化」與「神聖化」的問題，會是主要的探討點。

一貫道是二十世紀初興起於中國華北的民間宗教[3]，戰後傳來臺灣，經過六十多年的發展，已成為臺灣社會很具有代表性的新興宗教。臺灣一貫道成功的在地化與全球化[4]，以及一貫道對傳統儒學的推廣與實踐，都是近來很值得關注的現象。林端在〈當代臺灣社會儒家倫理的具體實踐者：以一貫道

---

[2] 劉述先(1997)，〈論孔子思想中隱涵的「天人合一」一貫之道——一個當代新儒學的闡釋〉，《中國文哲研究集刊》，第十期，頁1。

[3] 林榮澤(2007)，《一貫道歷史：大陸之部》(台北：明德出版)。

[4] 林榮澤(2009)，〈戰後大陸來台宗教的在地化與全球化：以一貫道為例〉，《新世紀宗教研究》七卷三期，頁1-48。

為例〉一文中【5】，首次對現代新儒家所重視的，儒學具有豐富宗教意涵的問題，透過一個臺灣民間教派：一貫道的考察與分析，來省思學院儒學與民間儒教的關聯性。林先生從儒家倫理脈絡化的具體實踐者來看待一貫道，他說：

> 所謂吾道一以貫之，三教合一的精神，使得一貫道在禮儀上明顯地儒教化，其服裝採中國的長袍馬褂，獻供禮模仿祭孔、祭天地祖先的儀式，敬拜禮採獻香、磕頭、聖凡兼修、內聖外王，以儒教之倫理綱常作為為人處事的準則。其次，他們用道教的功夫，然後守佛家的規戒，供奉的仙佛神聖有明明上帝、天地君親師，也有五教聖人—老子、孔子、釋迦牟尼、耶穌基督與穆罕默德。【6】

兼容並蓄原本就是一貫道的特徵，所以道中一向強調「五教同源」，一以貫之的道理。只是近年來一貫道的發展，有愈來愈明顯以儒為宗【7】，佛、道為輔，兼容耶、回的走向。林端看出一貫道近年來在實踐儒家思想上的用心，但他的文章中並未詳細的論述，一貫道在實踐儒學的具體作法是什麼？因此，要了解現代一貫道的發展，儒家思想對一貫道教義的影響，是很值得關注的部份。而如果就儒家思想的落實來看，一貫道是

【5】 林端(2007)，〈當代臺灣社會儒家倫理的具體實踐者：以一貫道為例〉，收錄於李明輝、林維杰主編(2007)，《當代儒學與西方文化：會通與轉化》(台北：中央研究院中國文哲研究所)，頁497-524。

【6】 林端(2007)，〈當代臺灣社會儒家倫理的具體實踐者：以一貫道為例〉，頁513-514。

【7】 在道中的說法，謂之「儒運應白陽」。

如何成為具體的實踐者，及其所發展出來的一套實踐儒家思想
模式，將是本文主要的探討重點。

二、一貫道教義儒家化的由來

(一)西乾轉東震：一貫道教義向儒家的轉化

　　有關一貫道的歷史淵源，筆者最近在〈從西王母到無生
老母：論道教西王母向民間宗教的轉化〉[8]一文中，探討西
王母信仰的歷史演變，指出無生老母信仰的產生，是與明代道
教金丹道南宗轉向民間宗教發展，並與羅祖教的一支大乘教合
流後，借由扶乩的方式，產生出無生老母的信仰。這期間正好
是一貫道道統上的第八至第十一祖，流傳下來的代表著作，
是《龍華寶經》及《九蓮正信歸真還鄉寶卷》(以下簡稱九蓮
經)兩部。此時的四位一貫道祖師，在教義上和道教金丹道南
宗有密切的關係，《九蓮經》提到的金丹思想，及盧柏點杖開
啟玄關一竅，都可以印證道教的修煉思想，尤其是玄關一竅的
開啟，更是直接擷取自道教內丹修煉的秘寶。筆者在〈玄關一

[8] 林榮澤(2009)，〈從西王母到無生老母：論道教西王母向民間宗教的轉
化〉，「2009道教神祇國際學術研討會論文集」，真理大學宗教文化與組
織管理學系，2009年5月31日。

竅：道教生命仙學向民間宗教的轉化〉[9]一文中，對一貫道入教儀式與道教玄關一竅修煉法，兩者之間的密切關係多有論述。因此，可以說早期一貫道的教義及修煉法門，基本上是深受道教的影響。

　　一直到十五代祖王覺一時期，一貫道的教義思想，才正式由道教轉向儒家，謂之「西乾轉東震」。「西乾堂」指的是十四祖姚鶴天的總堂，王覺一接續祖位後，透過扶乩的方式，由無生老母降壇，正式將西乾堂改為東震堂，一方面代表天命的傳承，也有另立新局的味道。其中最主要的就是在教義上起了轉變，漸由道教的修煉，轉向儒教大同理想的實踐。由於王祖的著作豐富，留有《北海老人全集》，這方面的轉變就比較容易探討，[10]其中尤以《一貫探原》一書最為明確。此書將孔夫子傳承下來的一貫之道，作了很大的發揮。王祖在書中開頭就說：「一貫者何？宗動天一氣流行，默運四時，上貫星斗，下貫大地，中貫人物。」[11]王祖用了很多易經、理學及三教的義理，闡述通貫天地人的一貫之道。他說：「三代而上，主傳斯道者，堯、舜、禹、湯、文、武、周公也。三代而

[9]　林榮澤(2008)，〈「玄關一竅」：道教生命仙學向民間宗教的轉化〉，《新世紀宗教研究》六卷四期，頁69-106。

[10]　相關的探討可以參見鍾雲鶯(1995)，《王覺一生平及其《理數合解》理天之研究》，台北：國立政治大學中文系碩士論文。

[11]　北海老人，《一貫探原》，林立仁整編(1994)，《北海老人全書》(台北：正一善書)，頁212。

下，主傳斯道者，三教聖人也。」【12】有關引述三教聖人的義理，王祖特別針對「一貫」之道的內涵，有如下的闡述：

> 一貫者，至靜不動天，以理貫萬物，乃河圖之所從出；為人生本然之性，道心、元神之源。卻回此天，必遵孔門之四勿，無佛門之四相，習玄門之清靜，功行圓滿，杆頭進步，一靜即超三界外，不勞彈指了修行。【13】

雖說是三教聖人的義理，但從王祖的著作中，還是可以看出他是以儒學為宗，釋、道為輔的義理架構。尤其是新儒家的宋明儒學，加上河圖、洛書等的易理，通貫王祖全書的思想內涵。王祖有一段時間為了躲避官方的追緝，終日以船為家，聯絡、覲見的方式也是靠船的接駁。最後王祖是病死於天津的楊柳青。當他將祖位傳給十六代祖劉清虛後，教名就正式改稱為「一貫道」。顯然是以孔夫子「一以貫之」的道理為核心，以發揚「一貫義理」為主要的教義內涵。其後，一直到民國19年(1930)，張天然接掌第十八代祖位，一貫道又有了進一步的改革，除了確立一貫道的儒教化，禮儀和傳道儀式都作了簡化，【14】使一貫道更容易傳播，如此一貫道才真正開始宏展起來。

【12】北海老人，《一貫探原》，林立仁整編(1994)，《北海老人全書》，頁216。

【13】北海老人，《一貫探原》，林立仁整編(1994)，《北海老人全書》，頁220-221。

【14】張天然最主要的著作就是《暫訂佛規》，民國28年1月，頒訂於濟南(民國80年，台北，三峽靈隱寺重印)。

(二)以儒為宗的建構：師尊張天然時期

現代一貫道教義思想的奠立者：師尊張天然(以下簡稱為"張祖")，生於清光緒15年(1889年)，卒(成道)於民國36年(1947)八月中秋，【15】過世至今已有六十多年。就在前年(2007年)的九月間，全世界有信徒超過百萬人，分在各地紀念「師尊成道六十週年」【16】。可見張祖的影響力，隨著一貫道不斷的向外傳播，正與日俱增。

1.以儒為宗：「道之宗旨」的確立

民國19年(1930)，師尊張天然與師母孫素真同時接掌一貫道，開始將一貫道由山東濟寧市向外傳播，九年後的民國28年(1939)，一貫道已傳遍華北、華中、東北、西南各地十五個省。【17】就在這一年的2月19日至3月25日，張祖為了凸顯北平道務中樞的重要，首度在鼓樓大街蔣家胡同50號，開辦了一次「順天大會」，有來自全國各地200多位幹部參加這次的法會又稱為"爐會"，是由張祖親自主持。【18】張祖在這次的法會中，親自為已經傳遍全國各地的一貫道定宗旨，明定「道之宗旨」為：

【15】 林榮澤(2005)，《一代明師：師尊張天然略傳》，〈師尊師母傳道年譜〉
(台北：一貫義理編輯苑)，頁189-235。

【16】 詳閱網址：http://www.with.org/index_ch.html

【17】 林榮澤(2007)，《一貫道歷史：大陸之部》，頁146-147。

【18】 林榮澤(2005)，《一代明師：師尊張天然略傳》，頁92-93。

> 道之宗旨：敬天地，禮神明，愛國忠事，敦敬崇禮，孝父
> 母，重師尊，信朋友，和鄉鄰，謹信慎行，改惡向善。
> 講明五倫八德，闡發五教聖人之奧旨，恪遵四維綱常之古
> 禮。洗心滌慮，借假修真，恢復本性之自然，啟發良知良
> 能之至善，『己立立人，己達達人』，挽世界為清平，化
> 人心為良賢，冀世界為大同，是本道唯一之宗旨。【19】

　　「道之宗旨」是張祖為一貫道教義定調的主軸，其中雖提到闡發五教聖人之奧旨，但其內涵主要還是儒家的倫理思想；「己立立人，己達達人」，為孔子所強調；「挽世界為清平，化人心為良賢，冀世界為大同」，正是儒家的理想。所以不難看出，張祖有意將儒學作為一貫道教義的用心。

　　先前在民國20年，也是師尊領命後的隔年，一篇署名南海古佛的訓文，篇名〈訓婦女〉，開頭就談到：

> 像妳這婦人家加心修養　　修一個金剛體好躲無常
> 妳必須盡人道方合天道　　勸丈夫教子女幫助道場
> 不可以惚惚然心浮氣蕩　　應穩重守禮儀安莊慈祥
> 好家聲不可有奢侈景象　　好子女更不可任其徬徨【20】

　　對婦女講的〈訓婦女〉，談到修天道由人道作起，要勸夫教子，要守禮儀端裝慈祥等，全篇都是剛常倫理的觀念，很有儒教的色彩。

【19】 佚人著，《一貫道疑問解答》(濟南：崇華堂印行)，頁4。

【20】 〈訓婦女〉，林榮澤主編(2009)，《一貫道藏》，第一冊(台北：一貫義理編輯苑)，編號AN200219，頁45。

　　隔年(1932)，另一篇署名明明上帝的訓文〈皇◎聖訓〉，更清楚的談到要成為一貫真英賢，修行的要領是以儒家為宗：

　　　光前裕後常榮耀　　萬古不朽在此番

　　　照遍全球無不到　　明德親民化良賢

　　　三省四勿顏曾語　　日日新民尚書言

　　　綱常倫理全得有　　三皈五戒謹遵言

　　　努力前行勤心趕　　稱為一貫真英賢【21】

　　《大學》的明德、新民，曾子講的三省，孔子說的四勿等，都是儒家所說的綱常倫理。

　　民國22年(1933)，由署名文昌帝君所批〈端謹持身招吉慶〉的訓文，對儒教義理的闡述更為明白：

　　　大學道在明德止於至善　　有本末有終始定靜慮安

　　　根於心生於色盎背睟面　　富潤屋德潤身滋味深焉

　　　性天道不可聞子貢曾嘆　　天命性率性道孔門心傳

　　　河出圖洛出書陰陽始判　　畫八卦分出了先天後天

　　　曾子唯孔聖人傳道一貫　　人心危道心微執中心傳【22】

　　這是一篇共64行的訓文，每行兩句共128句，內容主要是以儒家的經義來解釋一貫義理的內涵。其中「性天道不可聞子貢曾嘆」，講的就是子貢曾感嘆「夫子之文章可得而聞也，夫子之言性與天道不可得而聞也。」的典故。另外「曾子唯孔聖

【21】〈皇中聖訓〉，林榮澤主編(2009)，《一貫道藏》，第一冊，編號FV210615，頁56。

【22】〈端謹持身招吉慶〉，林榮澤主編(2009)，《一貫道藏》，第一冊，編號EH220115，頁101-102。

人傳道一貫」，講的是「子曰：吾道一以貫之」的典故。這些都是儒家傳承聖人心法上，很重要的義理。

2.禮門義路：《暫訂佛規》的頒訂

張祖接掌一貫道的十七年間，隨著道務的大為宏展，除了臺灣之外，幾乎跑遍全國各地，馬不停蹄的辦道，在一貫道中謂之「走馬點玄」。隨著求道者日眾，張祖為了整飭道場，使一貫道的佛規禮節有個依循，故於民國28年(1939)元月，特頒訂《暫訂佛規》一書【23】。這是張祖一生最重要也是唯一的著作，同年的順天大會中，張祖再次將佛規禮節的重要性，在法會中向大眾講述說：

> 我國古聖先王立國之道，是以正心修身為根本；所以聖人的教化，以禮門義路為首要。故述聖有云：明乎郊社之禮，禘嘗之義，治國其如示諸掌乎。可知禮儀的作用，關係個人及國家至為重大，所以古人將禮冠諸四維之首，不是沒有道理的。【24】

張祖這番話講的都是儒家禮門義路的思想，他期勉每位信徒，要遵循聖人「禮門義路」的古訓，了解佛規禮儀的重要性，並以此作為維繫道場命脈之依據。張祖接著說：

> 吾道既然是以闡揚三教薪傳，奉天承運普渡善信為宗旨，如今道務紛紜，禮節亟應整飭。是以凡有點傳師或壇主及各前人辦道人等，應當人人正心修身，克己復禮，處事和

【23】張天然(1939)，《暫訂佛規》(濟南：崇華堂印)。

【24】張天然(1939)，《暫訂佛規》，頁序1。

平，出入廉節，方不負為我道之信徒。以期上行下效，而
達到己立立人，己達達人之義。即令有一二不肖之徒，亦
當互相勸勉，以期能真正改過。倘若還是執迷難化，則自
甘墜落，祇可共棄之而已。總期見賢思齊，見不賢而內自
省焉。【25】

　　張祖要所有辦道之人，應當人人正心修身，克己復禮，處
事和平，出入廉節；要見賢思齊，見不賢內自省焉。這些講的
都是儒家重要的思想，可見張祖是要借佛規禮節的整飾，將儒
家思想融入日常的修行中。另一方面張祖是將傳統「先天道」
以來，較為繁瑣的禮節作了改革，去蕪存菁，取其精華而又不
失其精神內涵。此外，也可以看出張祖以佛規禮節此作為整頓
道場的目的，是要效法儒家聖人制禮作樂的精神，為道場立下
可長可久的綱紀。

　　既然《暫訂佛規》的一項重要精神內涵，就是要將佛規禮
節融入日當生活中的修行，強調「應當人人正心修身，克己復
禮。」所以張祖特別提到：「新進道親，對於道中一切佛規，
最低限度，應當簡單明瞭，以便身體力行，往前進修。」【26】
意思是要每位修行者，當以禮門義路作初階，故而張祖特別說
明佛規禮節的重要性。

【25】張天然(1939)，《暫訂佛規》，頁引言1。
【26】張天然(1939)，《暫訂佛規》，頁引言1。

　　至於如何將佛規禮節融入日常生活中的修行，首先是要常常接近佛堂，最好是能在家中安設佛堂，讓日常生活與佛規禮節相結合，自然將禮儀的修持融入日常生活中。所以張祖說：「新進道親，應當盡力之所及，在可能範圍內，安設佛位，每日分早、午、晚三次燒香，頌讀愿懺，以表誠敬。」【27】《暫訂佛規》一書中，除了詳列佛堂各項禮節，包括參辭駕禮、獻供禮、獻香禮、燒香叩首禮、紀念禮、大典禮、接送駕禮等之外，也列舉各項規程，包括壇主規程、乾坤道親到佛堂規則、聽講經訓規則、勸道行功要則等內容。是有關一貫道場禮節最重要的依據。

　　3.神道設教：飛鸞闡述儒家思想

　　一貫道的根本教義，在於強調能體悟通貫天、地、人的道理，尤其是屬於「天」的部份，謂之「天道」，這是比較重要的一部份。中國早在商代以前，觀念中的「天」就以具有神性的「上帝」、「明明上帝」、「維皇上帝」來稱呼。周朝取代商朝後，正式改以「天」來取代上帝的稱呼，實際上即是具有神格的天。此後，中國的皇帝稱為「天子」，天的觀念中含有特殊的神格性，而非純粹自然性的天。天是有意志的，謂之「天命」；天主宰人世間的禍福吉凶，謂之「天道」。人是天生地養的，所以人可以頂天立地，和天地並稱「三才」。

【27】張天然(1939)，《暫訂佛規》，頁引言2。

　　然而，這種天道觀是如何形成的呢？。《周易‧觀卦‧彖辭》曰：「觀天之神道而四時不忒，聖人以神道設教而天下服矣。」說明古代的聖人是「神道設教」，借用神道以成教化的目的。所謂「神道」，也就是「天道」，此一天道的觀念，很可能即是透過「神道設教」的方式來確立。也就是在說，天道義理的闡述，是透過神道的方式來傳達。至於神道的方式為何？很可能就是一種古代的飛鸞，此種「神道飛鸞」的方式，即是今日扶乩飛鸞的來源。

　　「神道飛鸞」是中國早期的天啟方式，謂之「天書」。這種以飛鸞所留下來的天書，一直以來都沒有消失過。從歷史的發展來看，商代的巫、覡，春秋時代齊國的方士，秦漢時代的神仙修煉士，東漢後期張角、張陵所帶起的民間道教團，可能都有這些飛鸞天啟的流傳。因此，早期的道教經典中，就收錄有稱為「天書」的飛鸞之作。宋明以後，民間宗教興起，扶乩飛鸞的方式也開始被大量使用，更多的天啟之作，成為民間宗教傳播上的憑藉。其中以現代一貫道的「天書訓文」最具代表性，一貫道雖是興起於民國初年，盛傳於當代，但它也是中國民間宗教的集大成者，保留了「神道飛鸞」的天書傳統。民國19年(1930)，師尊張天然、師母孫慧明一同領命掌道以來，留下了很多的天書訓文，只可惜僅一小部份帶到臺灣。所幸一貫道傳來臺灣後，在過去的六十多年裡，依然不斷的有這些天書產生，數量之多、內容之妙，尤其是訓中訓及訓中又訓，更是大陸時期所未見。這些訓文的內容及產生的方式，延續著中國「神道設教」的傳統，將通貫天、地、人的一貫之道，透過扶乩飛鸞的方式，傳達宇宙人生的道理。

　　民國19年(1930)張祖掌道以後，開始大量使用神道飛鸞的

方式，透過開沙批訓，留下不少的天書訓文。民國25年(1936)年以前的訓文，就目前所見共有25篇，其內容雖以闡述儒教的義理居多，但也兼雜佛、道兩教的經義。到民國25年由署名濟公活佛所批的《忠孝節義》一書出現，算是第一部完全以儒家義理疏釋的出現。以下各引開頭解字的一段訓文來看：

> 忠字意義不難懂　　就是忠誠太普通　　也可當作忠實解　　盡忠為國深一層【28】

> 孝字意義皆知道　　誠順服從要當先　　昂藏七尺來何處　　栽培我者是慈嚴【29】

> 節字意義無窮大　　摘要言之記心間　　禮節節制又節烈　　節氣氣節我細談【30】

> 義字真理無窮盡　　能作義事真真難　　試看現今無有義　　義字早絕無人辦【31】

【28】《忠孝節義》，林榮澤主編(2009)，《一貫道藏》，第一冊，編號AG250106，頁119。

【29】《忠孝節義》，林榮澤主編(2009)，《一貫道藏》，第一冊，編號AG250107，頁122。

【30】《忠孝節義》，林榮澤主編(2009)，《一貫道藏》，第一冊，編號AG250117，頁126。

【31】《忠孝節義》，林榮澤主編(2009)，《一貫道藏》，第一冊，編號AG250120，頁129。

　　這本濟佛所批的訓文，一次臨壇批一個字，分四天完成。
共有忠、孝、節、義四個字，每個字各以128句，每句詩七個字
來闡述，全部共512句，3584字。內容是就儒家所強調的道德條
目：忠、孝、節、義四個字，以現代的觀點作闡發。

　　同年(1936)的五月間，一篇署名至聖先師孔子的訓文正式
出現，顯然是更要以此來強調儒家倫理思想的重要性。其中就
提到：

　　既得道就當學大賢大聖　　不可以自暴棄還是迷矇
　　學一個大丈夫堂堂浩志　　學一個真佛祖體透玲瓏
　　或聖賢或佛祖皆人修造　　借假身修真體有志竟成
　　舜何人予何人有為若是　　克自己復仁禮非理不行
　　守佛規遵道理至貴至重　　存三省守四勿效法顏曾【32】

　　這篇孔子的訓文，開頭的鎮壇詩是分由孟子、子思、曾
子、顏回等四配先來各批四句詩，再由孔子臨壇，批28行，每
行2句的詩，內容主要是闡述儒家教化的道理。另外，相隔五
天後，亞聖孟子也來臨壇批訓，自稱是批一篇〈原道〉的普渡
文，一開頭云：「夫『道』者，理也。理即維皇之降衷，天
賦之本性，無極之至真也。」【33】整篇主要在闡述「道」的真
義。

────────────

【32】〈千經萬典皆一理〉，林榮澤主編(2009)，《一貫道藏》，第一冊，編號
　　　GL250520，頁185。

【33】〈原道〉，林榮澤主編(2009)，《一貫道藏》，第一冊，編號GN250525，
　　　頁187-188。

這一年還有一本很重要的訓文，是由呂洞賓大仙所批的《金石六誡》，主要也是在闡述儒家的義理。這六誡是：

第一誡：金石六誡 金雞報曉天將明 石竹雅頌挽國風
　　　　六合盡成極樂境 誡告原子速進行【34】

第二誡：謹言慎行 謹如履薄似海深 言善語惡作金箴
　　　　慎思明辨篤行進 行直當心莫失神【35】

第三誡：克己復禮 克明峻德塞兩間 己無私慾養浩然
　　　　復興聖道倫常起 禮儀三百威三千【36】

第四誡：能進取譬 能將婆心訴書中 進得崇華運玉衡
　　　　取考善信歸正覺 譬開茅塞智慧明【37】

第五誡：過勿憚改 過功兩端比陰陽 勿使陰柔陽求剛
　　　　憚卻無功心慚愧 改過不畏速道忙【38】

第六誡：捨己從人 捨身渡世志凌雲 己心忠誠恕於人

【34】《金石六誡》，林榮澤主編(2009)，《一貫道藏》，第一冊，編號AF250905，頁238。

【35】《金石六誡》，林榮澤主編(2009)，《一貫道藏》，第一冊，編號AF250906，頁241。

【36】《金石六誡》，林榮澤主編(2009)，《一貫道藏》，第一冊，編號AF250907，頁244。

【37】《金石六誡》，林榮澤主編(2009)，《一貫道藏》，第一冊，編號AF250908，頁248。

【38】《金石六誡》，林榮澤主編(2009)，《一貫道藏》，第一冊，編號AF250909，頁251。

從容擇善去偏倚　人是人非莫談論【39】

　　呂洞賓是一貫道四大法律主之一，所批的《金石六誡》，所談謹言慎行、克己復禮、能進取譬、過勿憚改、捨己從人等內容，主要也是在闡述儒家的義理想思。

　　這一年(1936)的年底，另一篇署名至聖先師孔子的訓文，將儒家聖人的心法，談的非常清楚，開頭言：

大道無二　一理貫通　忠恕二字　內外俱明

至誠不息　徹外透中　不偏不倚　致乎中庸

亙古至今　三教一宗　有隱有顯　隨時降應

應運而降　整頓大同　大千世界　九六億靈【40】

　　隨後，署名亞聖孟子也臨壇來批訓，對儒家心法的傳承，多所闡述：

上天之道惟率性　不可須臾離身間　致乎中和天地位

萬物化育一理含　執中精一心勿妄　猶如明鏡空中懸

明其明德為入手　止於至善定完全　格物而後知其止

知止定靜真妙玄　新民歡樂加功進　曾子三省審明全【41】

【39】《金石六誡》，林榮澤主編(2009)，《一貫道藏》，第一冊，編號AF250910，頁253。

【40】〈大道微妙難聞見〉，林榮澤主編(2009)，《一貫道藏》，第一冊，編號GL251113，頁259。

【41】〈聖道重整化大千〉，林榮澤主編(2009)，《一貫道藏》，第一冊，編號GN251113，頁261。

　　這篇由署名孟子所闡述的內容，主要是《大學》、《中庸》的義理。

　　民國26年(1937)，一本署名濟公活佛所批的訓文《十全救苦篇》，則是就儒家道德條目中的孝、悌、忠、信、禮、義、廉、恥、仁、慈等十個字，分作十一壇來闡述，謂之《十全救苦篇》。【42】民國29年(1940)，另一篇署名純陽帝君的訓文，指出道降東魯的不二法門，即是孔子所傳的忠恕之道：「先天大道只一個，道無二傳唯一線；孔子傳道言忠恕，老子釋迦儒一般；以一而通兼萬善，通天徹地盡包含。」【43】認為老子、釋迦所傳的道也與儒家孔子所傳的道相同，都是以一理通萬善的。

　　民國30年(1941)，道中一本非常重要的訓文《皇◎訓子十誡》產生，其中的第五誡是談佛子如何「躬踐實修」的方法，所批的內容主要是儒家的教化道理：

觀凡塵這風俗日流污下	古聖賢綱紀禮無人追求
學奸貪講詐險坑崩拐騙	敗人倫壞綱常一言難究
君不君臣不臣朝綱難整	父不父子不子世風下流
夫不義婦不規仁德敗壞	兄不寬弟不忍結為冤仇

【42】《十全救苦篇》，林榮澤主編(2009)，《一貫道藏》，第一冊，編號AG260709-19。

【43】〈道降東魯不二法門〉，林榮澤主編(2009)，《一貫道藏》，第一冊，編號AF290719，頁425。

交朋友失信用言行不對　五倫墮八德廢再不追求【44】

　　所談的都是儒家三綱五常的道理，以此作為修道躬行實踐的依據。

　　以上所舉的例子，是由「天書訓文資料庫」中所藏，共235篇大陸時期的訓文，從中提出的幾篇具代表性的例子。其實大部份的訓文，幾乎每一篇都有提到儒家的思想，可見一貫道重視儒家教化的情形。由此也可以認定，一貫道的儒家教化特質，在大陸師尊、師母辦道時期，已逐漸確立下來。一貫道傳來臺灣後，則繼續延續此一傳統，而且有了進一步的開展。

三、儒學的生活化：一貫道的「道化家庭」

　　「家」是人類社會最基本的生活單位，儒家特別重視家庭倫理的建立，提出「齊家」的觀念，認為要治平天下，須以齊家為基礎。一貫道將儒學生活化的作法，也是從「家」作起，謂之「道化家庭」。所謂的道化家庭，是指一個家庭中要有「道」，家裡的成員要作到《大學》篇所言齊家的孝、悌、慈、宜四要素，而且在家的空間安排上，要有佛堂的設立。家裡有了佛堂，早晚用周公所制訂的古禮來獻香叩首，佛堂的行

【44】《皇中訓子十誡》，林榮澤主編(2009)，《一貫道藏》，第一冊，編號　　　FV300315，頁483。

禮如儀可以涵養一位彬彬君子，也是落實儒學生活化的必要條件。此外，1990年代以後，一貫道開始在家庭中推動讀經，讀的是儒家的經典為主。先是兒童讀經，接著是全家讀經，包括大人小孩一起讀，讀經的地點就利用家裡的佛堂，並邀請附近的孩童都來家裡一起讀經，近年來又擴及到社區活動中心，或利用學校來推廣。每年還舉辦讀經會考，推動的成效相當好。有關一貫道落實「道化家庭」的經過，分析如下：

（一）道化家庭的建立

一貫道由大陸傳來台灣，落地生根，成功發展的過程，即為台灣一貫道在地化的過程。一貫道佛堂的開設，在道中稱之為「道化家庭」或「萬家生佛」，可見對此的重視。一貫道由大陸傳來台灣之初，主要有約百位的前人輩，他們大多來自天津、上海等地。初臨寶島，言語不通，要傳道可說困難重重。1949年後，隨著國民政府播遷來台，這些一貫道的前人和大陸家鄉的聯繫中斷，只有努力在台開創道務才能有生存發展的機會。在這樣的情況下，迫使一貫道加速在台的在地化。我們從這段過程中，看到一貫道成功在地化的關鍵就在佛堂的開設。【45】由於一貫道佛堂不需要很大的空間，只要一般的民宅即可安設，方便一般信徒發心後，就能成立。而且就設在自

【45】詳見林榮澤(2009)，〈戰後大陸來台宗教的在地化與全球化：以一貫道為例〉，《新世紀宗教研究，七卷三期，頁1-48。

家中，將修道和生活相結合，家庭佛堂有其隱密性，非有人帶領，外人是不易查覺的，很能符合初期發展避官考的需要。

　　一位一貫道的信徒，一但在家中成立了佛堂，日常的生活就會開始有所改變，除了飲食上改變為素食，最重要的是一系列有關佛規禮節的學習，這些規矩基本上都是儒家所強調的綱常倫理，張祖在《暫訂佛規》中，對於身為一位佛堂的壇主，有以下的九條規範：【46】

　　1.凡為壇主，應以敬天禮神尊師重道，恭敬前人為準繩。首先以身作則，以為道親之表率。

　　2.凡我道親應當抱定五倫八德行事。至於壇主之一言一行，尤須隨時檢點，免遭物議，以致影響道務前途。而待人接物，應謙恭和藹，不可有驕傲粗暴舉動。所謂敬人者人恒敬之是也。

　　3.對於道親，無論貧富，只要認道誠心者，當一視同仁，竭誠調教。不可有畛域之分，以免厚此薄彼之譏。即或有不肖者，亦望盡心感化也。

　　4.對於乾坤道親，應如同胞之相親相愛，隨時指導並督促行功，以正己化人為前提。

　　5.對於佛堂之內外，應勤加整頓，以重清潔，而壯觀瞻，總以莊嚴肅靜為主要。

　　6.對於各種佛規，應隨時講解，俾便明瞭，而易遵守。

　　7.對於各種書訓，應妥為存放，分發各道親時，亦應特別

【46】張天然(1939)，《暫訂佛規》，頁6-7。

注意。

8.各道親所渡之人，壇主應預先加以考查，是否身家清白，是否良善。勿得草草不察，賢愚莫辨，有礙道務。而引保師接引求道人，亦應首先報告點傳師或壇主，是何等人，具何理想求道，以便用何法成全。

9.凡所來之道親，壇主及辦事人等，應盡招待迎送之責，以表恭敬。所謂學道愛人之義也。

以上這九條內容，巨細靡遺的規範了一位壇主，所應扮演的角色及功能。他要能以身作則，尊敬別人、關懷別人，而且是僅守五倫八德，待人接物謙恭和藹；同時又富有傳道熱誠，對所有道親相親相愛，也能講解出一番道義，去鼓舞別人，

成就別人。可以看出張祖規範這九條，基本上都是儒家倫理思想的內涵，結合佛堂的安設，使能在在日常生活中落實。

如前所述，來自外省的一貫道前人，能在本省人的家裡成立佛堂，這就是在地化的開始。每一間佛堂就是一個傳道的據點，佛堂的功能非常大，根據一貫道中的說法：「佛堂又稱佛壇，係禮佛、傳道、講經、習儀、修持及道親聚會之場所，因係天命之慈航，為接引九六原人超生死、斷輪迴而設，故又有『法船』之稱。」[47]大致說來，佛堂的功能不外乎修持與傳道兩大部份：

---

[47] 中華民國一貫道總會篇（1988），《一貫道簡介》（台南：靝巨書局），頁4。

生活中的修持：齊家修道

　　一貫道會著重於家庭佛堂的安設，與其強調生活中的修持有關。將佛堂設於自家中，可使修道與日常生活相結合，讓獻香叩頭禮拜，成為每天早晚很重要的一項行持。【48】張祖將這樣的修行生活，謂之「齊家修道」。在平時只要有客人來到佛堂，茶水毛巾是基本的招待禮節，對本壇的道親，則要善盡關照之責，遇到有緣人要想辦法渡來佛堂求道，這些作為在一貫道中也稱之為「生活中的慈悲喜捨」。

　　有關「齊家修道」的道理，是在民國31年(1942)，河北三河縣的總壇落成時，張祖親自到場主持開設總壇，並賜名為"震宜總壇"。張祖向在場的所有道親說明時，正式提到「齊家修道」的重要性。張祖說：

　　大學云：「身修而后家齊，家齊而后國治，國治而后天下平。」可見修身之與齊家，關係非輕。試觀近世之家庭，禮義不講，長幼失序者，十之八九。家家有口舌，鬧意見，致使天倫不順，兄弟失和。因而綱紀墮落，倫理湮滅，甚至危及國家，影響社會，此皆人人不知修身之故也。所以古聖有齊家之教，實有至理存焉。孟子云：「天下溺援之以道。」今吾道齊家之說，亦即此意。因為一人修道，不過修一身耳。焉能代表全家而修？不能代表全家而修，當然齊家而修為宜。何以故？因為齊家後，目的才能相同，意見才能一致，互為考證，同為伴侶，各

不背拗，大家一心，攜手前進，實行齊家之教，豈不美哉！【49】

有了佛堂才有道務，所謂「道務」，在一貫道中謂之傳道、授業、解惑的工作，簡稱為「渡人成全」，這是一貫道傳道的基本內涵。引用的就是儒家所提倡，「明德」而後「新民」，「推己及人」、「成人成己」的觀念。這是由於佛堂不但可作為信徒聚會的場所，而且可以傳道渡人，引進新的信徒。一貫道的佛堂聚會，最普遍的型式是各種的「研究班」，大都為一週一次，利用晚上（7:30-9:30）進行，內容以道義或經典的宣講為主，談的以儒家的義理居多，道親常回來佛堂聽課，同時也有鞏固信心的作用。因此，佛堂在道務的推廣上，就扮演了最基本的吸收新成員，宣講道學及鞏固道親信念的角色。目前「發一靈隱」【50】明德班教案中，將佛堂亦稱為「道場」，認為它有「七處二社」的功能：【51】

(1)天堂報名處：指佛堂能讓人求道得救。

(2)神人聯絡處：佛堂兼有飛鸞之功能。

(3)真理推廣處：佛堂有各類的研究班，提供信徒研究真

【49】林榮澤(2008)，《一代明師傳道史記：師尊張天然傳》(台北：一貫義理編輯苑)，頁94-95。

【50】「發一靈隱」是臺灣一貫道發一組的四大支線之一，詳見林榮澤(1992)，《臺灣民間宗教之研 究：一貫道發一靈隱的個案分析》，國立臺灣大學三民主義研究所碩士論文，1992年。

【51】三峽靈隱寺編印（1992），《明德班題綱》（台北：天道之光出版社），頁14。

理。

(4)眾生服務處：壇主要如家人一般的照顧每一位該壇求道的信徒。

(5)修煉訓導處：佛堂能在修持上提供必要的教導與學習禮儀的場所。

(6)品德教育處：佛堂的一切安排以成就每一位信徒的品德人格為主。

(7)人間避難處：遇有災劫來臨，佛堂是人間的避難處。

(8)辦道合作社：佛堂是大家的，辦道時要一起來，各角色相互合作。

(9)功德福利社：佛堂是修辦道行功立德的地方。

這七處二社的功能，充分反應出一貫道對佛堂的重視，及其功能的完備性。所以家中一旦安設了佛堂，生活中就有了修行，謂之「齊家修道」，也稱為「道化家庭」。

(二)讀經運動的推廣

臺灣的讀經運動，起於王財貴教授的發起推動，宏展於一貫道的投入推展。目前這股風潮已由臺灣擴及到東南亞各國，中國大陸近幾年也大力擴展中，歐美國家也有讀經運動的推行，可說只要有一貫道傳道的國家，就有讀經運動的推展。讀經的內容以儒家思想的經典為主，根據統計目前讀的最多使用的教材是《百孝經》，及次是《弟子規》，再來才是《論語》。讀經與一貫道務的推動，兩者緊密的結合，讓一貫道的儒教化推展，更容易落實在幼兒教育及家庭中。

　　自1991年起，王財貴開始推廣兒童讀經，四年後(1995)元月的一項統計，當時在臺灣約有1000名兒童參加讀經，但隔年(1996)元月的統計，立即有10000名兒童參加讀經，再隔年(1997)元月的統計，約有10萬名兒童在讀經，到1998年元月，更成長到50萬名兒童讀經。【52】何以有如此快速的成長，其中有一項很重要的因素，就是一貫道場的大量投入兒童讀經運動。

　　一貫道與王財貴兒童讀經的接觸，開始於1994年的一貫道「發一靈隱」道場。根據柯欣雅的田野訪談，對這一段過程有如下的記載：

> 發一靈隱與王財貴所推廣的兒童讀經教育結緣，是在民國83年(1994)，靈隱寺正在籌辦第二屆大專道學研習營，應課程需要邀請外方學者來演講，因此結識幾位新儒家的學者，如曾昭旭、王邦雄、王財貴等，當時王財貴剛開始以個人的力量，採取演講、文宣、媒體報導，以及親師口傳經驗的方式，在社會上推廣兒童讀經，其理念與方法深獲一貫道教內人士認同，開啟了兒童讀經教育新的發展。【53】

【52】讀經人數的統計是根據王財貴，〈台灣的讀經運動：讀經推展的現況與展望〉，《全國兒童讀經教師研習會手冊》，文化復興運動總會台灣分會，1999，頁20。

【53】柯欣雅(2003)，〈一貫道與兒童讀經教育—以「發一靈隱」組線為例〉，《臺灣宗教研究通訊》 第五期，頁120。

　　王財貴與發一靈隱的接觸，主要是得力於同為師大國文系的學妹李如翼，當時李如翼是發一靈隱大專青年道務的領導點傳師，正帶領一批青年志工投入小天使的道德教育工作。在得知學長王財貴正在推廣兒童讀經，李如翼立刻帶著一批幹部前去拜會王財貴，對王財貴推動兒童讀經的理念深表認同，並決定要在發一靈隱道場推行。同年的11月，李如翼正式邀請王財貴在發一靈隱的全體點傳師會議中演講兒童讀經，並獲得全體點傳師的高度認同與支持，於是授命由李如翼組成「兒童讀經推廣小組」，開始推廣兒童讀經。

　　1995年的上半年，李如翼帶領一批青年幹部，開始在發一靈隱道場，作為期半年的兒童讀經試辦期。這半年中除了編撰教材，並至全省各地舉辦說明會，及辦理兒童讀經師資培訓等課程。李如翼還將原本已在全省開辦的小天使班，全部轉型為兒童讀經班，那年從三月到六月間，利用全省各地的佛堂，成立四十多處的兒童讀經班。

　　由於兒童讀經班的帶動方式簡單，很容易就上手，所以初期試辦的半年，獲得很熱烈的迴響，也引發一貫道其他各組線推動兒童讀經的興趣。於是接下來的後半年，李如翼帶著兒童讀經推廣小組，幾乎跑遍國內外各大道場，利用各地的一貫道大廟舉辦一百多場大型的師資培訓及說明會，各地的反應都很熱烈，以新加坡天國道場的一場讀經說明會為例，就有二千多人參加，可見其盛況。

　　經過1995下半年的大力推廣，一貫道場的兒童讀經班開始大量設立。如前所述，從1996年元月，到1997年元月的一年間，兒童讀經的人數爆增了十倍，此與一貫道場大力推廣有很大的關係。這一段過程，柯欣雅有如下的描述：

由其推廣的過程中，我們可以發現靈隱寺是有計畫且全面性的推廣兒童讀經，而不是臨時起意的實施，當然在推廣的成效是令人矚目，它不僅在台灣道場廣泛的推廣，有系統的師資培訓、編輯教材外，更將其向外延伸至其他組線與國外道場，而此亦非僅靈隱寺之作法，其他組線亦紛紛跟進。【54】

李如翼除了跑遍國內外各地宣導讀經外，重要的工作還有教材的編訂。由她所帶領的一批幹部，不少是學校的老師，開始著手編輯讀經班用的教材，前後共編出的讀經本有單張墊板式的〈百孝經〉、〈弟子規〉，還有四卷的課本，內容包括：《孝經》、《論語》、《大學》、《中庸》、《孟子》、《心經》、《清靜經》、《六祖壇經》、《金剛經》、《唐詩選》、《道德經》、《宋詞選》、《莊子》、《詩經選》、《聖訓選》等，這些經典含蓋三教的經典，但主要還是以儒家的經典居多。

幾年的推動下來，臺灣一貫道各組線及國外道場，尤其是東南亞國家，設立兒童讀經班的情形已相當普遍。西元2000年，為進一步推廣讀經運動，由發一崇德學界發起，號召培訓20000位大專青年志工，將兒童讀經推廣到社區活動中心和學校，並且結合親子讀經，推行成人讀經。將原本只限於兒童的讀經，發展成「全民讀經運動」。

【54】柯欣雅(2003)，〈一貫道與兒童讀經教育—以「發一靈隱」組線為例〉，頁124。

四、儒學的神聖化：一貫道的「天書訓文」

　　1960-70年間，宗教社會學的研究，開始出現一種新的研究趨勢，力求統一韋伯及涂爾幹以來一直存在的兩種傾向，從理論與哲學的角度，整體地論述宗教的本質、功能及其在人類社會中的地位，又十分注重宗教的歷史演變過程。這方面最有代表性的人物之一，貝格爾(Peter L.Berger)，他提出宗教定義的關鍵在"神聖"二字。Berger認為宗教的功能就是建立一種秩序，但又不是一般的秩序，而是神聖的秩序。簡言之，一切宗教信仰的關鍵，在於"神聖化"的建構。【55】通常建構神聖化的過程，也就是在建構一種神聖的秩序。因此，任何成功的宗教，一定要有神聖化的成功過程。

　　按照Berger的說法，任何宗教的產生，或多或少都要經由神聖化的過程來建構，只是建構的方式也許不一樣，但神聖化的過程的能否成功，同樣是要看神聖化產生的影響力有多大。所以近來研究神聖化的問題，也有從心理的層面來看待，認為神聖化愈成功的信仰體系，愈能對信眾產生心理上的撫慰作用。一貫道在推展儒家思想的過程中，如何將儒學神聖化，是能否成功的一大關鍵。本文的探討發現，一貫道將儒學神聖化的過程，有相當的比例是得力於"扶乩飛鸞"，這也是中國宗

【55】 Peter L.Berger *The Sacred Canopy Elements of A Sociological Theory of Religion* Doubleday and Company,Inc. Garden City,New York 1969.

教研究上的一大特徵。有別於佛教與道教，民間宗教經由扶乩飛鸞所建構的信仰體系，其神聖化的現象是很明顯的，其過程是容易成功的。

（一）儒學神聖化的建構

臺灣一貫道早期宣教的教義，主要是由大陸來臺的前人輩，根據所帶來的基本善書為基礎所建構。這些基本善書主要有：《認理歸真》、《性理題釋》、《一條金線》、《皇中訓子十誡》、《明德新民進修錄》、《十條大愿》、《暫訂佛規》、《明真仙境》、《天道真傳》、《還鄉覺路》等十本。這十本皆是早期一貫道佛堂研究班常講述的教材，並以此建構的「基礎道學」主要有：理氣象三天論、三期末劫說、三曹普渡、性理心法、三教合一論、內外功修持等。【56】然而，自民國六〇年代起，臺灣一貫道的教義開始有了新的發展，主要是透過開沙借竅的方式，產生一篇篇的天書訓文，民國60年第一本完整的訓文《佛規諭錄》【57】，在興毅組何宗好前人領導下的「興一講堂」集結完成，標示著臺灣一貫道建構經典的開始。其後《佛規諭錄》一書，不斷的重印發行，幾乎成了六〇年代一貫道信徒必讀的一本著作。《佛規諭錄》由署名濟公佛活降壇批訓，十五條佛規分十五次完成。每一條佛規都由濟

【56】詳見慕禹編著，《一貫道概要》(台南：靝巨書局，民國91年)，頁19-30。

【57】《佛規諭錄》(台北：三揚印刷重印本)。

佛詳細的解釋，最後在序言中特別說明，十五條佛規是每位信徒必須遵守的規律，其精神內涵則是「禮門義路」四個字。全書讀來可以很清楚的了解，《佛規諭錄》的目的是將儒家最重視的「禮教」內涵，融入一貫道的教義中。如第三條〈齋莊中正〉就提到：「儒子衣冠必齊整，衣衫襤褸非賢良，孔聖齋者有明衣，寢衣一身有半長。齋必變食居遷坐，聖人註定無渺茫；衣冠禮教為根本，欲行大道守真常。」【58】其中所言儒子、孔聖、禮教等的觀念，強調的正是儒家思想的內涵。儒家強調以禮治天下，但禮儀規範原本就是很嚴謹、莊重的事，要讓一般人遵守，不會有禮教的壓力，並不容易。一貫道是以開沙借竅的方式，將嚴肅的佛規禮節，賦予神聖化，讓一般的信眾樂於遵守，這就是一種將儒學神聖化的作法，以方便推行。

　　另一本在民國63年，於發一組佛堂分八壇批出的《寄語知音》【59】，是由署名觀世音菩薩降壇所作。內容主要是針對婦女，用了很多儒家綱常倫理的觀念來勸化，如何做個淑女，做個賢德的婦人，以免墮入惡道輪迴。書中特別提到古時淑女相夫教子的道理，要嫁夫隨夫，女德兼備；要守貞節，不容犯規；禮節精細都要懂。【60】

【58】《佛規諭錄》，頁10。

【59】《寄語知音》(台北：天道之光出版社重印本，民國87年7月)。

【60】《寄語知音》第三壇訓文，頁12-13。

　　民國65年，一部由署名濟公活佛所批的訓中訓《儒行教化》，是很能代表一貫道儒家教化核心理念的一部天書：

〈訓1〉：署名濟公訓文〈儒行操守〉【61】

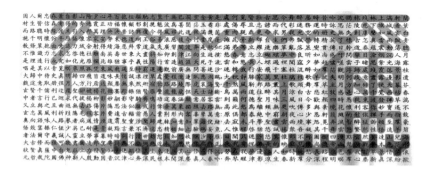

　　這是一篇51行，每行4句所組成的訓文，總204句的底訓中還可以挑出冠頂訓、龍形訓、凹形訓及訓中訓"儒行操守"四個字。整部訓文的主題就是這四個字，末尾結語點出「志永清史冊，利己且利人；仁義強中國，忠信時懷抱。力行以待取，儒行之風味，操守而薩陀。」強調以儒家的仁義忠信，利己利人，讓儒風永清史冊，談的是實踐儒家的理想。此篇儒風操守的訓中訓內容如下：

【61】林榮澤編輯，《民間宗教天書訓文資料庫》(台北：一貫義理編輯苑)，編號AG650228。臺灣，1976年2月28日。

〈訓2〉：「儒行操守」的訓中訓【62】

頂冠
閣干滿上林　殘末猶沉吟　昔時塵醉曲
金　空澗已興千里志　馳驅枉抱百年心
夕陽山影自繽紛
調寄：〔人則歌〕：

形龍
看自旗風飄　聽慈壁雷勤　有緣的羔羊　由迷入悟　迫來永康　創標
了此冊的榮光　我們生命更新　骨肉重逢一室　從今後移風易俗　復
興道德　泱泱安家邦
調寄：〔凱旋歌〕：

篇
呼喚羣羊　泣失主牧　四境隨弄舞　學目滄煙沉浮　何方是歸盧　殘
霞落影影兼枯　思盡了千歧　徘徊萬路　天使西從東渡　縱揮你的智
慈　慰依揮手而指　摹年猛然頓悟
調寄：…祝我賢徒猛然頓悟

搆
涯覽路　道程達綫　藏龍臥虎　雁鳴行人歸途　駑驥齊忙
時宵運邅　斜陽草宿　天悲湖海諸士　重巒象攔阻去嚮　關津越渡　奔向天
調寄：〔海鷗〕：

守行
客如止四顧　三更。
（一）春長放秋千靜　風雨何悲卻未醒　蝴蝶夢中家萬里　杜鵑枝上月
（二）朝霞捲畫雕欄唳　明月運來眠孤炕　東風飛過情魚蹤　卻被楊花微
送影　片片湮景是去程
調寄：〔心醉醺〕

形四
海水茫茫…　山色蒼蒼　觀自雲渺漫山旁
的長江沙灘　只有我在　日夜等待　病惡嚇萎　相思了無益　未妨此
調寄：〔詩意〕

形波
水花色景蒼　日漸厚山猶遠長　懷念寂如江灘夢　有在夜沉待思蒙
心思飛人來此長　狂顧為當奇賢郎　力圖莊嚴自強。
惆悵。清狂
（詞為詩意。）

這篇訓中訓裡，談到儒行操守的內涵：「從今後移風易俗，復興道德，泱泱安家邦。」、「雁鳴行人歸途，駑驥齊忙，關津越渡，奔向天涯覺路。」講的是一種道德理性的自覺。

【62】林榮澤編輯，《民間宗教天書訓文資料庫》，編號AG650228。

民國66年,另一本《惻隱之心》【63】同樣也是署名觀世音菩薩降壇所作。內容主要在闡述儒家最重要的「仁心」內涵,也就是佛家所言的「慈悲心」。此書最後的跋,是由濟佛臨壇所作,其中提到:

仰頭看,古佛很慈悲,又再批『惻隱之心』,句句似淚似血,織成的良語,看看,快看看。這編訓對你有多少的好處,句句真話,符合現實,掏出你的良心上來吧;效法古佛救世不厭,渡人不倦,勸人有耐性,又和藹,又可親。她是世界上最慈悲的觀音,觀音菩薩,阿彌陀佛!世人,你知道嗎?醒一醒。【64】

將惻隱之心和觀世音菩薩的慈悲相結合,也同於儒家所說「仁」的內涵。除了整本的訓文外,單篇單篇的訓文很多,這些訓文在過去的五、六十年間,在臺灣產生的數量已超過一萬部,目前在「民間宗教天書訓文資料庫」中收集的共7766部。就這些訓文來看,有70%以上是以儒家思想為教義的訓文,借由「飛鸞釋經」的方式呈現。民國68年的一篇《五常》的訓中訓,談的是「仁、義、禮、智、信」五常的義理:

【63】《惻隱之心》(台北:天道之光出版社,民國83年重印本)。

【64】《惻隱之心》,頁165。

〈訓3〉：署名呂洞賓大仙訓文〈五常〉【65】

很清楚的可以看出，這篇〈五常〉訓，主要就是以儒家倫理思想中的「仁、禮、智、信」五常為主軸，以訓中訓的方式來呈現，每一個都作了一番闡述。

民國七〇年代，另外一本《濟公八德妙訓》，則是收集了從民國71年至74年，分在不同的國家批出來的訓文，共35篇集結而成。內容主要是就「孝、悌、忠、信、禮、義、廉、恥」八德目，作了詳細的闡述，舉例如下所示：

【65】林榮澤編輯，《民間宗教天書訓文資料庫》，編號AF681008。臺灣，1979年10月8日。

〈訓4〉：署名濟公活佛訓中訓「孝」【66】

底訓及訓中訓「孝」字，談的是孝道的道理。訓中訓的內容是：

孝字訓：時代不斷嬗巨輪　固有孝道已墜沉　為人根本原則循　啊------原則循　道德重振弱人心　身體力行孝雙親（調寄：斷魂嶺鐘聲淚）

框形訓：世人貪名逐利　孝之意義失去　今聞聖道孝提　如徹孝之真義欲盡大孝功德積呀　九玄七祖同返無極（調寄：恭禧恭禧）

圓圈訓：烏鴉反哺　羔羊跪乳

【66】林榮澤編輯，《民間宗教天書訓文資料庫》，編號AG720523。臺灣花蓮，1983年，5月23日。

〈訓5〉：署名濟公活佛「悌」字訓【67】

上圖「悌」字的訓中訓：

框形訓：人立身處世　盡義為基　兄弟骨肉情　甘苦相依　恩義如
　　　　山高　情深海底　棣鄂淬牆宇　切莫紛爭　煮豆燃箕(調
　　　　寄：機遇)

悌字訓、圓圈訓：兄弟既翕耽　和氣致泰祥　孝悌萬善芳　人倫
　　　　道德必定提倡同氣連枝手足情長　唇齒相依無恙　互相
　　　　照顧體諒　妯娌和睦人讚揚父母心安　濁世化蓮邦　(調
　　　　寄：凱旋歌)

【67】林榮澤編輯，《民間宗教天書訓文資料庫》，編號AG730103。泰國合艾，
　　1984年1月3日。

　　整本《濟公八德妙訓》，就是將儒家最重要的道德條目：孝、悌、忠、信、禮、義、廉、恥的八德內涵，透過訓中訓的方式來闡述。

(二)多層次的語意表達

　　從語言表達的方式來探討這些天書訓文，有一項最明顯的特徵，就是「多層次語意」的表達。一般人類使用的語言，都是「單一語意」的表達，也就是一段語言或文字，所能表達的語意，都是單一的內涵，但天書訓文的表達，尤其是「訓中訓」或「訓中又訓」的語意，通常是多層次的語意內涵。何以天書訓文要使用這樣的語言表達方式，或許是為了證明這是非人力所能為的，是超越一般人類所能使用的語言表達方式。既然是超越人類能力之所為，自然具有其神聖性。以下舉幾例有關儒家思想內涵的訓文來說明之。

　　一本完成於民國74年的《三綱領八條目聖訓》，是以《大學》一書裡的明德、新民、至善三綱領，及格物、致知、誠意、正心、修身、齊家、治國、平天下等八條目為題，借由飛鸞釋經的方式作闡述，所集結而成的一本聖訓。舉例如下：

〈訓6〉：闡述《大學》齊家【68】的訓中訓

載堯應和相親親安戈世船登齊蒼命茫濟濟生眾瞻仰受德
禍之展樂定愛情而俊家行高心家天不茫世榮喜誠顧攀居盛
洹不雄壯戀鬼一放己成海思治不得難力間枯事周高一利
哭驚心膽美艷瞬眼骷髏面骨肉俟英易道則雄士盈士誠襄舉
神無同色有喜朱論不首不決染男同興利膏急激襄世崇道
號為流離幾歡顏行守何俗義易道則英雄正士誠攜清邦故禮應
鬱而不崇行守安憑事之情梁於潭規者求穀知為人情事故
悶若治民綱懼毀殷情梁煉脫竿準莫依貧以以以固米珠貴宜應周
世祥安倫常時銘殿德倫斷魂情末空莫知德為中添先顏灌觀傳蘭安間亂全
和泰道我自然田善欄難憐觀嚴嚴丹天涵添先顏灌觀傳蘭安間亂全

如上〈訓6〉所示：〈齊家〉的訓中訓：

榮枯若龐安為道　功成身退方智男　登高鋒磨堅以涅　不緇
經百餘依然西河激流磷磷也　舉世渾濁人澶湉　土地山河焉
永固　米珠薪桂蝗佈天為問誰將大局定　鬼哭神號驚心瞻
美艷瞬眼骷髏面　骨肉流離幾歡顏談仁行義綱常守　憑功論
德脫末關　旍表懼莫思也旦　立言行做標準焉

這篇由署名八仙漢鐘離所批示的〈齊家〉訓文，內容充滿勸戒的道理，而且嚴格說來，與一般我們習慣理解的齊家之道，看似相關性不是很高。其實這是天書訓文慣用的一種表達方式，一種抽離時空因素，直接看清事物本質的表達方式，謂

【68】林榮澤編輯，《民間宗教天書訓文資料庫》，編號AF740104。臺灣斗六，
1985年1月4日。

之「穿越時空」的智慧。這篇訓文的開頭〈鎮震訓〉還是一段很有雄心豪氣的〈歌訓〉，引證如下：

> 遙望中原荒煙外　許多城廓　想當年　花遮柳護鳳樓閣　黛綠山前麒麟繞蓬萊殿裡笙歌奏　到如今鐵騎滿郊畿　風塵惡　賢安在　物空留　人安在　獨歷遊　嘆山河如故　宮庭廖落　何日清醒　提銳旅　一鞭直上　銀河洛且歸來　重續漢陽遊　騎黃鶴　調寄：滿江紅

漢鐘離大仙一共批了《大學》綱領中的〈齊家〉與〈治國〉兩篇目，大致上也是以這樣的方式來闡述。比較奇妙的地方是將這三綱領八條目的訓中訓全抽出來後，合起來的訓文，又有訓中又訓，如下所示：

〈訓7〉：三綱領八條目冠頂訓之訓中訓【69】

三綱領八條目冠頂訓之訓中訓

國治家齊	身修心正意誠	知致	物格	善至於止	民新	德明明

（訓文為冠頂直行排列，上方為詩文，底列為八條目、三綱領標目）

【69】林榮澤編輯，《民間宗教天書訓文資料庫》，編號AF740104。

揚清渭波展壯志遊子化類風淚根巍源年
幽谷無遷喬之望遊子宜兮歸根巍源
世界新須萬象莫謀醉顧身命厲遭露般灣
看時更新須萬象莫謀醉顧身命危感歸潸
闕天盤重整莫乘背將九服登速前節昭然
揚波更須整陶身凶遊化前程美般
金谷廢久奈乘速拋四化知西土狂瀾
大道廢久奈乘仁念荷簡相道化馬追遠
旌德殊禮賢聖莫背念將拋重勞忠慶遠
崇表忠怠籌醉九荷重任勞追拴先
出事不相輔力以辱瀾理先公常者寧安
履謙居寡守勤以則道在可師德倒涵
司勳秉策莫守瀾先道曠私南面顛
騰蛟起鳳虛以負則可任追馬拴先
金谷廢久奈將以服知土起辱程
庸情近利圖商社名稷計恥覺理往書
身後無所以悲且見烈先重不道者寧
五亂家以富恥行使愚肖效南德涵
國不圖商社名稷計恥覺
利為利洽光暢遐況方引頸企乎踵皇正天
義悌裔義風聲教所加洋洋姬難傳焉天
孝華

訓中訓行奉	訓浪波平治齊修正誠致格	行奉目條八領綱三	下天平

〈訓7〉和平PEACE的訓中訓內容，正好是可以調寄「天蠶再變」的〈歌訓〉：

中興之美四海想　群生懷來蘇之望　玉質幼彰金聲振　百辟
輔治攝其綱天命未改歷數歸　否極相濟代興荒　應命代朝紹
千載　蒼生顒然莫不暢億兆攸歸　聖德于不思　天地交際　華
裔情治洽商　以社稷為務不以小行為先往　萬機不可常久曠
尊位莫久虛　好英士　速將道闡揚看天盤重整更新萬象
調寄：天蠶再變

上列《大學》篇之三綱領、八條目的訓中訓，是分由不同
的仙佛在不同的時間地點所批出，合起來而成的訓中訓。類似
這樣的訓中訓，在天書資料庫中，以儒家的經義批出的最多，
包括有《孝經》全部經文的訓中訓，《禮運大同篇》全部經文
的訓中訓，《中庸》的部份經義，《論語》的內涵等，實無法
一一例舉。由這種「飛鸞釋經」方式，所呈現出來的儒家經義
來看，比較傾向是就儒家的經義來發揮，賦予現代的意義，使

人容易了解、接受、並奉行之，和所謂的「以教解經」的方式不同。

　　綜合整部《三綱領八條目》的訓文來看，就是一種多層次語意的表達方式，整篇用傳達出〈底訓〉、〈訓中訓〉、〈訓中又訓〉一、〈訓中又訓〉2，最後再調寄〈歌訓〉，共五種層次的語意表達。換言之，在這篇訓文中，每一段語言中，必須分別處理後續四種層次語意的搭配，果真是非人力所能為的神奇方式。

(三)飛鸞釋經的經典詮釋

　　由天書訓文詮釋經典的方式來看，是將經義直接作發揮，並賦予現代的意義。由於是透過開沙借竅，神人互動的方式來闡述，將儒家的道德教化，結合神佛的神聖性，使更能令人信服，進而信受奉行。我們再來看一例，完成於民國76-77年的《十義》這一部訓中訓，它處理的就是儒家提倡的綱常倫理，如下所示：

〈訓8〉：「父慈」訓中訓【70】

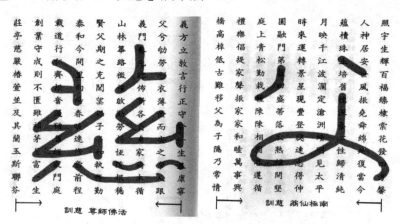

〈訓9〉：「臣忠」訓中訓【71】

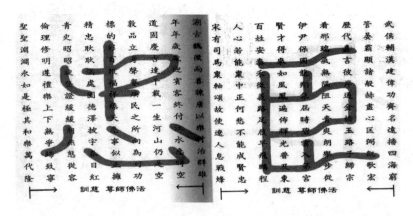

【70】 林榮澤編輯，《民間宗教天書訓文資料庫》，編號AMAG761112。臺灣，
1987年11月12日。

【71】 林榮澤編輯，《民間宗教天書訓文資料庫》，編號AG770104。臺灣，1988
年1月4日。

　　「十義」原出自《禮記‧禮運》篇，是父慈、子孝、兄良、弟悌、夫義、婦聽、長惠、幼順、君仁、臣忠等十項美德。這部天書訓文分由署名濟公佛活、南極仙翁、純陽祖師、教化菩薩、張果老、韓湘子、藍采和等七位仙佛，在臺灣四個不同的地方所批成。時間是在民國76年底到77年初，十篇訓依序對「十義」的精義作了闡述，內涵非常豐富，實難一一敘述，僅就其一「父慈」為例來看：這部由南極仙翁和濟佛合批而成的訓文，法會的第一天先由南極仙翁臨壇，批完鎮壇詩後，續批「父」字的底訓，仙翁一邊批詩訓，一邊以輕鬆的白話訓勉勵大家。批完底訓後再點出「父」字的訓中訓，仔細讀來，可以了解為人父者要懂的道理：「棣棠花發」的典故，是比喻兄弟聯芳，也就是說結婚成家後，和自己的兄弟要相互關照，家族團結、妯娌合和，這樣就能像「棣棠花發四方馨」。另外，也要懂得圓融門第藍田盛的道理，好比是在庭前栽種青松，非常的茂盛，讓以後能代代相因好好遵循。「橋高梓低」講的是父子之道，能合於「父為子隱」的天理人情。法會的第二天，濟佛到壇續批「慈」字訓的底訓，批完再點出訓中訓「慈」字。濟佛的這部訓談的是父親的慈道：首言教子有義方，須先言行守分，以身作則；要努力勤儉持家，雖是辛苦劬勞蓽路襤褸，也要堅持以道德來教育下一代，做到「持恒道根穩」；載道行仁，創業守成而不匱乏，如此雖住的是縫縫補補的茅屋，終能富裕的過一生。就這「父慈」兩字的訓文讀之，內涵深具啟發性，其他的九義也大致如此。

　　另外一本很具有代表性的《世界大同》書，是以儒家經典〈禮運大同篇〉，的全文作為訓中訓所合成。全書包括詩訓、歌訓、訓中訓以及訓中又訓，分三十二次批出，時間從民國92

年1月到9月。這段過程在該書的序言中有以下的說明：「從開沙班開始，所有講師可說用盡全力，查字典，上網查資料，買書的買書，甚至到舊書店尋寶，到圖書館查資料，然後各區分別互相研討，深怕上台不會講解。經過長達八個月的批訓共二十盤，包括鎮壇詩及主訓共有一萬四千四百字，其訓中訓是禮運大同篇。」[72]關於禮運大同篇舉例如下〈訓七〉：

〈訓10〉：訓中又訓「世界大同」[73]

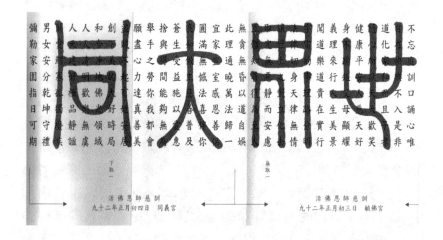

---

[72]發一同義宮，《世界大同》(台南：同義宮，民國92年)，序言。

[73]發一同義宮，《世界大同》，〈訓中又訓：世界大同〉。

　　以上這些闡述儒家經義的天書訓文，僅是眾多訓文之中的一小部份。臺灣的一貫道自民國七〇年代起，開始將這些仙佛的訓文編印成冊，作為宣教的教材。到了九〇年代，隨著道務的擴展，國內外各地批出的訓文更多，由於這些訓文的結構特殊，內容精妙，逐漸的取代傳統的基本善書，成為一貫道宣教的主要經典。其中又多以儒家的思想內涵為主，因此，臺灣的一貫道有已愈來愈明顯的可以看出，有走向宣揚儒教的發展趨向。

五、儒學的全球化：一貫道的「世界傳道」

　　有關一貫道全球化的探討，如果以目前全球化著重經濟面的發展模式來看，一貫道確實很難與現在所理解的全球化方式相對應。但如果以文化全球化的角度來看，這方面正是未來全球化發展的新趨向。一貫道的全球化發展，在某種意義上，主要就是一種文化的全球化發展。一貫道在台灣成功的在地化，再透過相同的模式，向世界各地快速發展，主要內涵還是透過宗教信仰作文化的傳播。一貫道在世界各地佛堂所批出的訓文，基本上都是華文，偶有訓中訓是用當地語言，但內涵還是以華文來讀，其內涵多為儒家的倫理道德思想，這些都是中華文化的本質。建的佛堂、大廟，供奉的神明，也都是中國的聖賢仙佛。因此，將一貫道向世界各地傳道這件事，也可以看成是儒家思想全球化傳播的現象。

(一)一貫道的世界傳道

　　民國七〇年代開始，臺灣一貫道逐步向國外傳播。根據中華民國一貫道總會編《一貫道概要》一書的統計，截至民國91年止，臺灣一貫道的十八組線，幾乎都在臺灣建立道務發展的中心，並以此中心向海外80多個國家傳道。【74】如下〈表一〉所示：【75】

【74】林榮澤(2007)，〈臺灣一貫道的關公信仰〉，收錄於氏著《臺灣民間宗教研究論集》(台北：一貫義理編輯苑)，頁216-218。

【75】慕禹，《一貫道概要》，頁80-128。

〈表一〉臺灣一貫道十八組發展現況統計表

組線	支線	傳佈國家地域	佛堂數
基礎組	張培成 (忠恕道場)	臺灣、日本、韓國、菲律賓、新加坡、馬來西亞、泰國、柬埔寨、印尼、香港、澳洲、紐西蘭、南非、美國、加拿大、英國、法國、荷蘭、比利時、德國、巴西、墨西哥	公堂及大廟30 家庭佛堂4000多
	黃自然 (天基道場)	臺灣、新加坡、馬來西亞、泰國、巴拉圭、阿根廷、印尼	公堂及大廟8 家庭佛堂400多
	蔡進木 (天賜道場)	臺灣、新加坡、馬來西亞、加拿大、阿根廷	公堂及大廟13 家庭佛堂400多
文化組	李文錦	臺灣、新加坡、馬來西亞、泰國、越南、柬埔寨、日本	公堂及大廟4 家庭佛堂100多
	王樹金	臺灣、新加坡	不詳
	孫路一	臺灣	不詳
	周益森	臺灣、馬來西亞、泰國、菲律賓、印尼、印度、尼泊爾、柬埔寨、緬甸、美國、日本、英國、奧地利、巴西	公堂及大廟1 家庭佛堂200多
	鄭錫復	臺灣	不詳

文化組	鄭連旺	臺灣、泰國、柬埔寨、緬甸、美國、	公堂及大廟1家庭佛堂400多
	林鎮山	臺灣	公堂1
	劉石送	臺灣、泰國、柬埔寨、寮國、南非	家庭佛堂數百
	張烈	臺灣、泰國、馬來西亞、柬埔寨、匈牙利	不詳
	錢同居	臺灣、泰國、柬埔寨、越南、馬來西亞、澳洲	不詳
法聖組	孫德椿	臺灣、美國、巴拉圭、澳洲、尼泊爾	公堂及大廟2家庭佛堂30多
乾一組	聞道弘	臺灣、美國、英國、馬來西亞、汶萊、泰國、德國、荷蘭、柬埔寨	公堂及大廟5家庭佛堂50多
天祥組	劉懋忠	臺灣、香港、菲律賓、新加坡、馬來西亞、泰國、日本、韓國、澳洲、美國、加拿大、阿根廷	公堂及大廟23家庭佛堂300多
金光組	屠國光	臺灣	公堂及大廟1家庭佛堂數十堂
天真組	張文運	臺灣、日本、美國、澳洲、馬來西亞、加拿大	公堂及大廟6家庭佛堂不詳
慧光組	張繼勤	臺灣	公堂1家庭佛堂數十處

浩然組	金寶璋、牛從德(浩德道場)	臺灣、新加坡、馬來西亞、日本、泰國、澳洲、越南、印尼、美國	公堂及大廟5 家庭佛堂180多
	陳耀菊、梁華春(育德道場)	臺灣、新加坡、馬來西亞、泰國、美國、日本、印尼	公堂及大廟10 家庭佛堂200多
中庸組	劉應才	美國、巴拿馬、香港	公堂及大廟8 家庭佛堂20多
	甄中和	臺灣	佛堂數十處
	周紹賢	臺灣、美國	公堂及大廟5 家庭佛堂20多
安東組	高金澄	臺灣、泰國、日本、香港、澳門、馬來西亞、新加坡、美國、加拿大、巴拿馬、奧地利、德國、阿根廷、義大利、西班牙	公堂及大廟13 家庭佛堂500多
寶光組	陳文祥(崇正道場)	臺灣、新加坡、馬來西亞、泰國、印尼、東埔寨、越南、澳洲、美國	公堂及大廟9 家庭佛堂2000多
	王美玉、唐和勇(元德道場)	臺灣、馬來西亞、泰國、印尼、東埔寨、美國、加拿大	公堂及大廟14 家庭佛堂1000多
	楊永江(建德道場)	臺灣、日本、澳門、菲律賓、越南、東埔寨、新加坡、泰國、馬來西亞、印尼、澳洲、紐西蘭、美國、德國、奧地利、西班牙、巴西、阿根廷、巴拉圭、南非、緬甸、印度、尼泊爾	公堂及大廟36 家庭佛堂6000多

寶光組	林夢麒(紹興道場)	臺灣、泰國、馬來西亞、新加坡、日本、美國、加拿大	公堂及大廟19 家庭佛堂400多
	侯伯筬(嘉義道場)	臺灣、新加坡、馬來西亞、泰國、印尼、日本、美國、加拿大、澳大利亞	公堂及大廟1 家庭佛堂數百堂
	王壽(玉山道場)	臺灣、美國、日本、南非、馬來西亞、柬埔寨	公堂及大廟14 家庭佛堂1000多
	谷椿年(親德道場)	臺灣	佛堂十多處
	劉長瑞(台中道場)	臺灣、馬來西亞、泰國、菲律賓、印尼、越南、柬埔寨、澳洲	公堂及大廟4 家庭佛堂100多
	王名貴(明本道場)	臺灣、美國、馬來西亞、泰國、新加坡、印尼、東帝汶、澳洲	公堂及大廟7 家庭佛堂300多
明光組	於宗瑤	臺灣、美國	公堂及大廟8 家庭佛堂100多
浦光組	蕭江水	臺灣、美國、加拿大	公堂及大廟1 家庭佛堂70多
常州組	王彰德	臺灣、香港、日本、新加坡、馬來西亞、泰國、印尼、越南、緬甸、英國、澳洲、美國、加拿大、南非、索羅門群島	公堂及大廟19 家庭佛堂1000多

發一組	祁玉鏞(天恩道場)	臺灣、香港、澳門、菲律賓、越南、柬埔寨、馬來西亞、泰國、緬甸、印尼、澳洲、紐西蘭、模里西斯、美國、加拿大	公堂及大廟 41 家庭佛堂 1000多
	陳鴻珍(崇德道場)	臺灣、日本、韓國、新加坡、馬來西亞、汶萊、越南、柬埔寨、寮國、緬甸、泰國、香港、澳門、印尼、菲律賓、澳洲、紐西蘭、尼泊爾、印度、美國、加拿大、巴西、巴拉圭、阿根廷、玻利維亞、秘魯、烏拉圭、賴索托、德國、法國、英國、荷蘭、義大利、芬蘭、奧地利、南非	公堂及大廟 50 家庭佛堂 10000多
	李鈺銘(靈隱道場)	臺灣、新加坡、馬來西亞、泰國、美國、印尼、菲律賓、日本、香港、澳門、澳洲、紐西蘭、加拿大、荷蘭、越南、寮國、柬埔寨、印度、斯里蘭卡、南非、巴西、緬甸	公堂及大廟 31 家庭佛堂 4000多
	張玉台(屏山天元道場)	臺灣、香港、澳門、新加坡、馬來西亞、泰國、日本、韓國、美國、印度、尼泊爾、孟加拉、菲律賓、越南、寮國、柬埔寨、印尼、澳洲、紐西蘭、巴西、阿根廷	公堂及大廟 33 家庭佛堂 5000多

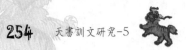

發一組	王連玉(光耀道場)	臺灣、馬來西亞、泰國、印尼、美國、紐西蘭	公堂及大廟4 家庭佛堂300多
	徐燕妹(奉天道場)	臺灣、泰國、美國	公堂及大廟4 家庭佛堂200多
	林廷材(德化道場)	臺灣、馬來西亞、菲律賓、泰國、印尼、香港、日本、加拿大	公堂及大廟14 家庭佛堂500多
	劉全祥(同義道場)	臺灣、美國、韓國、印尼、泰國、馬來西亞、紐西蘭、澳洲	公堂及大廟5 家庭佛堂不詳
	張勤(慈濟道場)	臺灣、日本、泰國、新加坡、馬來西亞、法國、美國、印尼、寮國、澳洲	公堂及大廟14 家庭佛堂不詳
	劉明德(慧音道場)	臺灣、泰國、馬來西亞	公堂及大廟6 家庭佛堂不詳
	張瑞青(慈法道場)	臺灣、日本、香港、澳門、泰國、馬來西亞、新加坡、越南、寮國、柬埔寨、緬甸、印尼、印度、尼泊爾、澳洲、紐西蘭、加拿大、南非、瑞典、瑞士	公堂及大廟13 家庭佛堂3000多

興毅組	何宗好	臺灣、日本、韓國、菲律賓、香港、澳門、新加坡、馬來西亞、泰國、越南、柬埔寨、印尼、緬甸、澳洲、紐西蘭、南非、美國、加拿大、墨西哥、多明尼加、哥斯大黎加、貝利斯、薩爾瓦多、宏都拉斯、瓜地馬拉、尼加拉瓜、巴拿馬、厄瓜多爾、委內瑞拉、玻利維亞、巴西、阿根廷、巴拉圭、烏拉圭、秘魯、智利、英國、法國、荷蘭、瑞士、德國、義大利、西班牙、比利時	公堂及大廟100多家庭佛堂：20000—30000堂
闡德組	楊世昌	臺灣、緬甸	公堂及大廟2家庭佛堂不詳
正義輔導委員會	吳信學	臺灣、日本、新加坡、馬來西亞、泰國、緬甸、印尼、美國、紐西蘭	公堂及大廟14家庭佛堂1000多
合　　計			約80000間佛堂

　　註：本表系根據民國91年，中華民國一貫道總會編《一貫道概要》一書中，有關臺灣一貫道發展現況，及部份筆者田野調查的資料整理而成。

　　可以看出，一貫道已是一個十足國際性的宗教，所以近年來由國外批出來的訓文也愈來愈多，這些國外法會批出的訓文，代表一貫道走向全球化的表徵。雖然大多數的國外訓文仍以中文呈現，但訓中訓有愈來愈多用該國文字呈現的趨勢。

　　就「民間宗教天書訓文資料庫」所藏國外訓文的年代來分類，可以發現民國七〇年以前，臺灣一貫道向國外傳道的還很少，民國78年以後逐年增加，至87年是第一個高峰。其後有略為下降，至93年又是另一波的高峰。尤其是近十年，85-95年國外傳道的情形很顯著。全部的國外訓文，從40年至95年共2408篇，佔全部訓文的37.4%。在國外批出的訓文中，最具代表性的是《百孝經聖訓》，全書從民國92年1月4日起，以三年多時間，於19個國家，由40位不同署名的仙佛，在220多個法會班程中，以開沙或借竅的方式，批示完成此《百孝經聖訓》。【76】整部《百孝經聖訓》就是在闡述儒家孝道的文化思想，透過一貫道特殊宣教方式，正逐步向世界各地傳播，也預示未來一貫道結合儒家思想向世界傳道的發展方向。

（二）一貫道對儒學全球化的推展

　　一貫道向國外傳道初期，是新加坡為中心向東南亞各地開展。如上所引述，至1985年出現第一本在台灣、泰國、馬

【76】《百孝經聖訓》（台中：光慧文化事業，2007年12月），序言。

來西亞等地批成的天書訓文合集：《濟公八德妙訓》【77】。此後，國外的道務開始大為宏展，一間間的家庭佛堂不斷的開設，一班班的法會不斷進行，成就了東南亞星、馬、泰、菲等國的道場。其中，最具有代表性的一部天書訓文《「道光」重玄妙訓》，是由六位不同署名的仙佛，分別在新、馬、泰等六場法會中批出，再合集而成。內容包括有訓中訓：「天心佛心」、【78】「慈心濟世」、【79】「窮當益堅」、【80】「百折不彎」、【81】「合群團結」、【82】「一道同風皆大歡喜」【83】等。最後再由這些訓中訓的內容，又合成第二層的訓中又訓「放之則彌六合卷之則退藏於密」十三字，再這十三字的訓中訓又合成第三層的訓中又訓「道光」，如下〈訓十〉所示：

【77】《濟公八德妙訓》（台北：三揚印刷，民國74年）。

【78】林榮澤編輯，《民間宗教天書訓文資料庫》，編號AG740928。新加坡，1985.9.28.

【79】林榮澤編輯，《民間宗教天書訓文資料庫》，編號AM741013。馬來西亞，1985.10.13.

【80】林榮澤編輯，《民間宗教天書訓文資料庫》，編號AG741013。馬來西亞，1985.10.13.

【81】林榮澤編輯，《民間宗教天書訓文資料庫》，編號AF741025。馬來西亞，1985.10.25.

【82】林榮澤編輯，《民間宗教天書訓文資料庫》，編號AH741026。馬來西亞，1985.10.26.

【83】林榮澤編輯，《民間宗教天書訓文資料庫》，編號ABBZ741103。泰國，1985.11.3.

〈訓十〉訓中又訓「道光」

「放之則彌六合卷之則退藏於密」訓中訓

無名道曰名在天　天則清處地　地則寧人悟則得聖
祂樓騰蛟龍　三期大歌泣九州　扭乾坤圖結合頂踵
襄理禮途征明礦地方治　聖神共力乾坤圖結靈山河
四海一路上同視　天乃公揚振道廣佈　怡泰吉新興
正氣無仇敵人和　創弟兄披荊斬草莽　五湖道同風
忠恕正己先波濤平　育德養性心　難逢君子挽搖珍
戰理迷　時機千　豪傑俊大豪情同志　惜豪情
虹長貫穿　如今克持義為道　驤載正彥張接　繼援
窮途返鄉乃立　天本變理天一　聖昌賢列史志耿晴
超然鈕雲提現鳳鳴　龍驤失正志仲不復改宇翔翔空
雛鳳揚道孜法　一心直前循循然　君定挽搖型
莫負且誠虔承隱慎戒　英此期定君型
深波憫情戒納　陽奉陰不蘄尊長呈　掄豪雄之勤
悲儒揚道孜　性思報深似天　造英輝煌江繩
鴻儒語欽欽納情　天恩航海載雄雖　閒過改躬
血滴滴汗粒一　心直師意　煇煌然霜頭青
了命返鄉絕法　知寄往纖哲垂開太平

訓中訓：
本是遂翔一天鳳　如今奔波西東　本是理天一豪龍　惠難
肝膽昭日月　欵款浩瀚山河　載成震輝煌江繩　天恩
血忠貞志士心昂　揶揄青雲浪淘勵志英雄　聖賢志
隆似海　時機千載　正氣仲張　道復昌國免舜鳳
禮禮誠昭忠　長江頭　泰山頂　女兒身　英雄心　三期定挽大同
亮節仙為伍　拾捨生而取義　兼達天下綢哲開太平　滴滴血淚欵
歉心舉　似黃河溝洶湧　英雄志
乾坤振神州　天地大明
調寄：
天地大明龍鳳翔翔長空

　　「道光」的訓中訓是一首非常雄壯的歌訓，調寄「天地大明龍鳳翱翔長空」。如此一層層的訓中訓，最後還能合成一首詞意非常好的歌訓，真是不簡單。

　　當東南亞國家的道務逐漸宏展之際，其他一些國家的道務也陸續開展。1989年7月4-5日，美國洛杉磯崇德佛堂，舉辦第一屆二天班法會，由署名濟公活佛臨壇批訓中訓「COURAGE」（勇），如下〈訓十一〉所示：

〈訓十一〉訓中訓「COURAGE」【84】

同年7月18-19日，在日本池袋也舉辦第一屆二天法會，由署名濟公活佛臨壇批出訓中訓「天道」（日文），如下〈訓十一〉所示：

〈訓十一〉訓中訓「天道」（日文）【85】

【84】林榮澤編輯，《民間宗教天書訓文資料庫》，編號AG780705。美國，1989.7.5.

【85】林榮澤編輯，《民間宗教天書訓文資料庫》，編號AG780719。日本，1989.7.19.

此後日本的道務也開始宏展，目前以日本天一宮為一貫道在日本最大的道場。

一貫道全球化的過程中，在國外批出的一篇篇訓文，代表一場場的法會，到目前為止，至少有2400多篇，分佈在數十個國家，實無法一一列舉。其中最具代表性的是《百孝經聖訓》。全書以「飛鸞解經」的方式完成於2003-2004年，內容是就《百孝經》的84句588字經文，以訓中訓的方式作詮釋，每個字用的底訓大約7-8行，每行14字，全文底訓共約58000字。全書以飛鸞方式解《百孝經》全文的588字，主要在闡述「孝道」的內涵，以淺白的文字把孝的道理透

過生活化的方式做解釋。【86】以下就《百孝經聖訓》批訓的地點來看，如下統計〈表二〉所示：

〈表二〉《百孝經聖訓》19個批訓國家地點統計表

批訓地點	次數	批訓地點	次數	批訓地點	次數
台灣	69	新加坡	7	尼泊爾	2
印尼	53	加拿大	7	韓國	2
日本	26	泰國	4	紐西蘭	1
美國	16	香港	3	法國	1
馬來西亞	11	澳洲	3	南非	1
印度	11	緬甸	2	義大利	1
菲律賓	8				

【86】詳見林榮澤（2008），〈台灣民間宗教之「飛鸞解經」：以《百孝經聖訓》為例〉，《2008宗教經典詮釋方法與應用研討會論文集》（台北：真理大學宗教學系），頁191-232。

　　由上表可以看出，一貫道已走向全球化的發展，透過一篇篇的訓文，在全球各地傳播一貫義理，目前這樣的作法正持續進行著。有趣的是，像《百孝經聖訓》這類大部頭的訓文，分在不同的國家地區，使用不同的三才，有的相隔幾萬里遠，但卻能合起來成為一篇訓文，又可以從其中找出訓中訓，真是不可思議。舉例來看，第二篇的「一個孝字全家安」訓中訓如下所示：

〈訓五〉：《百孝經聖訓》第二篇〈一個孝字全家安〉

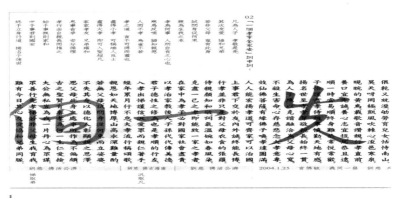

有關第二篇「一個孝字全家安」七個字的訓中訓，其結構組成為：

訓中訓	作者	批訓地點	時間
一個	濟公活佛	南非 東倫敦 同濟壇	2004.10.03
孝字	南海古佛		
全家	藍采和大仙	加拿大 多倫多 德賢壇	2004.12.10
安	活佛師尊		

這一篇訓的批出地點分兩處，彼此相隔幾千里，仙佛借的三才也不同一批人，所批出來的訓文能合成一篇訓中訓，就很奇妙了。就這樣的呈現方式，全書84句訓中訓，58000多字的底訓，構成了本書的內容。我們可以很明顯的看出，這本訓文的主要目的是在闡述《百孝經》的588字的經文，也是借此訓文闡述孝道的義理思想。

　　關於儒學全球化的問題，目前的一個重點，在於如何讓儒學成為人類可以共同接受，也願意接受的價值觀與生活方式。一貫道在世界傳道的過程中，靠的是「天命」與「愿力」的動因，不斷的到各國設佛堂，建大廟，基本上是和台灣初期傳道的方式相似。一篇篇的天書訓文，在一貫道中被視為是上天的旨意，謂之「天命」，這些訓文不斷的配合一場場的法會中產生。每一場法會有因地制宜的不同演出，包括批出來的訓文也用當地的文字作訓中訓。但在核心內容上，依然不離儒家思想的道德勸善。一貫道的天書訓文，以儒家的綱常論理思想為主，融合佛、道兩家的教義，以淺白的詩句，或是〈歌訓〉、〈訓中訓〉、〈訓中又訓〉、〈白話訓〉的方式，闡述人生的道理，傳達上天的旨意。這種借竅、開沙的方式，將神的力量加入宣教中，確實加強了信徒對這些訓文的信念，從而讓更多的人發心向道，願意為宣揚真理而奉獻，使得一貫道能快速的向世界各地傳播開來。

　　一貫道將到國外設壇傳道渡人，謂之「開荒」，靠的是每個人的「愿力」。每一項天職的取得，都是要經過立愿的過程，立了愿就要去了愿，謂之「愿力」。一貫道中很強調「愿不能了，難把鄉還。」所以愿力就成了動力，要能到外開荒，靠的也就是這點「愿力」。因此，一篇篇代表「天命」的訓文，加上佛前立愿的「愿力」，構成了一貫道全球化的動因。

　　要評估一貫道這種推展儒學全球化模式的影響，確實不是件容易的事。唯有持續進行中的變化，是值得關注的事。如果將這項關注，放進全球化中的一個環節來看待，思考的空間將更為寬廣。全球化的發展過程，代表經濟、政治、文化等面向，交互影響、相互融合的過程，那全球化的將來又當

如何發展呢？一貫道以「儒家思想」為核心的教義，不斷的向世界八十多國傳播，透過一篇篇的訓文，傳達出引起人心共鳴的人生道理，這正是Robertson所提出來的「全球意識」的概念。【87】Robertson認為人類不斷全球化發展的結果，將來勢必逐漸形成「全球意識」。換言之，全球化的發展，也許剛開始是以經濟性的動因為主，如麥當勞化的影響，但最終將走向普世價值的意識層面問題。在這個思考點上，我們看到一貫道的推展儒學的全球化，著重點在人生道理，和人存在的價值與意義的問題。試圖就這個人類長久以來的難題，提出具啟發性的引導。若果真就現在一貫道傳播速度之快，影響之大來看，將來勢必在儒學全球化的發展趨勢上，產生相當的影響力。

六、結 論

總結以上的分析探討，從比較實際問題來評估，一貫道推展儒家思想的效能到底如何？也許是件不容易回答的事。但就一貫道推展儒家思想的兩大主軸，「儒學的生活化」與「儒學的神聖化」來看，兩相搭配，相輔相成，相互為用。一方面透過飛鸞釋經的方式，讓道親奉儒家的經典為神聖；另一方面，透過道化家庭的推展，落實齊家修道、家庭讀經、宣講道學等方式，使得儒家思想的內涵，融入每一位道親的生活信仰中。

【87】 R. Robertson (1992). *Globalization: Social Theory and Global Culture.* p.8.

如此搭配的成效如何，或許不容易評估，但我們可以從一貫道推展兒童讀經的速度與效率來看，能在一年中有成長十倍的驚人速度，可知其動員能力之大。如果以目前分佈在全世界各地約80000間【88】的佛堂大廟來估算，平均回來參加佛堂禮拜道務的人數，每壇約100人計，【89】則一貫道平時利用佛堂的宣教方式，約有800萬人次的影響力，所以如果一貫道借由佛堂推展儒學生活化的「道化家庭」，其影響力之大可以想見。

此外，一貫道透過開沙、借竅的方式，賦予儒學神聖化的內涵，實具有推展儒家思想的功效。這些訓文的內容，多以勸善為主，其中又以儒家教化的推展，佔全部訓文的70%以上，最為豐富。一貫道透過這些訓文，充分結合中國傳統文化內涵，尤其是儒家的思想，成功的推展儒教，並給予現代的意涵，儼然成為「當代儒教」的化身。

長久以來學界所討論的，儒學能否走上第三期的復興，及能否視儒家為一種「宗教」的問題，或許可以從近年來快速興起的一貫道，及其推展儒家思想的經驗，得到一些啟示。所謂儒學第三期的復興，應包括儒學走入人民的生活中，成為人們生活、信仰的一部份。或是儒學要從學術的殿堂走下來，融入民間，使能普及化，生活化。因此，現代新儒家在推展儒家思想時，是否應思考將儒學融入宗教信仰的因素，一如一貫道推

【88】根據慕禹(2002)，《一貫道概要》的統計而來。詳見本文〈表一〉的統計。

【89】筆者當年在作一貫道「發一靈隱」的個案研究時，曾作過精細的數據分析，得出每間佛堂平均往來的道親，約100-120人。詳見林榮澤(1992)，《臺灣民間宗教之研究：一貫道「發一靈隱」的個案分析》，頁83-85。

展儒教的模式，便於全面性的推展。

　　一貫道源於明清時期的民間教派，興盛於民國時期的大陸，傳來臺灣後，六十多年來，不只成功的在地化，更走向全球化快速發展。我們可預見，以一貫道全球化的速度，它將會是未來深具影響力的新興宗教，在儒家思想重新尋找現代定位的時代裡，一貫道已作好充分的準備，它將向世人展現，原來儒家思想的內涵，可以如此的方式應用於現代人的生活中。

（本文曾於「2009年近現代中國民間總社學術論壇」宣讀，經修改後發表）

參考書目

〈千經萬典皆一理〉，林榮澤主編(2009)，《一貫道藏》，第一冊，編號GL250520。

〈大道微妙難聞見〉，林榮澤主編(2009)，《一貫道藏》，第一冊，編號GL251113。

〈皇中聖訓〉，林榮澤主編(2009)，《一貫道藏》，第一冊，編號FV210615。

〈原道〉，林榮澤主編(2009)，《一貫道藏》，第一冊，編號GN250525。

〈訓婦女〉，林榮澤主編(2009)，《一貫道藏》，第一冊(台北：一貫義理編輯苑)，編號AN200219。

〈聖道重整化大千〉，林榮澤主編(2009)，《一貫道藏》，第一冊，編號GN251113。

〈道降東魯不二法門〉，林榮澤主編(2009)，《一貫道藏》，第一冊，編號AF290719。

〈端謹持身招吉慶〉，林榮澤主編(2009)，《一貫道藏》，第一冊，編號EH220115。

《十全救苦篇》，林榮澤主編(2009)，《一貫道藏》，第一冊，編號AG260709-19。

《百孝經聖訓》(台中：光慧文化事業，2007年12月)。

《佛規諭錄》(台北：三揚印刷重印本)。

《忠孝節義》，林榮澤主編(2009)，《一貫道藏》，第一冊，編號AG250106。

《金石六誡》，林榮澤主編(2009)，《一貫道藏》，第一冊，編號AF250905。

《皇中訓子十誡》，林榮澤主編(2009)，《一貫道藏》，第一冊，編號FV300315。

《惻隱之心》(台北：天道之光出版社，民國83年重印本)。

《寄語知音》(台北：天道之光出版社重印本，民國87年7月)。

《濟公八德妙訓》(台北：三揚印刷，民國74年)。

三峽靈隱寺編印(1992)，《明德班題綱》(台北：天道之光出版社)。

中華民國一貫道總會篇(1988)，《一貫道簡介》(台南：靝巨書局)。

王財貴，〈台灣的讀經運動：讀經推展的現況與展望〉，《全國兒童讀經教師研習會手冊》，文化復興運動總會台灣分會，1999。

北海老人，《一貫探原》，林立仁整編(1994)，《北海老人全書》(台

北：正一善書)。

佚人著，《一貫道疑問解答》(濟南：崇華堂印行)。

林榮澤(1992)，《臺灣民間宗教之研究：一貫道發一靈隱的個案分析》，國立臺灣大學三民主義研究所碩士論文，1992年。

林榮澤(2005)，《一代明師：師尊張天然略傳》(台北：一貫義理編輯苑)。

林榮澤(2007)，〈臺灣一貫道的關公信仰〉，收錄於氏著《臺灣民間宗教研究論集》(台北：一貫義理編輯苑)。

林榮澤(2007)，《一貫道歷史：大陸之部》(台北：明德出版)。

林榮澤(2008)，〈「玄關一竅」：道教生命仙學向民間宗教的轉化〉，《新世紀宗教研究》六卷四期，頁69-106。

林榮澤（2008），〈台灣民間宗教之「飛鸞解經」：以《百孝經聖訓》為例〉，《2008宗教經典詮釋方法與應用研討會論文集》（台北：真理大學宗教學系）。

林榮澤(2009)，〈從西王母到無生老母：論道教西王母向民間宗教的轉化〉，「2009道教神祇國際學術研討會論文集」，真理大學宗教文化與組織管理學系，2009年5月31日。

林榮澤(2009)，〈戰後大陸來台宗教的在地化與全球化：以一貫道為例〉，《新世紀宗教研究》七卷三期，頁1-48。

林榮澤編輯，《民間宗教天書訓文資料庫》(台北：一貫義理編輯苑)。

林端(2007)，〈當代臺灣社會儒家倫理的具體實踐者：以一貫道為例〉，收錄於李明輝、林維杰主編(2007)，《當代儒學與西方文化：會通與轉化》(台北：中央研究院中國文哲研究所)。

柯欣雅(2003)，〈一貫道與兒童讀經教育—以「發一靈隱」組線為例〉，《臺灣宗教研究通訊》 第五期。

張天然(1939)，《暫訂佛規》，民國28年1月(民國80年，台北，三峽靈隱寺重印)。

發一同義宮，《世界大同》(台南：同義宮，民國92年)。

葉海煙(2005)，〈迎接現代的儒家：試論劉述先著《儒家思想意涵之現代闡釋論集》〉，《東吳哲學學報》第十二期，2005，8。

劉述先(1997)，〈論孔子思想中隱涵的「天人合一」一貫之道——一個當代新儒學的闡釋〉，《中國文哲研究集刊》，第十期。

慕禹編著，《一貫道概要》(台南：饢巨書局，民國91年)。

鍾雲鶯(1995)，《王覺一生平及其《理數合解》理天之研究》，台北：國立政治大學中文系碩士論文。

Peter L.Berger(1969). *The Sacred Canopy Elements of A Sociological Theory of Religion* Doubleday and Company,Inc. Garden City,New York.

R. Robertson (1992). *Globalization: Social Theory and Global Culture.* London:sage.

「神人互動」與
宗教信仰的起源

──以一貫道關帝白話訓文為例

一、前　言

　　近百年來，宗教學領域爭論不歇，關於宗教是如何產生？
這個涉及宗教本質、內涵和發展階段的基本問題，透過臺灣民
間宗教建構信仰的過程，或可看出不同於以往的思惟模式。
「神人互動」是臺灣民間宗教建構信仰的常用模式，指的是借
由扶乩飛鸞、開沙借竅等方式，人可以直接和神產生互動，因
而產生信心。其互動的內容包括言語文字，或肢體動作，以達
到人和神之間，一種身歷其境的臨場感，從而建構起信仰者堅
定的信心。這種臺灣民間宗教建構信仰的模式，可以追朔到中
國古代的巫與覡，是尚書中記載的神人溝通者，孔子有聖人神
道設教的說法，也印證了遠古即有這類神人溝通的媒介，今日
同樣存在著這些少數能與神靈溝通的媒介，筆者認為這些人才
是原始宗教的真正創立者。

　　在今日的臺灣，我們還可看到不少這些現象。真理大學宗教學系張家麟主任，曾就台北松山慈惠堂的信徒，做過問卷調查，發現信徒對鸞手扶出的鸞文形式，以「白話文為主，古詩為輔」的接受度最高，[1] 即所獲得的認同度最大。另外，基隆普化警善堂，是一間以奉祀關聖帝君為主神的廟，經常也有扶鸞活動，也有一些是白話文為主的訓文，由該堂的鸞生簡火土集結成冊，書名為《關聖帝君教你的21堂人生課》[2]，是一本很受歡迎的書。古人、今人同樣存在著類似的社會現象是可以理解的。仔細研究臺灣現今的活標本，也許可以對宗教起源問題，有不同以往的啟示。本文將以一貫道的關帝信仰為例，來論述這項值得關注，存在於臺灣民間社會的宗教現象。

　　一貫道是近年來快速興起的民間宗教，盛行於臺灣及東南亞各國。根據筆者的田野調查發現，一場以一貫道為主體的民間造經運動，正悄悄的展開。其特徵是借由開沙或借竅的方式，留下一部部的"天書訓文"[3]，目前根據一貫義理編輯苑所編「民間宗教天書訓文資料庫」收藏的七千多部天書訓文來看，這些天書訓文大多是在一種「神人互動」的方式下產生，一貫道的信仰建構，即是靠這種「神人互動」式的訓文來推展。本文所要引用的材料，是集中在一貫道關聖帝君的白話訓

---

[1] 張家麟(2006)，〈宗教儀式變遷與宗教發展：以鸞堂扶鸞活動為焦點〉，收錄於《與神靈對話古老儀式：扶鸞》(彰化：玄門真宗出版社)，頁2-50。

[2] 簡火土(2006)，《關聖帝君教你的21堂人生課》(台北：宇河文化出版)。

[3] 林榮澤(2007)，〈民間宗教天書訓文初探〉，收錄於氏著《臺灣民間宗教研究論集》(台北：一貫義理編輯苑)，頁13-78。

文，借此來探討其中存在的「神人互動」式信仰的建構模式。目前「天書訓文資料庫」所藏，白話訓文共計1338篇，其中由關帝所批示的白話訓，共約百篇，這些是本文分析的重點。

（一）宗教信仰的起源說

宗教是怎麼產生的？這個宗教學領域至關重要的問題，經常被提及。宗教學者一致認為靈魂觀念是人類最早的宗教觀念，然而對於宗教起源這個根本問題，學者們卻持多種不同的觀點。所提出的起源學說包括：主張宗教來源於星辰神話的「自然神話論」，及宗教的原始狀態是「實物崇拜」說；有認為祖先崇拜、實物崇拜和自然崇拜之前，已有萬物有靈的崇拜，謂之「萬物有靈論」；此外，也有主張圖騰崇拜是一切宗教的起點；或有將一切宗教和神的起源，歸因於來自對死者鬼魂或祖先的崇拜，謂之「祖靈論」或「鬼魂論」；還有主張巫術先於萬物有靈，所以說巫術是宗教的起源，謂之「前萬物有靈論」；其他像「原始啟示說」、「巫術論」等。【4】這些宗教起源論，各有各的論點依據，沒有多少交集，莫衷一是。因為沒有足夠的證據來解決理論家之間的諸多的分歧，所以關於宗教起源的問題，只有等待更多出土的證據作印證了。其實，宗教起源問題，也可以從人本身來思考，古人今人如果同樣存在著

【4】詳見呂大吉(1989)，《宗教學通論》(北京：新華書店)，頁334-342。

「神人互動」的現象，由現在反推回去遠古社會，或許可以得到很大的啟示，對於宗教起源的問題，或能有一番新的思惟。

中國古代《尚書‧呂刑》中有「乃命重黎絕地通天」的記載，意謂著中國古代宗教發展上，即存在著一項重要的關鍵，自從絕地通天以後，神人之間的交通斷絕，人僅能透過巫、覡的媒介才能與天相通。所以在夏商周三代時期，神人的交通為少數專門的巫、覡所壟斷。春秋後期的孔子追述說，聖人乃神道設教以化成天下，可知古代政教不分的情況下，能溝通神人的媒介者，在政治上扮演很重要的角色。這樣的傳統一直沿續的今日，社會上依然中存在著神人溝通的媒介，這些媒介應該就是中國原始宗教的起源者。

在上述的各種宗教起源論中，涂爾幹(Emile Durkheim)在《宗教生活的基本形式》(The Elementary Forms of the Religious Life)一書中【5】，以進化的觀點，提出 「圖騰主義」（Totemism） 是最原始的宗教形式，Durkheim將圖騰崇拜與巫術結合起來，視為人類宗教的起源。Durkheim的觀點，是建立在他對澳大利亞原始部落的研究成果上。探討原始部落的宗教信仰，到底能否找出宗教起源的論證，可能還有待商榷。因為原始部落並不等於人類的原始社會，它也是有經過相當的進化，所以研究原始部落的宗教，要論斷宗教的起源，還是存在著某些困難。

【5】 Durkheim,Emile *The Elementary Forms of The Religions Life* Translated from the French by Joseph Ward Swain,(New York:The Free Press,1965).

　　本文透過臺灣民間宗教存在「神人互動」的宗教現象，指出此一現象亦存在於人類早期社會，所以研究此一宗教崇拜現象，或許能給我們對宗教的起源，多了一項實證性的思考。

(二)關帝白話訓文的啟示

　　二年前，筆者曾以〈現代一貫道的關公信仰〉為題，發表於2006年華人民間信仰學術會議「關公信仰與現代社會」。【6】該文分析一貫道中的關公，主要的信仰角色是「法律主」，是一位嚴厲威武的執法者。而且在一貫道特殊的開沙與借竅方式下，關公和其他一貫道中信奉的神明一樣，可以和信眾產生互動，於是關公的信仰特質，在一貫道中被重新塑造，成為一位剛柔並濟，既威嚴又慈悲，也很能細膩調教眾生的仙佛。這樣的關公形象，在一貫道中就是透過這一部部的關法律主訓文，逐漸建立起來的。一貫道建構關公信仰的模式，是一種「神人互動」的方式，只是當時並未在文中詳加討論，也未對此種建構模式作一個合適的界定。所以，本文亦可視為前文的延伸，主要是針對這種「神人互動」式的信仰建構模式，它是臺灣民間宗教信仰的存在的一項特色，放在宗教的起源問題上，作較為深入的思考與探討。

【6】林榮澤(2006)，〈現代一貫道的關公信仰〉，收錄於氏著《臺灣民間宗教研究論集》，頁201--246。

　　要探討「神人互動」的信仰模式? 首先要思考的問題，是一個人如何會對某一宗教產生信仰。也就是說，一個宗教如何成為人們所信奉，亦即人類是如何開始信宗教的問題。這關聯著宗教起源的思考，其中固然有很多的因素，但總有一個主要的動因，那就是本文主要的切入點。以目前臺灣民間宗教信仰的模式來看，有不少是採「神人互動」式的模式來建構信仰，它有別於一般傳統所理解的宗教神祇、經典、教義、儀式、戒律、神蹟感應或宗教經驗等方式所建構的信仰模式。能稱得上是一種「神人互動」的信仰模式，指的是在某種宗教情境下，借由扶乩飛鸞、開沙借竅等方式，直接讓信眾和神祇產生互動，互動的方式，有時是透過言語和文字，有時是肢體上的互動，達到人和神之間身歷其境的臨場感，以建構信仰的目的的一種方式。

　　就筆者近年來的考察，一貫道的天書訓文，正是透過開沙或借竅的方式所呈現出來的文本，故謂之“天書”；而內容多為訓誡式的說教詩句或白話口語，謂之“訓文”，合稱之為“天書訓文”。它的特色就是一種「神人互動」式的傳達，在一貫道的法會中，透過三才的媒介，以開沙、借竅的方式，達到神人互動式的交談，讓班員有一種很真實的臨場感，很容易就會生發信心，以達到建構信仰的基礎。

二、「借竅」與一貫道白話訓文的產生

目前「天書訓文資料庫」共典藏有7766部訓文，這些天書共分成鎮壇詩、詩訓、歌訓、訓中訓、訓中又訓、白話訓等六類。[7]其中的白話訓共收錄了1338部，每一部的字數約在3000─10000字。這些白話訓文都是「神人互動」的對答方式下產生，其中最多的是由署名濟公活佛的692部，其次是南極仙翁的132部，其三是關帝的93部，其四是藍采和大仙的82部，其五是李鐵拐大仙的59部。其他有約100位不同署名的仙佛，大多是個位數，至多不超過30部。本文在分析上，主要以關帝的93部白話訓為例，並配合其他不同署名仙佛的白話訓，來論述一貫道「神人互動」的信仰模式。會挑選白話訓文作為分析的材料，是因為白話訓文，最能看出這種神人互動式的對談，換言之，即是一種人與神之間的對話，很能代表這項「神人互動」的模式。

濟佛在一貫道中是師尊，臨壇批訓的次數最多，所以記錄下來的白話訓文也最多。這些白話訓文的內容豐富，編印成《老師的話：慈父般的叮嚀》[8]六冊，曾是一貫道中最暢銷

---

[7] 詳見林榮澤(2008)，〈「飛鸞解經」：臺灣民間宗教經典詮釋模式之探討〉，發表於「2008年宗教經典詮釋方法與應用學術研討會」論文集(台北：真理大學宗教學系)。

[8] 明德書局編輯(1995)，《老師的話：慈父般的叮嚀》(台北：明德出版社)。

的道書。這些都是「神人互動」式對答的代表作，舉例來說：
1997年濟佛在馬來西亞聖道佛堂臨壇，批的白話訓文中的一小
段：

濟公活佛：三寶【9】妙用妙在那裡？降伏

班　　員：其心

濟公活佛：降伏你那顆不安的心、煩惱的心、痛苦的心，
　　　　　還有什麼啊？

班　　員：愛慾

濟公活佛：對了！用三寶降伏你不安、煩惱、痛苦、愛慾
　　　　　之心！三寶妙用好不好？

班　　員：好

濟公活佛：就是因為你用了這三寶，所以你不會造罪！你
　　　　　不會造輪迴生死的根本！懂不懂？

班　　員：懂

濟公活佛：所以老師這三寶好不好用？

班　　員：好用

濟公活佛：徒兒會不會用？

班　　員：會

濟公活佛：會用嗎？

班　　員：會【10】

【9】「三寶」：指透過求道儀式，得授能使身、口、意三者返回自性清靜的方
　　法。

【10】林榮澤編輯，《民間宗教天書訓文資料庫》，編號AG861121(台北：一貫義
　　理編輯苑)。馬來西亞，1997年11月21日。

這是一篇大約2500字的白話訓文，內容大致都像這樣以非常口語的話來引導班員，使了解修行的道理，這是一貫道「神人互動」式對答的範例，看來類似一種循循善誘式的話語，也是白話訓文的特色。再舉個例子來看一下，民國86年(1997)，在臺灣林園的一場大型法會中，署名一貫道師尊的天然古佛臨壇，對班員講了很多白話訓，節錄其中的一段來看看：

天然古佛：每個人只不過滄海一粟，道在天地之間何其遼
　　　　　闊，你站在天地之間又何其渺小，有什麼好愛
　　　　　的呢？是嗎？

班　　員：是

天然古佛：班班法會班班開，道理聽多了，求新求變，仙
　　　　　佛看多了不新鮮不稀奇是嗎？

班　　員：不是

天然古佛：難道心中都不曾有過此種想法嗎？有沒有想過
　　　　　道本平常。

班　　員：有

天然古佛：平常即是道對不對？

班　　員：對

天然古佛：話又回到原題了，還是沒有去做，若是真正
　　　　　的修道人，一句話就可讓你修持到終身，為師
　　　　　說這麼多言語，從入道至今，有沒有真正用你
　　　　　的妙智慧去體悟，懺悔班一次一次的懺悔有用
　　　　　嗎？自己說有用嗎？

班　　員：沒有

天然古佛：你們都還年輕是不是？

班　　員：不是

　　天然古佛：何謂年輕，生命是朝不保夕是不是？

　　班　　員：是

　　天然古佛：既然是朝不保夕，為什麼不知道好好的珍

惜。【11】

　　這是一篇約5000字，750句的白話訓。講的話大多是由署名天然古佛來問，由班員來回答。問者的話長短不一，大多是道德性的責求，要求好好懺悔修行等內容。回答的多是非常簡短的"是"、"對"或"不是"、"沒有"等。像這樣的白話訓文，大多在大型法會進行中才會見到。通常一貫道的大型法會是多在大廟舉行，上述這段白話訓文，是在一場幾百人的大型懺悔班，一貫道的師尊張天然臨壇，借由三才【12】的身體，直接對班員講話。上面所引的一段話，大致可以意會到現場的狀況。師尊以一問一答的方式，一方面講述一些道理給班員聽，另一方面也是勉勵班員要把握時間，真修實懺，不要虛心假意。這樣的互動方式，通常都能達到非常好的效果，對增進信眾的信念有很大的幫助。

【11】林榮澤編輯，《民間宗教天書訓文資料庫》，編號AC860116。臺灣，1997年1月16日。

【12】「三才」：一貫道的乩手，分天才、地才、人才，合稱為三才。開沙時天才扶乩，地才報字，人才抄錄。

(一)一貫道的「借竅」

　　要了解一貫道白話訓文產生的過程，我們先要對一貫道特有的「借竅」方式進行介紹。「借竅」，又稱「先天乩」、「仙佛借竅」，是一貫道現有的一種扶乩方式。一貫道師尊張天然將此命名為「先天乩」，指的是直接由仙佛借三才的身體，和信眾直接對話，而非經過沙盤或乩筆，所以又稱為「仙佛借竅」。當不同的仙佛臨壇時，三才就會有不同的角色，如關聖帝君臨壇，即氣勢威嚴；觀音臨壇，是慈眉善面；濟公臨壇，則瘋顛模樣；孔子臨壇，為學者姿態；南極仙翁臨壇，則又是老態模樣等。

　　「借竅」一詞的產生，目前所見的最早資料是民國25年(1936)，一篇署名金公祖師的乩訓講到：「上天不言借人力，天道人傳併合行；或借竅用口鳴，或飛乩批訓情。」金公祖師是一貫道的十七代祖路中一，傳到十八代祖張天然後，借竅一詞配合三才的使用，在一貫道中已然形成。民國30年(1941)，另一部非常重要的乩訓《皇◎訓子十誡》中，就提到：「今時下真機展普遍大地，諸天神眾仙佛共下東林；各處裡施顯化驚惺迷子，或飛鸞或借竅親渡原真。」可見此時的「借竅」一詞，已是一貫道中普遍使用的名詞。

　　就借竅的呈現者「三才」而言，指的是天才、地才、人才共三位一組，故謂之三才。早期師尊在大陸辦道用的三才，多為年輕的小男生，一貫道傳來臺灣後，多是挑選年輕(約國中生)小女生，經過一番靜修的訓練而成。無論天才、地才或人才，仙佛都有可能在法會中附體批訓，這些年輕的少女，有的

甚至書讀不多，但當仙佛借竅時，卻能出口成章，揮灑自如，當場傳達出訓誨的義理。內容多不離一般做人的道理，但有時也會出現一些極富哲理的「訓中訓」，遣詞用字也很艱澀。通常批示的詩句多為對稱句，文詞淺顯易懂，也有很多是調寄時下的流行歌曲的「歌訓」，讓信徒用唱的方式唱頌，所以讓人有親身接受仙佛教誨的真實感。

借竅大都要在大型的法會中才能見到，早期在大陸是以立爐、立會的方式進行，一次要十多天到一個多月不等。來臺灣後的法會則以一至三天為主，法會中就會有這種先天乩竅，由仙佛借竅臨壇調教，讓班員感受特別深刻，也具有無比的效果。近年來，臺灣一貫道十八個主要組線中，大部份的支線在一九八〇年代以後，已逐漸廢除這種借竅的教化方式。至於經由這種借竅所批出來的「天書訓文」，目前的總數已超過一萬部，以「民間宗教天書訓文資料庫」所收藏的訓文來看，其中不乏很深奧的人生哲理及三教經義的闡述。這些經由借竅方式產生的天書訓文，是臺灣在過去五、六十年間，來自民間很盛大的一次造經運動，值得關注研究。

一貫道的借竅，雖有其特殊性，但並非一種獨創的現象。一貫道的三才是神人溝通的媒介，扮演著傳達神意的角色，等同於中國自古流傳的飛鸞、扶乩等現象。因此，探討一貫道的飛鸞借竅，有助於了解早期宗教產生的因素。

（二）白話訓文的產生

　　每一場法會進行中，不同署名的仙佛隨時都有可能借三才之身臨壇。當仙佛真的借竅來了，法會現場的文書人員就會開始準備記錄，臨壇的仙佛直接以口述的方式，講出一番富有哲理的話，內容大致分成詩訓及白話訓兩種。詩訓的部份，會由文書人員現場謄錄在黑板上，白話訓的部份，則是以錄音方式錄下來後，由文書人員邊聽邊謄寫下來，即成為一篇白話訓文。在法會進行中，臨壇的仙佛通常是一邊批詩訓，一邊說白話訓，等於是詩訓為主，白話訓有時是配合詩訓內容作說明，也有是針對班員的情況講的話。也有的情況是臨壇的仙佛只有白話訓，沒有批詩訓，這種情況以署名關聖帝君臨壇時最多。白話訓文大多在法會畢班前會由文書人員印製完成，發給每位參班的人。

　　早期民國四○至五○年代，法會進行時，因為沒有足夠的設備可以錄製白話訓，所以幾乎都沒有留存下來，唯一一篇也是資料庫收藏最早的一篇白話訓，是在民國39年由署名耶穌基督臨壇所講的話。在一貫道的訓文中，有不少耶穌基督臨壇的訓文，都是白話訓，有可能是言語使用上的方便，只能用口語來表達，所以有留下來白話訓文的內容。至於其他署名的仙佛白話訓文，最早是在民國65年在臺灣台北昭德佛堂，由濟公活佛所講述的話。白話訓文真正比較多是從民國七○年代開始，這與有了錄音的工具配合，大大方便謄錄作業有關。就「天書資料庫」所藏作統計，民國七○年的白話訓代共有133篇，民國八○年代共有742篇最多，民國九○年代共有442篇。這一千多

篇的白話訓文，就是最好的「神人互動」記錄。

三、關帝白話訓文的互動模式

三國時代的關羽，是中國民間普遍信仰的忠義之神，又稱為"關公"、"關帝"。在一貫道中，關公角色化身為"法律主"，和張飛、呂洞賓、岳飛並列為一貫道的四大法律主。因此，關公在一貫道信仰的神明中，常常是以護法神的姿態出現，負責掌管道場的秩序。在四大法律主中，關法律主最常透過開沙或借竅的方式現身批訓，因此留下不少關於一貫道中關公的訓文。

(一)關帝在懺悔班中的白話訓文

民國77年(1988)，在台北縣三峽的一所大廟中，開了一場懺悔班的法會。「懺悔班」指的是開班的班員要反省懺悔自己的罪過錯。在一貫道中很強調懺悔過錯，每天早晚在佛堂的獻香早課中，要默唸一段愿懺文，每月初一、十五的拜供中，要唸一段懺悔書，目的在提醒每位修行人要時時反省自己，勇於改正過錯。每隔幾年也會有舉辦大型的懺悔法會，民國77年的這一場懺悔法會中，署名關帝臨壇多次來調教班員，針對不同的對象，因材施教。我們先看第一班，針對點傳師開的懺悔班，關帝臨壇講的一段話：

修道人不能明心，如何見性，如何領導眾生脫離輪迴苦

海？你們想想，肉體的苦已經是夠苦了，修道如果靈性自礙，不能脫苦，你們將如何再超生了死？俺看你們來開懺悔班，一點也不像，如何做道場中的英才？【13】

又說：

吃苦方能了苦，受罪方能了罪，你看你們的嘴巴多鋒利，全部憑口舌之詞，願各位能夠伸出真心往內觀，然後發揚光大行天下！若非三期大開普渡，老◎恩典救三曹，那有這一遭？那有此等福份與諸天仙佛同堂研究道理來了。【14】

接下來又說：

你們把眼睛往外觀，多少同胞，酒色財氣、醉生夢死不回頭，如果你們也如此心性墮落，還有誰可以相依相靠來擔當這一遭？俺關某恨不得自己能夠轉身再來辦一場，無奈何老◎有旨，派俺坐中天。【15】

以上三段話是在點傳師懺悔班中，關法律主一開頭的訓示。總共講了約400句的話，共約2200字。內容很是嚴厲，但可以感覺到苦口婆心要大家好的用心。一貫道中的「點傳師」，是道中重要的領導階層，可以代理師尊、師母傳道。關帝以很嚴厲的要求在場的點傳師要好好反省自己，明了來開懺悔班的意義，拿出真心來，發心修辦，改正自己不好的脾氣毛病，努

【13】林榮澤編輯，《民間宗教天書訓文資料庫》，編號AGAL771012。臺灣，1988年10月12日。

【14】林榮澤編輯，《民間宗教天書訓文資料庫》，編號AGAL771012。

【15】林榮澤編輯，《民間宗教天書訓文資料庫》，編號AGAL771012。

力去修辦，才能真正明心見性。如此自己方能脫離苦海，也才能帶領眾生脫離苦海。在一貫道中，關法律主常是如此嚴厲的訓話，但在場的所有參班者，莫不俯首聽訓，信受奉行，而且對關帝崇敬程度也愈深。

再來看看，同樣是懺悔班，關帝針對不同的班員，是講師、壇主的懺悔班，關帝一開頭就來訓示說：

關法律主：為何有此班產生？

操　　持：為什麼要開這個班大家知不知道？

關法律主：何嘗不是要消你瀰天的罪業，是否？

班　　員：是

關法律主：你們有否罪過錯？

班　　員：有

關法律主：多少？

班　　員：很多

操　　持：我們很多的罪過錯要不要求仙佛給我們赦罪？

班　　員：要

關法律主：你們想不想將你的罪過錯一筆勾消？

班　　員：想

關法律主：既然想，就把你的真心給拿出來。

操　　持：我們大家想一想，我們有沒有真心啊？【16】

以上是三方面的對話，操持指的是法會進行中負責貫串全場的人，班員是講師及壇主為主，關公是一貫道中的法律主，

【16】林榮澤編輯，《民間宗教天書訓文資料庫》，編號AL771018。臺灣，1988年10月18日。

扮演督班的角色。從上面這段對話中可以了解，關帝臨壇主要的用意是要班員拿出真心來開班，好好的懺悔。以這樣對話的方式來呈現，配合臨場感，讓班員覺得彷彿法律主就時時在身邊監督開班，怎能不戰戰兢兢。和在臺灣相較，　在泰國開的另一場講師、壇主的懺悔班中，關法律主臨壇說的話，也是很直接、很嚴厲：

關法律主：良心掏出了嗎？

班　　員：有

關法律主：良心掏出還會散漫？那有誠意？

班　　員：沒有

關法律主：既然沒有，那不是還有罪？

班　　員：是

關法律主：懺悔有心思睡覺，你入道已久，到底明白了多
　　　　　少？真正修持精進了嗎？

班　　員：沒有

關法律主：佛性骯髒一點都不光明，你身為講師、壇主，
　　　　　真的以身作則了嗎？

班　　員：沒有

關法律主：憤高自大傲慢，目中無人，叫修道嗎？

班　　員：不是

關法律主：外表還可以看，內心呢？內心光明嗎？

班　　員：沒有

關法律主：暗室做了多少虧心事，你莫要認為神不知鬼不
　　　　　覺，所有過錯上天給你記得一清二楚，後悔來
　　　　　此嗎？

　　班　　員：不後悔【17】

　　同樣是針對講師、壇主。這一班在泰國普濟宮開的懺悔班，關法律主一來是先要求班員跪下，然後講了一番嚴厲的話，訓示班員要好好珍惜開班的因緣。

　　以下是另一班，民國77年，一場在臺灣開的壇主、辦事人員懺悔班中，關帝也是在開頭臨壇訓示：

　　關法律主：你們今天來是做何事呀？

　　眾　班　員：懺悔

　　關法律主：真懺悔了嗎？

　　操　　持：大家有沒有真心懺悔？有沒有？

　　眾　班　員：沒有

　　關法律主：有的上課竟胡思亂想的

　　操　　持：有沒有胡思亂想的

　　眾　班　員：有

　　關法律主：真的懺悔，誠心怎麼不拿出來呀！

　　操　　持：真心懺悔，為什麼誠心還沒拿出來呢？

　　關法律主：六萬年來就這麼一次機會！

　　操　　持：是不是機會非常難得？

　　眾　班　員：是

　　關法律主：想不想真懺悔呀？

【17】林榮澤編輯，《民間宗教天書訓文資料庫》，編號AL860403。泰國，1997年4月3日。

眾　班　員：想【18】

在上述這段關帝調教班員的過程中，同樣也是三方的對答。操持扮演補強的角色，針對關帝說的話補充強調，而關帝反複提出的，就是要班員拿出真誠的心來懺悔。

九年後的民國86年，同樣是針對壇主及辦事人員，在高雄林園的一場懺悔班中，關法律主也是在第一天一早就臨壇訓示：

關法律主：既然是有心來此懺悔，為何打瞌睡呢？那這樣子你對得起上天的恩德嗎？連基本禮節你都不懂，有問必答才叫做禮，如果有問不答，這叫怠慢仙佛，這個叫錯，有沒有錯？

班　　員：有

關法律主：剛早晨就精神散漫，這樣對嗎？

班　　員：不對

關法律主：不對又該如何？要改進是不是？

班　　員：是

關法律主：改進不只是嘴巴說，而是實際付淨，剛才所講的是什麼理？講班規是不是？

班　　員：是

關法律主：聽清楚了嗎？

_____

【18】林榮澤編輯，《民間宗教天書訓文資料庫》，編號AL771102。臺灣，1988年11月2日。

班　　員：聽清楚了【19】

關帝習慣在法會的一開頭就來督班，叮嚀要求班員要提振精神，要守班規。而且，可以看出來，關法律主很重視與班員之間，要有問有答的互動，所以還提醒班員要懂禮貌，要有問必答。這是一場二天的懺悔班，關法律主借竅講的話，重點是

要班員：「好好利用這兩天，自己迴光返照，你自己的錯誤，如山之高如海之深，藉此機緣，懺悔盡淨，讓老天來寬恕，但是想消業想得福，一定要心懺悔明白嗎？」【20】

身為一貫道中的法律主，關帝世是有很嚴厲的一面，顯身示教、神威赫赫，叫人蕭然起敬。如以下的一段，關法律主：

大刀給我拿取下，你們開懺悔班，連個大刀都沒給我準備，俺關某伏魔不伏冤，沒拿大刀給你們瞧瞧，不知關某的厲害，一天已經即將過去，你們的真心在那裡？誠意又在何處？佛堂外頭怨氣沖沖，俺關某也作不了主，你們可知嗎？沒有一份真誠，你又如何去了六萬年的罪；沒有一分的真意，你又如何去除靈性的一切污點，俺關某法力無邊，卻伏魔不伏冤。【21】

在上述關帝臨壇講的這段話之前，有小仙童先來臨壇，小仙童口口聲聲說是跑錯了地方，因為這是個懺悔班。小仙童

【19】林榮澤編輯，《民間宗教天書訓文資料庫》，編號AL860130。臺灣，1997年1月30日。

【20】林榮澤編輯，《民間宗教天書訓文資料庫》，編號AL860130。

【21】林榮澤編輯，《民間宗教天書訓文資料庫》，編號AL771130。臺灣，1988年11月30日。

又說看到外面鬼很多，所以他很害怕，隨即離去，改由關帝臨壇，才會一開頭就說，要拿關刀來。又一再強調關帝是「伏魔不伏冤」。所謂「伏魔不伏冤」的意思，在一貫道中認為，個人造的罪業要自己了，上天也不能幫你消業障，得靠自己的真功德才可以了去累世的罪愆。所以關帝才會說，他只會伏魔解厄，不會解人業障。通常個人所造的業，嚴重的稱為冤親債主，如果是個人的冤親債主找上身來討債了，關帝是不會管的。所以才會說，佛堂外頭怨氣冲冲，指的就是小仙童說的外面很多鬼，關帝他也是作不了主，主要是看大家的真誠之心夠不夠。

（二）關帝在法會中的白話訓文

臺灣一貫道的「法會」，是針對不同的對象來安排的，通常是進行一天、二天或三天，視不同的班員性質而定，大致分成一般的新道親、辦事員、清口人員、壇主、講師、點傳師、青年、學務人員等。如果是一天以上的法會，大多會利用大廟來進行，開班的班員要住在廟裡。法會的內容主要是上課及禮節儀式的進行，在課程的進行中，有時會有仙佛臨壇，批出篇篇的訓文，有對句的「詩訓」，有調寄時下流行歌曲的「歌訓」，也有很玄妙的「訓中訓」，甚至是「訓中又訓」，還有就是互動式對答的「白話訓」。這些一貫道的天書訓文，就「天書訓文資料庫」所藏的來看，正常的情況下應該都是在法會中產生，所以每一篇訓文的背後，都代表著一場場法會的進行。「法會」就扮演著接引新道親、成全老道親的主要角色，

通常開過法會的人，對一貫道就很容易產生信心，尤其是經由仙佛臨壇訓示，讓人產生信心，有很大的影響力。

　　由於在一貫道的信仰中，關帝的職責主要還是掌管佛規法令為主，尤其是在法會開班期間，關帝有時為了更明確的規範，會直接以關法律主的身份來開沙批示。民國89年(2000年)在泰國的一場一般新道親的三天法會，開頭關帝就來臨壇訓示，就當時的記錄下來的訓文來看：

　　　　關某執法嚴如山　　豈能當作兒戲般
　　　　律己為主言行端　　以身作則樹標杆
　　　　　　吾乃
　　　關法律主　奉
◎旨　入佛軒　隱身早參
皇◎顏　問賢士否把禮遵嚴
　　　　特訂定開班班規：
　　　一、上課要專心聽講　不可隨意走動
　　　二、上課打瞌睡者　跪聽後　再起立
　　　三、如同心同德班一樣　須端正己身
　　　四、一言一行　一舉一動　戰戰兢兢
　　　五、時間到　馬上回座位　不可拖延
　　　六、隨時隨地　自我要求　遵求佛規
　　　七、嚴守默語戒　振作精神　莫昏沉【22】
　　「班規」，指的是參與法會的班員，必須遵守的規矩。像

【22】林榮澤編輯，《民間宗教天書訓文資料庫》，編號AL891111。泰國，2000年11月11日。

這樣由關法律主降壇明確訂定，在臺灣是不多見的現象，這可能與在國外開荒傳道的情況特殊有關係。

同樣是在泰國的前一年(1999年)，在道光佛堂舉行壇主班法會時，關法律主臨壇，以借竅的方式向班員說：

> 吾關某觀看，不用擺椅子了，把吾的話記下來：一、每日站聽兩堂課。二、每日迴一餐。三、每日畢班前五千叩首。三項班規，做得來嗎？兩堂的時間由主班自己選擇，每日迴向一餐，也自己量力而定，明白嗎？能夠瞭解頒此佛規之心意嗎？望賢士們端正身心，吾批之訓語，句句針對你們心內之缺點，心容易放，要收都非常的難！賢士來此兩天聽班，好好做到「收心」之工作，「事事以蒼生為念」啊！【23】

這樣算是較嚴厲的班規，可能因為是壇主，所以要求的多一點，要每天一餐不能吃，站著聽二堂課，而且要五千叩首作迴向，按關法律主的用意，是要壇主來此參班，應事事以天下眾生為念。

一貫道中的關公，感覺上雖很嚴厲，但背後卻蘊藏著深深的慈悲心，那是一份對信眾調教的用心。這可以在另一場針對壇主開的法會中，從關公所說的一番白話訓中，深深的體會：

> 一壇之主不容易，而後學的多寡形成你們的壓力，否有？後學多寡形成壓力，那是你們自己找的，你們少放一點壓力，也就是你們退一步，讓你們的後學更有空間發揮所

【23】林榮澤編輯，《民間宗教天書訓文資料庫》，編號AL881211。泰國，1999年12月11日。

長，將這壓力變成為義務與責任。當做是義務與責任，莫把它當做壓力來壓抑後學，若以壓力來對待只會傷害他。也是告訴你們站於人前之人，把這壓力當做責任與義務，你落得輕鬆，換來他人的快樂，也希望你們身為後學之人，凡事廢話少說，這點事我能做，盡力來做，所謂「天生我才必有用」，你們都有用，好好發揮你們這身臭皮囊，「上下一氣，辦道更容易」。改變自己就是改變他人，每日佛燈一點，老關看得清清楚楚，所以要求你們壓力放輕，換來後學的快樂與進步。【24】

看來關公是如此細膩的調教每位壇主，關照之心溢於言表，希望這些壇主不要有太大的壓力，能修道修得快快樂樂的。所以說關法律主表面上看來似乎是嚴厲威武，但實際上的也有著令人感受深刻，很細膩的慈悲心。

不只是在國外，在國內也是如此，而且關帝不是只對班員要求，有時更會嚴厲的要求前面的領導者。民國93年(2004年)在臺灣靈隱寺的一場學務人才精進班中，關法律主臨壇時，就很嚴厲的說：

敬天地禮神明，敬那個天？禮那個神啊？還睡得下去嗎？這是個什麼班啊？精進兩個字這麼容易嗎？可有想過從早上請壇的時候該如何？點傳師有沒有到？你們當作馬耳東風！才講不久，前面的人就不遵守，後面的人怎麼遵守啊？上上下下你們自己想想看，你們經理會議，點傳師會

【24】林榮澤編輯，《民間宗教天書訓文資料庫》，編號AL841202。臺灣，1995年12月2日。

議有沒有準時？你們拖拖拉拉，你們身為前面的幹部，你們準時了沒有？光說這個時間就好，準不準時？推拖、拖拉，擔誤多少眾生！你們知不知道、曉不曉得啊？你們把仙佛講的話當作是人在罵你們啊？真是要不得！我們這個班更要戰戰兢兢重新開始好不好！中午不准吃飯，尤其你們上面的人！有沒有聽清楚？早上請壇的時候，該來沒來的人，給我一千叩首才可以上來助理、助班，否則沒有資格。【25】

可以看的出來，這樣嚴厲的要求，是一種對道中幹部的調教，一有差錯的地方，馬上提出來糾正。這通常就是關法律主在一貫道中的角色。因此，可以看出來，關帝雖是扮演一位執法者，但背後最大的用心，還是在於調教信眾。再就民國84年(1995年)，關法律主的臨壇，針對清口人員的白話訓來看：

年度大班意義非凡，眾賢士們有否好好省思過？此班清口辦事人員什麼班？複習班！何謂複習？說複習不恰當。老關命名為「自律班」，何謂自律班？就是要你們自行、自找、自治，凡事要自己以身作則。此班出去若己身不帶動，如何帶動後學之輩？莫再懵懵懂懂過日子啊！【26】

在這場年度大班中，關帝要求將班名改為「自律班」，顯見關帝的用意至為明顯，是一種調教班員的方式，要大家

【25】林榮澤編輯，《民間宗教天書訓文資料庫》，編號AL930718。臺灣，2004年7月18日。

【26】林榮澤編輯，《民間宗教天書訓文資料庫》，編號AL841201。臺灣，1995年12月1日。

自己管理好自己，謂之自律，也就是要自動自發，以身作則。這場法會的最後，關帝為了加強大家的信心，還不忘在臨走前說：「再說初發心難恆久，只因易於動心，老關送你們三個點心：1、初發心；2、真誠心；3、無畏心。送給諸賢士們，每天必食，照三餐來食，這樣才可以恆久，好好善用吧!」【27】

民國86年(1997)，在美國洛杉磯的道一佛堂，一場以清口以上的幹部為主的「同心同德班」，關法律主在末尾畢班前臨壇，講了一番話：

關　老　爺：吾老關，伏魔不伏冤！你們不要當作這是兒戲啊！如果說，你的心不存正念，如果有冤欠入身，那麼你們自己負責！你們要聽明白了！

班　　　員：是

關　老　爺：最後再給你們交代一句，浩然正氣要提出來，班規一定要嚴格遵守，聽得懂嗎？

班　　　員：懂

關　老　爺：你想一想一個修行人，不遵守這個道規，你還談什麼成道！這個道規就是天律，聽得懂嗎？

班　　　員：懂

關　老　爺：千萬不要違犯天律，在最後給你們交代一句，浩然正氣絕對要提出來！聽得懂嗎？

【27】林榮澤編輯，《民間宗教天書訓文資料庫》，編號AL841201。臺灣，1995年12月1日。

班　　　員：懂【28】

關公以其忠義的精神，而受到民間普遍的崇信。關公的人格特質漸被神格化，成為披肝瀝膽，忠孝節義貫古今的精神表徵。1999年在泰國，關法律主臨壇開沙的鎮壇詩，最足以代表關公在一般人心中的精神表徵：「正氣浩然沖霄雲，披肝瀝膽衛國君。幼觀孔孟春秋覽，甚弘碧血表丹心。萬里長征塵灰掀，身披戰袍威凜凜。護嫂過關斬六將，忠孝節義貫古今。」【29】在另一場法會中也說：「天生地養性至剛，浩然正氣身中藏；馬首是瞻良知現，效聖法賢良能彰。」【30】因此，關公在一貫道中，代表著一股浩然的正氣，足以降伏一切的妖魔鬼怪。民國87年的一篇關法律主訓文所言：「關刀伏魔不伏冤，法律綱紀護善廉。律己身心去邪念，主意抱定舉步前。」【31】按關法律主自己的解釋，所謂的「伏魔」，指的是降伏每個人自己的「心魔」。關法律主說：「當知心魔無時無刻都在爾身邊出現，意念稍一放縱，心魔即侵入爾心房；爾

【28】林榮澤編輯，《民間宗教天書訓文資料庫》，編號AL861211。美國，1997年12月11日。

【29】林榮澤編輯，《民間宗教天書訓文資料庫》，編號AL881211。泰國，1999年12月11日。

【30】林榮澤編輯，《民間宗教天書訓文資料庫》，編號AL810223。模里西斯，1992年2月23日。

【31】林榮澤編輯，《民間宗教天書訓文資料庫》，編號AL871113。臺灣，1998年11月13日。

若敞開心房,則任心魔滋生,明白嗎?」【32】又說:「諸位可曉得何者最容易招惹心魔?慎高我慢者!此種人不懂得低心下氣,目中無人,不能秉持虛心做事,其離魔道最近,離佛道最遠。」【33】至於如何降伏心魔,關帝也有清楚的說明:

> 心魔常常在諸位身邊出現,要如何克服?末後一著,莫忘修己啊!即使是末日已至,這與修道又有何關係?不因天時緊急而至心神渙散、無法專心、招惹人禍,卻怪罪業力現前。天時的變化是神人難測的,現在唯有盡心盡力、全力以赴將自己的本份做好,以期望達到正己成人,明白否?且曉得「鞠躬盡瘁,死而後已」,當你一心許天,天必將撥轉。【34】

要降伏心魔就必須盡心全力以赴,以達到正己成人的目的,這也就是「培德」。

民國88年(1999年)在臺灣的天聖佛院,關法律主臨壇的說法,所謂「培德」就是要:

> 問你們內心實不實在?你們帶著何種心?有幾分誠敬?上天可看得清清楚楚,若無法從內心真正體認培德的重要性,道務如何發展?一個無道、無德之人,必不能感化諸多的眾生,可見培德之重要,諸位心裡應有定向,而不是茫茫然。若每人都有德,何慮道務不宏展,何慮繼往開來

【32】 林榮澤編輯,《民間宗教天書訓文資料庫》,編號AL871113。臺灣,1998年11月13日。

【33】 林榮澤編輯,《民間宗教天書訓文資料庫》,編號AL871113。

【34】 林榮澤編輯,《民間宗教天書訓文資料庫》,編號AL871113。

之神聖使命不能擔也。【35】

關聖帝君不只是要求佛規，在一貫道中，關帝最重視的就是一位修道人德性的培養，謂之「培德」的功夫。在另一篇白話訓中，關帝對於如何培德的法則，說的更為詳細：

古人為何可成就一番聖業，而現今之人卻不可？乃因沒有接受磨煉，故難以成材。現在吾來說說培德法則：

一、德性不培難轉法輪

二、德性不立罪債難清

三、德性不修難顯道尊

四、德性不足難擔重任

五、德性不積難以載道

六、德性不彰難以化人

七、德性不端難以證品

八、德性不正難以啟信【36】

這八項培德的法則，說的非常清楚與詳盡。為何關帝如此重視「培德」，在另一段白話訓文中，關帝是如此說的：

大道場的進步，不是只求個人，而是整體，因此在座的賢士定要革除私心偏見、諸言傲慢，能夠把自己的習性毛病革除，應以「苟日新，日日新，又日新」時時警惕自己進德修業，才能進步。要日有所進，月有所得，方是培德之

【35】 林榮澤編輯，《民間宗教天書訓文資料庫》，編號AL880626。臺灣，1999年6月26日。

【36】 林榮澤編輯，《民間宗教天書訓文資料庫》，編號AL880627。臺灣，1999年6月27日。

根本。【37】

可知,關公所強調的是整體大道場的進步,唯有每人都能以苟日新,日日新,又日新的精神,革除自己的習性毛病,努力培養德性,大道場才能真正的成長進步。

可以看出,關帝調教眾生的用心是非常細膩的,針對不同的對象,說不同的內容,讓聽者都能有很好的收穫。在民國95年初,在臺灣的一場一貫道點傳師班法會中,關帝臨壇針對這些在道中犧牲奉獻的領導幹部,有一番非常肯切的訓勉,其中有一段談到:

> 問爾人格正了嗎?道格定了沒?累百之非必成是,公理從此問津無。須知念起偏處魔依人,故而你們行之無味退變生,寧有忠讜直言,不做趨炎之附論。一人昇則眾人有幸,一人頹喪則眾覆愁雲,問爾們生命是活在道德光輝中,抑或活在自我思想中,抑或活在情慾充斥中。莫要讓自己的言行考驗眾人對道的信心,三清不清何來四正,聖凡否清、錢財否清、男女否清。天理人意分不清,必得先明時局,再則觀局,繼而識局,識過去現在未來,偶爾必須要順局,方知布局。布局亦得要理局,方可轉局,局勢稍轉,才有機會破局而出,從上至下,不管你們身入何局,皆不可逆局而行,否則將面臨承擔難以預料之大考

【37】林榮澤編輯,《民間宗教天書訓文資料庫》,編號AL880628。臺灣,1999年6月28日。

驗。【38】

　　其中一段非常發人深省的問話：「問爾們生命是活在道德光輝中，抑或活在自我思想中，抑或活在情慾充斥中。」可說一針見血的提醒，現代人的痛苦就是活在情慾中，要學習的正是如何將生命活在道德的光輝中。在民國93年(2004年)的一次的法會中，關法律主臨壇來教誨說：

　　　　成熟的人懂得化抱怨為感恩
　　　　懂事的人懂得化被愛為愛人
　　　　寬容的人懂得化指責為引導
　　　　堅強的人懂得化悲憤為力量【39】

　　這些簡明有力的道理，讓人聽了就會覺得很受用。

　　綜合上述關帝的白話訓文分析，可以了解三國時期的關羽，如何化身成為一貫道中的關聖帝君、關法律主，一步步的借由借竅臨壇的「神人互動」方式，建構起信眾對關羽的特殊信仰神格。一貫道中的關法律主，是一位剛柔並濟，既威嚴又慈悲，也很能細膩調教眾生的仙佛。這種神格的建構是透過一次次神人互動的模式，所建立起來的信仰，一貫道其他的神佛也是如此，尤其是濟公活佛的白話訓文最多，應用神人互動的建構模式，影響也最大。因此，我們可以了解一貫道是透過「神人互動」方式，逐步建構起本身的信仰體系，也就是一

【38】林榮澤編輯，《民間宗教天書訓文資料庫》，編號AL950207。臺灣，2006年2月7日。

【39】林榮澤編輯，《民間宗教天書訓文資料庫》，編號AL930619。臺灣，2004年6月19日。

貫道的宗教性建構過程，是與「神人互動」的模式密不可分。既然一貫道這個新興教派的發展模式是如此，我們可以了解古代那些可以扮演神人溝通角色的人，必然對原始宗教信仰的產生，具有關鍵性的影響。

四、神人互動與信仰認同的建構

　　探討「神人互動」與建構宗教信仰的問題，除了三才所扮演的神佛角色外，重要的還有信徒的信仰認同。兩者配合起來，才能構成圓滿的互動關係，以建構成一個宗教的信仰體系。

　　前面論述中引用張家麟教授對松山慈惠堂的問卷分析，張教授在結論中提到：「筆者估計未來鸞堂在現代社會的基礎上，可能採用較為便利的白話鸞文、簡化的鸞筆、多媒體電腦化、活潑互動的儀式及尊重女性等措施。」【40】文中還提到，形式變遷的認同度，就是一種「神與人的溝通」分析，它具有很高的認同度。所謂神與人的溝通，也就是一種「神人互動」的意思。

　　由神人互動式對答所建構的信仰認同，廣義上來說是一種「傳通」(communication)。林文剛認為「傳通」指的是一種

【40】張家麟(2006)，〈宗教儀式變遷與宗教發展：以鸞堂扶鸞活動為焦點〉，頁39。

雙向全面互動循環(interaction)，指涉的是身份認同的建構過程必須使用一套共享的語言、符號，在語言符號的使用過程中，傳通雙方進行了解，乃至誤解，也因而產生了認同的獨特性。[41] 在一貫道中，關帝臨壇講話代表著神的威嚴性與神聖性，透過語言的傳通，採雙向式、互動式的問答，以達到傳遞某種勸善理念，以建構信仰認同的目的。

一貫道的信眾，無論是點傳師、講師、壇主、辦事人員，一般道親等。在法會的媒介裡，以道德修持為前題，投注了自身的時間、精力與情感為成本。經由互動式的與神佛傳通，彼此交換語言、符號乃至於形塑出信眾都認同的規範，同時也內化成自我的價值觀，進而發展出個體的核心自我，即是一種信仰認同的建構過程。在這樣互動的過程裡，又會產生神人之間所認同的語言、符號、儀式規範及價值觀等的「宗教文化表徵」。

由上述關帝的白話訓文的分析來看，是一種神人之際信仰關係的建立。然而，在一貫道的信眾之間，要完整的建構群體信仰意識(指對關帝的信仰)，其中還牽涉到「人際傳播」的因素。而且，此與單純是人與人之間的人際關係建立，顯然有著更為複雜的「人際傳播」上的問題。邁克·E·羅洛夫(Roloff)將「人際傳播」定義為：基於自利的基礎下，人際傳播是處於一個關係中的甲乙雙方，借由相互提供資源或協商交換資源的

---

[41] 林文剛(1998)，〈卡拉OK在身分認同構成中的模糊特性〉，《新聞學研究》，第56集，頁65-83。

符號傳遞過程。【42】依照Rolloff的觀點，人們傾向於在能發展自我利益的情況下，同某些人發生某些傳播行為，也就是說人際傳播的動力是自我利益。假如，將這種「人際傳播」的觀點，看成是人與神之間，如何建立起信仰認同的「神人傳播」問題，是否依然是Rolloff所認為的，神人傳播的動力也是來自「自我利益」？宗教信仰在某種程度上也是自我利益的追求，但就一貫道中關法律主疾言厲色的話語而言，關帝信仰的建構上，信眾追求的目的應有更多的利他精神在其中，而不單單只是一種利己的動力。所以說，本文探討的神人互動式信仰建構，所產生的「神人傳播」問題，遠較Rolloff的「人際傳播」來得複雜許多。

所謂信仰認同的建立，本身也是一種價值觀的建立，信眾如何對關帝崇信，不應只是他的圖騰形象，而是在於他臨壇時所說的道理，得到普遍的認同，以建立信仰的基礎條件。一貫道信徒對信仰的認同，基本上是建立在兩項主要的因素上，除了法會當下，透過神人互動產生的信仰崇拜外，重點還是要有足以影響人心的說理，這些道理也許是老生常談，以儒家思想為主的綱常倫理，但透過神佛來傳達時，就具有打動人心的說服力。

然而，就認同的建構而言，史都華德‧霍爾(Hall)指出，認同是建構在個體認知他們自己與他人是否擁有一些共同的起源

【42】Roloff, Michael E.(1981). *Interpersonal Communication: the Social Exchange Approach*. (Calif: Sage Publications.) PP.21.

或共同分享的特質上。【43】朱龍祥則認為，認同於某一對象的過程，自會將楷模的價值、思想等內化為自己的價值、思想，也就是將其內化為自己心中的一個學習的過程。【44】一貫道信徒的信仰認同，包含不同的角色(一貫道中稱為天職)與教義的認同。不同角色的扮演代表著不同的職責，也可視為是一種參考團體的認同。根據謝里夫(Sherif,1948)的"參考團體"說，指社會行為者予以認同並在引導自己行為和社會態度時加以仿效的實際團體或社會範疇，謂之「參考團體」。葉至誠(1997)進一步指出，通常個人是經由參考團體而學得社會一般所公認的觀點，因此參考團體的觀點就常常成為個人的觀點。【45】此外，一貫道的角色認同，還有一項特色，是透過一種領天命的儀式過程來達成【46】，讓擔任該職責(天職)者，增加了一份神聖感，自然能增加信仰的認同度。

至於教義上的認同，指的是共通的價值與思想的內化過程。一貫道非常強調儒家傳統的倫理思想，在道中謂之「儒運應白陽」。目前就天書訓文資料庫中所收藏的一貫道訓文來

【43】 Hall, Walton. And Keynes, Milton.(1997).*Identity and Difference*. (London: Sage in association with the Open University),pp.52.

【44】 朱龍祥(1997)，《流行音樂歌曲歌迷偶像崇拜的行為與心態初探》(高雄醫學大學，行為科學研究所碩士論文)，頁25-30。

【45】 葉至誠(1997)，《蛻變的社會》(台北：洪葉出版)，頁69。

【46】 一貫道的領天命是一種「天命領導」的方式。詳見林榮澤(2007)，《一貫道歷史：大陸之部》(台北：明德出版社)，第七章〈天命領導〉，頁359-382。

看,有70%以上都是在闡述儒家倫理思想,關法律主的白話訓文,講的話雖然嚴厲,但也都離不開儒家的綱常倫理思想,顯見這方面是比較容易得到信徒的信仰認同。

舉例來說,關公在一貫道中最重要的一篇教義,是〈三綱五常五倫八德〉【47】,這篇是關公親自降筆講述,由白水老人韓雨霖道長,從大陸帶過來臺灣。在一貫道中,經常當作講道用的教材講述,顯見這篇天書訓文的影響很大,也是關公對一貫道教義的主要代表作。關帝說:

願諸生遵守三綱五常,五倫八德,以為進修之基礎,大道之得不難也。------三綱者,君為臣綱,父為子綱,夫為妻綱。君臣有忠愛之義,父子有天性之親,夫婦有和順之義,此三綱之道也。【48】

一貫道教義中,一直有儒家應運的說法,即是所謂「儒運應白陽」的意思。因此,關帝對三綱五常、五倫八德的講述,正好符合一貫道的核心教義。這段三綱的闡述,講到君臣有忠愛之義,父子有天性之親,夫婦有和順之義,說的相當貼切明白。再就仁、義、理、智、信五常而言,關公說:

【47】 林榮澤編輯,《民間宗教天書訓文資料庫》,編號L600900,批訓年月不詳。收錄於白水老人選輯,《箴言集成》(彰化市:光明國學出版,民國82年6月),頁85-100。

【48】 林榮澤編輯,《民間宗教天書訓文資料庫》,編號AL600900。《箴言集成》,頁90。

仁者，人之心德也。心德就是良心，良心即是天理，乃推
　　己及人之意也。

義者，宜也。則因時制宜，因地制宜，因人制宜之意也。
　　所當做就做，不該做就不做。

禮者，說文：禮，履也，所以事神致福也。禮，體也，得
　　其事體也，人事之儀則也。進退周旋得其體，乃是
　　正人身之法也。

智者，知也，無所不知也。明白是非、曲直、邪正、真
　　妄，即人發為是非之心，文理密察，是為智也。

信者，不疑也，不差爽也，誠實也。就是言出由衷，始終
　　不渝。信字從人言，人言不爽，方為有信也。【49】

　　一貫道強調儒家的綱常倫理，但要讓現代人接受這些老
八古的道德教條，本來就是件不容易的事。於是，我們看到了
一貫道，是如何將這些道德條目，重新賦予現代的意義。就關
公對五常的解釋來看，有一些觀念是新的看法，而且對這些德
目的解釋也容易令人接受，更何況是藉由天書訓文的方式，又
加深了說法上的神聖性，這樣就會比較容易落實到現代人的心
中。再來看看關公對古八德的義理解說：

【49】林榮澤編輯，《民間宗教天書訓文資料庫》，編號AL600900。《箴言集
　　成》，頁90-93。

孝者，肖也。孔聖以善繼親之志，善述親之事為孝。又
　　曰：「身體髮膚，受之父母，不敢毀傷，孝之始
　　也。立身行道，揚名於後世，以顯父母，孝之終
　　也。」

悌者，順也，順於兄也。對尊長不敢並行，不敢對坐，有
　　問則應之，有命則趨之，不敢怠惰放肆，皆悌之道
　　也。

忠者，內盡其良心，而不欺也。謂言出於心者，皆忠實
　　也。忠者，七正之心也，至公無私，一其心而已
　　矣。

信者，人言而成，乃立人之言也。人言能立，則不失其
　　道，所以為信。

禮者，以表達人之恭敬心也。人以禮來，我以禮答，則人
　　我之間，能和諧相處矣。

義者，宜也，謂作事之宜也。作事合乎正道謂之義也。

廉者，清白也。人有清廉之心，則恥被污瀆，自能潔身自
　　愛，雖貧不貪非分之財物。

恥者，人之本性也。因人之性本善，心靈不昧，則知奸惡
　　之可恥也。【50】

【50】 林榮澤編輯，《民間宗教天書訓文資料庫》，編號AL600900。《箴言集
　　成》，頁95-100。

在一貫道場的天書訓文中，最多被提出來當作教義闡述的，莫過於這些綱常倫理的規範。透過仙佛訓文及法會班次的不斷宣講，將生命教育落實在日常生活中，這也是一貫道教義上的特色。

就以上的分析而言，一貫道信仰認同的建立，主要是建構在兩項主要的因素上。一是透過仙佛開沙、借竅所呈現的「神人互動」方式，建立起對一貫道神祇的信仰。另一是信徒本身的信仰認同度的建立，這方面的建構也分成兩方面，一是對自己角色扮演的認同，一貫道以領天命的方式，加深信徒對自己天職的神聖感。另外是對傳教教義的信仰認同，一貫道的教義的建構上，借由仙佛臨壇「神人互動」所留下的天書訓文，多達萬部。這些都是現在一貫道教義的主要依據，由於是神佛所批示，在一貫道中具有無比的神聖性，很容易被信徒所認同信奉。

五、結 論

從一貫道關帝的白話訓文，我們可以看到「神人互動」的信仰建構模式。此一模式不只在一貫道中常被引用，在臺灣民間宗教裡也有普遍採行的現象。本文主要是將此一現象，透過關帝白話訓文的例證，結合宗教信仰之起源與建構的問題，作深一層的思考。

一貫道是近代新興的民間宗教，從師尊張天然於民國十九年開始在濟南傳道起，至今才七十多年的歷史。但傳播的速度之快、地域之廣是歷史上所少見。這樣年輕有為的宗教，很多

都還在發展中，它不只要有時間的焠煉，人才的培育，更需要有教義上的建構，才有機會成為可大可久，足以影響人心的一大宗教。從關公在一貫道中的信仰特質來看，關公被形塑成不同於一般關帝的信仰形象，其過程是透過「神人互動」的訓文來完成，這樣的模式將是一貫道教義建構上的一大特色。因此，要深入了解一貫道信仰的教義，這是一個值得注意的現象。

一貫道「神人互動」的宗教信仰建構模式，正是一貫道發展上的關鍵因素，所以此種模式的意義就顯得特別重要。筆者認為，這種「神人互動」的模式，應該是自有人類社會以來就存在的現象，因此它必然關係著早期宗教信仰的起源，甚至可以說，這種「神人互動」的方式，就是人類有宗教活動的最主要起源因素。這在本文借由關帝白話訓文的分析中，也可清楚的看出端倪。關帝白話訓文呈現出「神人互動」式的信仰建構，此一信仰建構的過程，包括兩項信仰認同的建立：一是人與神之間的認同，另一是人與人之間的認同。前者借由「神人互動」得到當下的親身體驗，很容易建立起對神佛的信仰。後者則是角色職責與教義上的認同，牽涉到同樣角色間的參考團體認同感，及對一貫道教義的信仰認同。而這些信仰認同的建立，重要的關鍵還是在於「神人互動」的親身經歷，這是建構一切信仰認同的根本因素。現在看來是如此，相信在古老的社會，同樣存在這樣的現象時，也會有相同的影響力，所以說，「神人互動」對宗教信仰起源，應該是很重要的關鍵因素。

（本文曾於「2008年民間信仰與關公文化國際研討會」宣讀，感謝姚玉霜教授指正，經修改後完成）

化世和平

─現代一貫道的和平觀

一、前言

　　一貫道在戰後由大陸傳來臺灣，經六十多年的發展，已成為臺灣最大的新興民間宗教。一貫道不只成功的在臺本土化，近年來更向世界八十多個國傳播，充分展現其國際化的實力。因而引起不少學界的關注與研究，宋光宇在〈中國民間秘密宗教研究情形的介紹〉[1]一文中，就提到一貫道是近年來相關研究論著最多的一個民間宗教。這些研究論著大多就一貫道的淵

[1] 宋光宇，〈中國民間秘密宗教研究情形的介紹(一)：一貫道〉，《漢學研究通訊》，7(1)：8-12，1988年。

源【2】、歷史【3】、發展經過【4】、教義內容【5】、人物傳記【6】、組織特色【7】等方面提出探討。然而,在材料的應用上,還很少用到一貫道的"天書訓文"【8】,這些透過田野調查所收集的材料,也就是一貫道中所謂的"仙佛訓文",本文主要是以這些"天書訓文"中所呈現出來的和平思想作分析。

要了解現代一貫道教義思想的特色,最直接的方式莫過於透過田野調查,實際去收集目前一貫道中所使用的教義經卷,會有比較真實貼切的了解。就筆者近年來的考察,一貫道的天書訓文,已成為一貫道教義的主要依據。它是透過開沙或借竅的方式來呈現,故謂之"天書";而內容多為訓誡式的說教詩句或白話口語,謂之"訓文",合稱之為"天書訓文"。這些訓文目前被臺灣各地的一貫道信徒,編印出來當作教本,成為教義與修行的依據。依筆者的觀察看來,目前已有超過一萬部

【2】周育民,〈一貫道前期歷史初探——兼談一貫道與義和團的關係〉,《近代史研究》,63期,1991年5月。

【3】馬西沙、韓秉方,《中國民間宗教史》第十八章:〈一貫道的源流與變遷〉(上海:上海人民出版社,1992年12月)。

【4】邵雍,《中國會道門》(上海:上海人民出版社,1997年5月)。

【5】鄭志明,《先天道與一貫道》(台北:正一善書出版,民國79年)。

【6】林榮澤,《一代明師:師尊張天然略傳》(台北:正一善書出版,2005年8月修訂五版)。

【7】林榮澤,《臺灣民間宗教之研究:一貫道發一靈隱的個案分析》(國立臺灣大學:三民主義研究所碩士論文,民國82年2月)。

【8】林榮澤(2007),〈民間宗教天書訓文初探〉,《新世紀宗教研究》,五卷四期,2007年6月,頁32-98。

的 "天書訓文" ，而收錄在「民間宗教天書訓文資料庫」【9】中的一貫道訓文也有七千多部，其重要性已經可以看成是一貫道的主要經典，就像其他宗教有自己的經典，一貫道的經典漸以這些天書作為主要的內容。所以，如果要了解目前臺灣一貫道的教義思想，不研讀一貫道中的天書訓文，是很難真正了解的。

現代一貫道的和平觀，主要奠基於師尊張天然「化世和平」的思想，傳來臺灣後，再經由一篇篇的天書訓文，作了進一步的開展，從而建構起富有特色的一貫道和平觀。因此，本文在探討上，會先就張祖的化世和平觀作分析，再引用「天書訓文資料庫」所藏的訓文，以探討一貫道和平觀的內涵。

二、現代一貫道的發展

（一）源於清代的民間宗教

就目前所知，一貫道和明、清以來廣泛流行於下層社會的

【9】「民間宗教天書訓文資料庫」，台北，一貫義理編輯苑，2007年6月。

民間宗教【10】，有著密切的淵源關係。從官方檔案【11】及《道統寶鑑》【12】的記載來看，清康熙年間的大乘教，是第一個與一貫道有直接淵源的教派。【13】到了清道光年間，官方檔案中記載了不少青蓮教的教首，和《道統寶鑑》所載的一貫道祖師相同。同治12年(1873)，青蓮教的教首林依秘過世，青蓮教再次分裂，其中的由姚鶴天所領導的一支，就發展出後來的一貫道。【14】清光緒初年，山東「東震堂」的王覺一【15】，大力倡導儒教化，以儒家之「一貫」來闡示先天道義。【16】光緒十二年(1886)，劉清虛承接祖位後，就將「東震堂」改名為「一貫

【10】中國的「民間宗教」一詞，是指唐宋以後，民間的一種自發性的宗教結社。它是普遍流行於社會底層，非純粹佛、道兩教之外的多種民間教派之統稱。詳見韓秉方，〈中國的民間宗教〉，收錄於湯一介主編，《中國宗教：過去與現在》(北京：北京大學出版社，1992.10)，頁163。

【11】這些官方的檔案主要有：《軍機處檔‧月摺包》(台北：國立故宮博物院藏)、《宮中檔乾隆朝奏摺》第1-75輯(台北：國立故宮博物院，1982-1988年)、《宮中檔康熙朝奏摺》(台北：國立故宮博物院，民國六十五年)、《宮中檔雍正朝奏摺》第1-34輯(台北：國立故宮博物院，1977-1980年)、《宮中檔嘉慶朝奏摺》第1-34輯(台北：國立故宮博物院，1995年)、《宮中檔道光朝奏摺》第1-24輯(台北：國立故宮博物院，1995年)、《軍機處錄副奏摺》(北京：中國第一歷史檔案館藏)。

【12】佚人著，《道統寶鑑》(台北：正一善書出版)。

【13】孚中，《一貫道發展史》(台北：正一善書出版，1999年3月)，頁87-96。

【14】孚中，《一貫道發展史》，頁97-112。

【15】王覺一在一貫道道統系譜中，是第十五代祖。

【16】林萬傳，《先天道系統研究》(台南：靝巨書局，民國75年4月訂正二版)，頁1-186。

道」，此為一貫道名稱之由來。【17】其後，一直到民國19年(1930)，張天然接掌第十八代祖位，【18】一貫道有了進一步的改革，連禮儀都作了簡化，【19】如此一貫道才真正開始宏展起來。

張天然自掌道後，即由濟寧到濟南傳道，一年後就建立了五處佛堂。【20】從此，一貫道就由濟南逐漸外傳。民國23年(1934)傳到天津，24年(1935)傳到青島及陝西的西安，25年(1936)傳到北平及安徽的蚌埠。【21】民國26年(1937)後，一貫道的發展更為快速。先是傳到山西、四川、哈爾賓、河南。27年(1938)傳入河北、河南，28年(1939)傳到上海、南京、寶雞、甘肅、新疆、南昌、無錫等地，29年(1940)傳到安東、昆明、漢口，35年(1946)傳到臺灣。到民國三十六年張天然病逝前，一貫道事實上已傳遍全中國。【22】此時天津、上海兩處的道務，

【17】宋光宇，《天道鉤沉──一貫道調查報告》(台北：元祐出版社，民國73年12月再版)，頁118。

【18】有關張天然接掌祖位的說法，在年代上有說是十七年(李世瑜)、有說是十九年(如宋光宇)、有說是二十一年(Lev Deliusin)，本論文採一貫道總會所編<一貫道簡介>的說法，以民國十九年作為張天然接掌祖位之始。

【19】張天然最主要的著作就是《暫訂佛規》，民國二十八年元月，頒訂於濟南(民國八十年，台北，三峽靈隱寺重印)。

【20】宋光宇，《天道鉤沉──一貫道調查報告》，頁123。

【21】參見中華民國一貫道總會編印，《一貫道簡介》(台南市：龢巨書局，民國77年1月)，頁42-47。

【22】孚中，〈師尊師母傳道年譜〉，收錄於《一貫道發展史》，頁409-416。

已形成一貫道的南北兩大道務中心。今日臺灣一貫道最大的幾個組線中，興毅、發一即是發源於天津，基礎、寶光則起源於上海。

民國36年(1947)8月，張天然過世。道務改由孫師母(慧明)承接。民國37年間，華北的局勢已相當危急，許多一貫道信徒紛紛避難海外，韓國、日本、臺灣、東南亞等地都有。在中共建立政權後，一貫道的道務馬上陷於停頓，中共將一貫道扣上「被帝國主義者及國民黨所利用的反革命工具」之罪名予與逮捕。【23】有的則轉入地下，利用秘密的地下室聚會，最大可容納三十人左右，彼此借秘密管道相互連繫；或是將名稱改成「中道」以作掩護，在山西省就有一些是如此。根據1955年7月29日的《人民日報》報導，在山西省破獲一個一貫道的地下組織，有102個地下室聚會處434個領導人被捕，同樣的情形在河北省也有發現。【24】可知，1949年後的一貫道在大陸已很難發展。

【23】《人民日報》 1950年12月20日。引自Lev.Deliusin "The I-Kuan TaoSociety" in *Popular Movements and Secret Societies in China* Edited by Jean Chesneaux,(Stanford: Stanford University Press , California, 1972). pp.225.

【24】《人民日報》 1955年7月2日及29日。引自C.K.Yang Religion in Chinese Society (Berkeley :University of California Press,Los Angeles,London 1970), pp.400.

(二)來臺後的發展

　　一貫道在大陸的發展雖如曇花一現，傳佈流行的很快，也很快的隨中共政權的建立而消逝。但它卻能再創機運，成就今日海內外的規模，主要還是這六十餘年來在臺灣的發展。一貫道由大陸傳來臺灣，最早是在民國34年(1945)12月16日，由陳文祥從上海搭船抵達基隆，翌年1月13日在宜蘭礁溪設立全台第一所佛堂"天德佛堂"，【25】是為一貫道開台之始。民國36、37年，隨大陸局勢的危急，有更多的一貫道信徒紛紛來台，這些人大都為今日臺灣一貫道的主要領導前人。當時臺灣社會是動盪不安的，一貫道以「渡人有功」的信念，「無生老母」為信仰核心的救世運動，及簡化的儀式和「先得後修」的理念，再加上領導前人的刻苦自已，仙佛的借竅批訓等因素，【26】使得一貫道能迅速的發展。直到民國52年(1963)警總的強力取締並勒令解散時，警總宣稱一貫道有五萬信徒。【27】

【25】〈陳文祥前人事略〉，收錄於《一貫道紀念專輯》(台中市：國聖出版社編印，民國79年4月5日再版)，頁143-144。

【26】宋光宇，〈試論四十年來臺灣宗教的發展情形〉，第一屆『臺灣經驗』研討會，國立中正大學歷史研究所主辦，民國81年4月27-28日。收錄於氏著論文集《臺灣經驗(二)--社會文化篇》(台北：東大圖書公司，民國83年)，頁211-212。

【27】宋光宇，〈試論四十年來臺灣宗教的發展情形〉，頁208。

　　民國52年治安單位的強力取締，並未使一貫道停止傳佈，反而造成它在更小心隱密的狀況下，不斷的增加信徒。並且以化整為零的方式各自發展，漸漸形成今日臺灣一貫道的十八組，六、七十個支線。【28】此時，一貫道也漸由以家庭佛堂為重心的方式，走向以大廟為道務中心的型態。最早的一貫道廟宇是雲林縣斗六鎮的「崇修堂」【29】。斗六崇修堂就是一貫道「發一組」初期的道務重鎮，也可說是發一組在臺灣的發源地。民國五〇年代起，一貫道各組線紛紛興建大型廟宇。寶光組的元德寶宮(民國50年)；基礎組的先天道院(民國56年) 等都是。民國六〇年代以後，幾乎各支線已有所屬的大型廟宇，且漸形成以大廟為該支線道務重心的運作型態。【30】此外，各大專院校一貫道的素食伙食團紛紛成立，也是這時期一項很重要的發展。民國62年(1973)2月，第一個一貫道的學生伙食團，是由逢甲大學的一貫道信徒，在學校邊的逢甲新村設立。【31】之後由逢甲向北、中、南各大專院校傳播，一直到民國69年(1980)秋，可說是一貫道在大專院校發展的黃金時期。伙食團的發展主要是在發一組，尤其是「發一崇德」目前全省約有

【28】慕禹，《一貫道概要》(台南：靝巨書局，民國91年1月)，頁80-128。

【29】〈崇修堂之緣起〉，收錄《一貫道紀念專輯》，頁256-257。

【30】這之間各組線在發展上也稍有差異，以興毅組而言，總佛堂數是全台之冠，但卻一直很少建廟，是以大型的家庭式公共佛堂為主要道務的運作中心。

【31】〈逢甲伙食團二十年記要〉，編錄於《快樂營集訓手冊》第一期，民國78年9月，中光明伙食團製(一貫道內資料)。

一百多個學生伙食團。由於伙食團的成功，使為數不少的大專青年投入一貫道場，對一貫道素質的提升有很大的幫助。【32】

　　民國七〇年代以後，一貫道不但發展成臺灣最大的新興宗教，而且有了重大的突破。內政部於民國76年(1987)2月21日，正式宣布解除三十多年來對一貫道的禁令。翌年3月5日，「中華民國一貫道總會」也獲准成立。另外，在此期中也有幾項重大的發展：一是信徒人數的快速增加，以「發一組」的一個支線「發一靈隱」為例，從民國72年到79年，家庭佛堂由205間增加到975間，成長率高達五倍左右。【33】宋光宇的調查是估計整個一貫道的信徒人數，由民國70年到79年從60萬增加到120萬左右，成長了一倍，【34】可知此期一貫道的快速宏展。

　　其次是自民國七〇年代起，臺灣的一貫道開始大量的向國外傳佈，尤其是在東南亞國家的開展最為神速。當民國79年在台北舉行一貫道"紀念師尊師母傳道六十週年大會"時，已有來自海外二十多國的一貫道信徒代表與會。【35】到民國九十一年(2002)一貫道總會編《一貫道概要》的統計，一貫道已由臺

【32】林榮澤，〈一貫道大專學生伙食團研究：以台北學界為例〉，《東方宗教研究》，新五期，1996年10月。

【33】詳見林榮澤，《臺灣民間宗教研究：一貫道「發一靈隱」的個案分析》，第三章「佛堂的組織」(臺灣大學三民主義研究所碩士論文，民國81年2月)

【34】宋光宇，〈試論四十年來臺灣宗教的發展情形〉，頁210。

【35】大會有實況錄影，事後由中華民國一貫道總會發行"歷久彌新—紀念師尊師母傳道六十週年大會"錄影帶，長樂文化事業公司，民國79年10月。

灣傳到世界七十多個國家，成為世界性的宗教。【36】其三，在
教義結構上也有了進一步的改革，一批道中的知識份子新生代
起來，將一貫道義與中華文化相結合，使其更具人文關懷的色
彩，及追求人間淨土的實現。【37】因此，民國70年(1981)起，
各型的國學研習班、國學育樂營、兒童讀經班，相繼在各大道
場推展開來。而在這時期中，老一輩來自大陸的領導前人，也
相繼凋零。由學界出身的一貫信徒，具有較高的學識及辦事能
力，漸漸成為各支線的主導者，這對一貫道的發展走向有很大
的影響。配合「總會」的成立，一貫道有更趨於理性、開放，
更積極參與社會的發展走向。

(三)現代一貫道的概況

根據中華民國一貫道總會編《一貫道概要》一書的統計，
截至民國91年止，臺灣的一貫道共分成十八個組，詳細情況整
理如下表所示：【38】

【36】慕禹，《一貫道概要》(台南市：靝巨書局，民國91年1月)，頁80-128。

【37】宋光宇，《天道鉤沉──一貫道調查報告》，頁135。

【38】慕禹，《一貫道概要》，頁80-128。

〈表一〉臺灣一貫道十八組發展現況統計表

組線	傳佈國家地域	佛堂數
基礎組	臺灣、日本、韓國、菲律賓、新加坡、馬來西亞、泰國、柬埔寨、印尼、香港、澳洲、紐西蘭、南非、美國、加拿大、英國、法國、荷蘭、比利時、德國、巴西、墨西哥、巴拉圭、阿根廷(24國)	公堂及大廟51 家庭佛堂4800多
文化組	臺灣、新加坡、馬來西亞、泰國、越南、柬埔寨、日本、菲律賓、印尼、印度、尼泊爾、柬埔寨、緬甸、美國、英國、奧地利、巴西、寮國、南非、匈牙利、澳洲(21國)	公堂及大廟7 家庭佛堂1000多
法聖組	臺灣、美國、巴拉圭、澳洲、尼泊爾　(6國)	公堂及大廟2 家庭佛堂30多
乾一組	臺灣、美國、英國、馬來西亞、汶萊、泰國、德國、荷蘭、柬埔寨(9國)	公堂及大廟5 家庭佛堂50多
天祥組	臺灣、香港、菲律賓、新加坡、馬來西亞、泰國、日本、韓國、澳洲、美國、加拿大、阿根廷(13國)	公堂及大廟23 家庭佛堂300多
金光組	臺灣	公堂及大廟1 家庭佛堂數十堂
天真組	臺灣、日本、美國、澳洲、馬來西亞、加拿大(6國)	公堂及大廟6 家庭佛堂不詳
慧光組	臺灣	公堂1 家庭佛堂數十處
浩然組	臺灣、新加坡、馬來西亞、日本、泰國、澳洲、越南、印尼、美國、美國(10國)	公堂及大廟15 家庭佛堂380多

中庸組	美國、巴拿馬、香港、美國(4國)	公堂及大廟13 家庭佛堂50多
安東組	臺灣、泰國、日本、香港、澳門、馬來西亞、新加坡、美國、加拿大、巴拿馬、奧地利、德國、阿根廷、義大利、西班牙(15國)	公堂及大廟13 家庭佛堂500多
寶光組	臺灣、新加坡、馬來西亞、泰國、印尼、柬埔寨、越南、澳洲、美國、加拿大、日本、澳門、菲律賓、紐西蘭、德國、奧地利、西班牙、巴西、阿根廷、巴拉圭、南非、緬甸、印度、尼泊爾、澳大利亞、東帝汶(26國)	公堂及大廟104 家庭佛堂11100多
明光組	臺灣、美國	公堂及大廟8 家庭佛堂100多
浦光組	臺灣、美國、加拿大	公堂及大廟1 家庭佛堂70多
常州組	臺灣、香港、日本、新加坡、馬來西亞、泰國、印尼、越南、緬甸、英國、澳洲、美國、加拿大、南非、索羅門群島 (15國)	公堂及大廟19 家庭佛堂1000多
發一組	臺灣、香港、澳門、菲律賓、越南、柬埔寨、馬來西亞、泰國、緬甸、印尼、澳洲、紐西蘭、模里西斯、美國、加拿大、日本、韓國、新加坡、汶萊、越南、寮國、尼泊爾、印度、巴西、巴拉圭、阿根廷、玻利維亞、秘魯、烏拉圭、賴索托、德國、法國、英國、荷蘭、義大利、芬蘭、奧地利、南非、斯里蘭卡、孟加拉、瑞典、瑞士 (42國)	公堂及大廟182 家庭佛堂24000多

興毅組	臺灣、日本、韓國、菲律賓、香港、澳門、新加坡、馬來西亞、泰國、越南、柬埔寨、印尼、緬甸、澳洲、紐西蘭、南非、美國、加拿大、墨西哥、多明尼加、哥斯大黎加、貝利斯、薩爾瓦多、宏都拉斯、瓜地馬拉、尼加拉瓜、巴拿馬、厄瓜多爾、委內瑞拉、玻利維亞、巴西、阿根廷、巴拉圭、烏拉圭、秘魯、智利、英國、法國、荷蘭、瑞士、德國、義大利、西班牙、比利時(44國)	公堂及大廟100多 家庭佛堂：20000—30000堂
闡德組	臺灣、緬甸	公堂及大廟2 家庭佛堂不詳
正義輔導委員會	臺灣、日本、新加坡、馬來西亞、泰國、緬甸、印尼、美國、紐西蘭(9國)	公堂及大廟14 家庭佛堂1000多
80國大小佛堂共約80000間		

　　註：本表系根據民國91年，中華民國一貫道總會編《一貫道概要》一書中，有關臺灣一貫道發展現況，及部份筆者田野調查的資料整理而成。

　　就〈表一〉所統計的佛堂數來推估，依筆者走訪各地的觀察，每一間佛堂只要設立一、二年以上，保守一點來看，平均都有10-15位的信徒常回來佛堂參與佛事，若以此作為基數來估計，總計約八萬間佛堂，則臺灣一貫道的信徒人數，約在80—120萬之間。另外，共傳播的國家有80國，是以在該地有設立永久性佛堂為準。

三、師尊張天然的化世和平思想

　　現代一貫道教義思想的奠立者：師尊張天然(以下簡稱為"張祖")，生於清光緒十五年(1889年)，卒(成道)於民國三十六年八月中秋。【39】過世至今年(96年)正好滿六十週年，就在今年的九月間，全世界有信徒超過百萬人，分在各地紀念「師尊成道六十週年」【40】。可見師尊的影響力，隨著一貫道不斷的向外傳播，與日俱增。

　　民國十九年(1930)，師尊張天然與師母孫素真同時接掌一貫道，開始將一貫道由山東濟寧市向外傳播，九年後的民國二十八年(1939)，一貫道已傳遍華北、華中、東北、西南各地十五個省。【41】就在這一年的2月19日至3月25日，師尊為了凸顯北平道務中樞的重要，首度在鼓樓大街蔣家胡同50號，開辦了一次「順天大會」，有來自全國各地200多位幹部參加。這次的法會又稱為"爐會"，是由張祖親自主持。【42】張祖在這次的法會中，親自為已經傳遍全國各地的一貫道定宗旨，明定「道之宗旨」為：

【39】林榮澤(2005)，《一代明師：師尊張天然略傳》，〈師尊師母傳道年譜〉(台北：一貫義理編輯苑)，頁189-235。

【40】詳閱網址：http://www.with.org/index_ch.html

【41】林榮澤(2007)，《一貫道歷史：大陸之部》(台北：明德出版社)，頁146-147。

【42】林榮澤(2005)，《一代明師：師尊張天然略傳》，頁92-93。

道之宗旨：敬天地，禮神明，愛國忠事，敦敬崇禮，孝父母，重師尊，信朋友，和鄉鄰，謹信慎行，改惡向善。講明五倫八德，闡發五教聖人之奧旨，恪遵四維綱常之古禮。洗心滌慮，借假修真，恢復本性之自然，啟發良知良能之至善，『己立立人，己達達人』，挽世界為清平，化人心為良賢，冀世界為大同，是本道唯一之宗旨。【43】

其中提到「挽世界為清平，化人心為良賢，冀世界為大同」，正可以代表張祖的和平思想的內涵，此一涵義即是「化世和平，達於大同」的意思。這是張祖為一貫道教義的和平思想定調，作為一貫道的傳教依據。

(一)化世：人人求道開啟玄關一竅

至於如何化世和平，達於大同，張祖在同年(民28)所手訂的《暫訂佛規》一書中，有較清楚的闡述。張祖說：

斯時也，正值三期末劫，人心不古，世風頹壞。又兼歐風東來，崇尚科學，先王之綱常掃地，聖人之禮教廢弛。故而戾氣瀰漫，陰陽乖舛，變亂相尋，災異叢生，遂致釀成空前未有之浩劫。目下極大之厄運，前賢所謂劫由人造，理數使然，誠不誣也。竊思上天有好生之德，豈忍玉石俱焚，善惡混淆。於是特降天道，而大開普渡焉。【44】

【43】《一貫道疑問解答》，頁4。

【44】張天然，《暫訂佛規》(上海：崇華堂重印本，民國33年)，頁1。

　　要化戾氣瀰漫、陰陽乖舛的世間亂象，達於清平之世，就有待上天降道下來，「大開普渡」。這樣的說法，基本上是為化世和平的內涵，和天降大道普渡眾生的說法相結合，以達到世界大同的目標。

　　張祖的化世和平思想，具體的呈現出來，首先是「求道開啟玄關一竅」，謂之普渡。"普渡"是佛家用語，意謂著將苦海裡的眾生，引渡到極樂的彼岸。"大開普渡"就代表廣救天下眾生脫離苦海的意思。但要如何大開普渡，張祖是將傳統以來，修行者所探究的"玄關一竅之開啟"，清楚的展現出來，以作為得救的象徵。所以張祖對於"玄關"的內涵，有很具體的闡述。在張祖口述的《一貫道修道須知》中，對"玄關"的奧秘有如下的說明：[45]

> 玄關一竅，人之樞紐，性靈居存之穴。人之受孕，七日一陽來復，先有此竅。故修行家，離此即是外法。名為神氣穴，又名方寸地，又名生死門。呂祖詩曰：「生我之門死我戶，幾個醒醒幾個悟，夜干鐵漢自思量，長生不死由人做。」
>
> 佛教稱為不二門，正法眼藏。
>
> 道教名黃庭。
>
> 易曰：「君子黃中通理，正位居體。」又名知止所。
>
> 大學云：「知止而後有定。」乃人身大中之地也。
>
> 天有斗柄天之中，地有須彌地之中，人有玄關人之中。

---

[45] 李世瑜，《現代華北秘密宗教》，頁67。

帝堯傳舜，允執厥中，子思著書體之，有「中庸」二字，
得其指示者，名曰得道。

論語有「朝聞夕死」之讚，子貢有「性與天道不得聞」之
憂。

梅仙鸞訓云：「道是路理是法，千經萬典証明他，翰墨文
章滿天下，並無一人知道法。經史人人讀，只少一指路便
差。」

二祖神光見達摩後，有詩曰：「不知到底一歸何，是以神
光拜達摩。立雪少林為何事，只求一指躲閻羅。」

此竅在陰陽上說明太極窩，在八卦為離宮九紫，在五行為
中央正位，子思言：「中也者，天下之大本。」又言「君
子而時中」，均與此相連相證。自古千仙萬佛，孰非由此
而成，是以希望同人，於此大大的注意。

以上張祖對"玄關一竅"之解釋，已跨越了早期道家金丹道
之修練理論。不只將玄關一竅視為人身之主宰，靈性之居所，
和生命的本源。而且以各家隱微之理，作為開啟玄關一竅之印
證。借此來強調玄關一竅的重要性，以凸顯出一貫道在求道
時，點開玄關一竅的神聖性、尊貴性。於是，張祖就將玄關一
竅的神性尊貴性，和明明上帝思念人間兒女的救世思想，在求
道的儀式中，完整的呈現出來。"求道"點開玄關一竅，就成了
得救的象徵，也是作為靈性回去無極理天與明明上帝團聚的憑
據，謂之"得道"。張祖提出要人人訪求明師指點，開啟玄關一
竅，自然能恢復良心本性之自然，人人都能如此，這世間就沒
有了邪惡，自然能化世界為大同。

(二)玄關普傳，化世清平

　　一貫道教義的主要建構者十五代祖王覺一，有人問他說：「先生所傳的一著，神通廣大，該如何來證之？王祖答曰：是為“末後一著”」。所謂一著，就是要「點開智慧通天眼，露出金剛不壞身。」【46】實際上也就是點開玄關。所以在《歷年易理》一書中，王祖提到：「丙戌之歲，道光六年。徐楊二祖，始掌天盤。開荒下種，玄關普傳。」【47】可見一貫道的“玄關法門”，至遲在道光初年，十三代祖徐吉南、楊守一時期，就已作為普渡眾生的主要法門。

　　一貫道由大陸傳來臺灣後，經幾十年的發展，在求道點玄關的儀式上沒有什麼改變。但一貫道與傳統先天道在傳道儀式上，就有了很大的改變。先天道、同善社、歸根道、瑤池道、西華堂、普渡道等屬於先天道系統的支派，在傳道上都還保留入道前須先拈"准"的規定。一貫道則取消這項作法，採取開放的方式，凡是經由一位引師及一位保師的引進保舉，任何人都能進入佛堂求道，這在一貫道中謂之“大開普渡”。這項大開普渡的作法，正是從第十八代祖張天然掌道後開始。《天然古佛略傳》中有這段記載：「民國十九年師尊師母拜領天命，共

【46】北海老人，《末後一著》，收錄於林立仁整編(1994)，《北海老人全集》(台北：正一善書出版社)，頁79。

【47】北海老人，《歷年易理》，收錄於林立仁整編(1994)，《北海老人全集》頁1。

同擔荷普渡三曹之重任，辦理末後一著收圓大事。二人領天命才能大開佛門，男女平等，皆可得道。」【48】顯然是從張祖開始在入道儀式上作了這項改變。另外，先天道的傳道儀式，總共分成四個階段，即皈依、拈准、採取、火候。每個階段都有繁複的禮節及修持上的條件，一般入道者要能通過全部的求道儀式，少說要三、五年以上的時間。而一貫道在這方面則是全然簡化成一個簡單的傳三寶儀式，一次就完成所有的求道過程，接下來是以職務的層級，來代替修行的次第，就比較容易實行了。

　　民國21年(1942)，一篇署名明明上帝的訓文，其中就提到：

　　說著說著眼落淚　　不由淚珠濕衣衫
　　三期來至大劫現　　恐怕傷損善兒男
　　所以差下三佛子　　掌著三曹救劫關
　　弓長領命闡道統　　三千六百傳法音
　　各立門戶前途趕　　尋訪一貫求玄關【49】

　　無生老母的信仰是源於明代羅祖教，後來廣泛流行於清代的民間宗教，一貫道也是將無生老母奉為至上神。無生老母的全名有二十字：「明明上帝無量清虛至尊至聖三界十方萬靈真宰」，簡稱"明明上帝"。無生老母在一貫道中又簡稱為"老

【48】白水老人口述，《天然古佛略傳》，收錄於天恩堂印，《祖師師尊師母略傳》，頁15。

【49】天書訓文資料庫(1932)，《一貫道天書訓文》(台北：民間宗教天書訓文資料庫A)，中國，編號FV210615。

◎"，是生天生地生萬物的主宰。根據一貫道的教義，人的靈性是老◎所生，如今淪落人間受苦，因此老◎日日在理天傷心落淚，盼兒女早日歸來，特命弓長(指張天然)領命承繼道統，也就是傳道點玄關，謂之"一貫真傳"。得以點開玄關一竅者，靈性即能得救，返回理天的故家鄉。

同年(民國21年)，另一篇署名西天接引佛的訓文，也說：

找著一貫莫放手　　自然能見娘收圓

機會難逢莫錯過　　一失人身萬劫難

又說：機會休錯過　　快快接天緣

　　　訪著天真祖　　點你妙玄關

　　　渡你回家去　　叩見老收圓【50】

明顯的也是將點玄關作為靈性得救的憑證，而「天真祖」指的是張天然師尊及孫素真師母。回家見老收圓，也就是回去靈性的家鄉見老◎。

民國26年(1937)，對日抗戰爆發，眼見各地戰火延燒，張祖特別以降乩的方式，批出署名濟公活佛的訓文《白陽寶筏》一書，作為亂世中救世的憑據。其中就提到：

玄關一竅今受點　　先天合同今得聞

自古天道無聲臭　　無聞無見方為真

三教一理來施化　　選拔人材真拔真

救爾皆得登天路　　各自前進莫怠心

錯過時光難再遇　　難得一竅傳明分

【50】天書訓文資料庫(1932)，《一貫道天書訓文》(台北：民間宗教天書訓文資料庫A)，中國，編號HO211208。

竅為人身之主宰　　各自加工細心尋

存誠念念無息止　　後日能登極樂林【51】

　　點開玄關一竅的目的，就是要「救爾得登天路」，也就是靈性的得救，回去理天家鄉。整部《白陽寶筏》即在闡揚此一救世理念，以玄關一竅的開啟，作為救世的法門。

　　其後，就在對日抗戰爆發十多天後的7月23日，另一部署名何仙姑降訓的《血書真言》，其中有一段話說到：

眼看著三期劫殘害黎民　　無緣子喊皇天入地無門

那時節方才知上天有眼　　自後悔不進道藐視佛門

玄關竅無價寶今授於你　　別當作耳旁風飄飄浮雲

人在世有幾個天道知曉　　六萬春一元會普渡善人【52】

　　一貫道中對災劫年有「三期末劫」的說法，意思是說天地即將收束，故有種種的災劫降臨，人唯有求得天道，也就是求道開啟玄關寶藏，靈性才能得救，回去理天家鄉。

　　民國37年(1948)十月間，一本署名三天院師兄的訓文，書中有21道疑難問題，由院長一一降乩解答後，集錄成《天道真理講義》一書。其中的一道題是：「『一指了生死』的說法，唱唱高腔而已，未見得就這樣容易，真使我不敢全信哩!」，三天院長的回答：

【51】天書訓文資料庫(1937)，《白陽寶筏》(台北：民間宗教天書訓文資料庫A)，中國，編號AG260710。

【52】天書訓文資料庫(1937)，《血書真言》(台北：民間宗教天書訓文資料庫A)，中國，編號AW260723。

夫人之天性，自寅會落於紅塵，歷世所造，冤債累累；以致投於羅網，困於輪迴，背覺合塵，流連忘返，六萬來年，轉變不息。今屆末劫之日，皇天特慈，普降金線大道，俾使有緣佛子，咸登菩提覺路，共超生死輪迴。【53】

這段說明很完整的表達，靈性得救的內涵。「皇天普降金線大道」，指的就是求道點玄關的意思，經由玄關的開啟，就能同登菩提覺路。

將求道點玄關賦予救世的思想，也可以從一貫道的 "求道表文" 看出端倪。每一位求道者在點道前，須先將姓名填入這張名為 "龍天表" 的求道表文內，再由點傳師於傳道時，在佛前焚化。表文的內容中有如下的一段：【54】

今時眾生塗炭，未得救拯，水火劫煞已到眼前。所以立下此會，廣救無數眾生，整起此著普收有緣種子。

這段很清楚的顯示出，張祖在領天命後，傳遞出上天老◎的訊悉，是要借由求道點玄關，來廣救天下的眾生。"整起此著"，指的也正是十五代祖王覺一以來，所傳授的 "末後一著"，張祖是要繼起這末後一著，普傳玄關來指引一條得救的明路。

【53】天書訓文資料庫(1948)，《天道真理講義》(台北：民間宗教天書訓文資料庫B)，中國，編號AS371026。

【54】《表文》，三峽靈隱寺編印(台北：天道之光出版社，民國79年)，頁1-2。

(三)明師一指，天命化世

　　一貫道中常用來形容求道點玄關之重要性的一句話，就是「明師一指，超生了死」。前面提到點開玄關的關鍵性，但要如何點開，誰才能真正具有點開眾生玄關一竅的能力，這就是要有"明師"的應運降世。"明師一指"即是明師應運降世來為眾生指點，開啟玄關一竅，如此才能讓靈性得救，謂之"超生了死"。

　　民國26年(1937)，署名濟公活佛降乩的《白陽寶筏》一書，其中有一段話：「三期之時劫降，普收諸多惡子。苦海貪戀不醒悟，怎知慎獨君子。傳爾玄關妙竅，古今得聞少稀。獨有今時天然子，領了天命化世。」[55] 天然子，指的就是一貫道的師尊張天然，道中謂之「天命明師」。所傳的法就是求道開啟"玄關妙竅"，這是古來少人得知的秘寶。同年(民26)的12月1日，另一篇署名耶穌的乩訓，其中也提到：

及早覺悟開天眼　　受指求點登法船

吾教盡屬天道掌　　莫道基督此一傳

果能信心常誦持　　即得無上真妙玄 [56]

---

[55] 天書訓文資料庫(1937)，《白陽寶筏》，編號AG260716。

[56] 天書訓文資料庫(1937)，〈耶穌基督慈訓〉(台北：民間宗教天書訓文資料庫A)，中國，編號FS261201。

　　所謂的「開天眼，受指點」指的就是開啟玄關一竅。隔年(民27)的7月17日，另一篇署名孚佑帝君的乩訓，清楚的指出：

　　道有三千六百種　　玄關一竅是根源
　　軒轅拜師七十二　　終受一點升理天
　　順治拋棄江山業　　乃入深山去參禪
　　張良宰相不願做　　脫殼飛昇煉浩然
　　自古多少英雄漢　　超塵入聖成佛仙
　　如今賢徒歸正路　　超生了死我心歡【57】

　　玄關一竅是一切道法的根源，自古以來成聖賢者，皆須訪求明師指點，才能找著正路，超生了死。

　　清末民初流行於華北一帶的天地門教派，教主董四海過世後，在民國28年(1939)間，應弟子之請降乩，其中也提到：

　　祖師我今慰甚爾今歸正　　這也是識時務見機生情
　　那知道此一舉關係非淺　　也是你三生前積的善功
　　今時下幸遇著明師一點　　此等恩非這時實是難逢
　　還有那天門的諸多善信　　你趕快告於他道岸早登【58】

　　這又更清楚的說明，要天地門的弟子都來求道，求得明師的一點，也就是點開玄關一竅。另一個也是在華北一帶流傳的"萬國道德會"，教主王鳳儀老善人，過世後應弟子之請，於民國28年(1939)降乩的結緣訓中也說：

【57】天書訓文資料庫(1938)，〈孚佑帝君慈訓〉(台北：民間宗教天書訓文資料庫A)，中國，編號AF270717。

【58】天書訓文資料庫(1939)，〈董仙四海結緣訓〉(台北：民間宗教天書訓文資料庫A)，中國，編號HI280212。

不得受明師指亦是柱然　非有那南極祖壽星之命
准許我有人救方能歸還　此一件莫心存速助天道
勝過我苦修了一世之間　修一世不知道生死門戶
不知性居何處怎能歸天【59】

王鳳儀善人是在過世後，才得受明師指點，知道尊貴，特別降乩勸在世的弟子要拜明師。此外，民國初年華北一帶流傳甚廣的"同善社"教派，祭拜的主神燃燈古佛，民國28年(1939)應弟子之請來降乩，其中也提到：

三曹普渡弓長掌　人神共拜無極尊
時逢此會天道顯　天道真傳渡原人
又說：一指超出三界外　何必苦坐誦經文
爾等參訓訪應運　速求明師指谷神【60】

類似這些強調求明師指點，開啟玄關一竅，才能超生了死的說法，在當時一定不少。

民國37年(1948)間，一貫道一批批前人來臺灣傳道，借著一場接一場的法會，及一部接一部，在法會中由仙佛批出的天書訓文，數十年間將一貫道傳遍臺灣每個角落。這些天書訓文同樣也承襲大陸時期的教義，將玄關妙竅結合「得救觀」來開展。

【59】天書訓文資料庫(1939)，〈王樹桐鳳儀結緣訓〉(台北：民間宗教天書訓文資料庫A)，中國，編號HK280302。

【60】天書訓文資料庫(1939)，〈燃燈古佛慈訓〉(台北：民間宗教天書訓文資料庫A)，中國，編號HL280605。

　　民國62年(1973)，一篇署名純陽帝君的訓中訓，其中的冠頂訓就說：「白陽三期明師，倒裝降世，點開玄奧之秘竅。」【61】其中的底訓也有一段話說：

秘神之竅明師點　　點開無縫之性台

竅開智通渡凡男　　萬八之年樂洋洋【62】

　　這是一篇訓中訓〈明師〉的訓文，所以會特別強調明師指點秘神之竅的重要，謂之"開竅"。代表靈性的得救，得享萬八年之樂。

　　當年在天津跟在張祖身邊辦道，後來到臺灣開創出臺灣一貫道"發一組"的韓雨霖道長(號白水老人)，對此點就曾說：

古人云：「不得其門而入，何能登堂入室。」所以說：「讀破千經萬典；不如明師一點。」凡人學道，當先知此一點玄竅，若知之未精，則語焉不詳，何能說到行呢？那就不能渡己渡人了。現今明師降世，大開普渡，吾等得遇明師，而得真道，知此玄竅，得其門而入矣。【63】

　　韓道長的觀點，一直都是臺灣一貫道，在傳道教義上的主要依據。所以"明師一指"的重要性，一直都是一貫道的傳道核心。這樣一種觀念的由來，從佛教有"授記"說；道教有"千里訪明師，萬里求口訣"的修持觀；和禪宗有"指授印可"的說法以來，一直都是所有修行者追求的秘寶。

【61】天書訓文資料庫(1973)，〈明師〉，(台北：民間宗教天書訓文資料庫B)，臺灣，編號AF621209。

【62】天書訓文資料庫(1973)，〈明師〉，編號AF621209。

【63】白水老人(1985)，《白水老人箴言集》(新竹：正德雜誌社印行)，頁16。

　　於是一貫道的救世思想，就將明師應運降世；傳玄關法門；點開玄關一竅，出離生死，了脫輪迴等三項內涵。具体的展現出來，並且將這樣的得救法門，簡化成"求道"的儀式，在新進道徒加入一貫道時，就直接給出。因此，"求道、得道"就成為很神聖的一件大事，被稱為人生的關鍵，或是人生的第一等大事。一貫道入道修道所依據的《明德新民進修錄》有如下的說明：

> 自古明師難遇，真道難尋，故恒有「踏破鐵鞋無覓處」之嘆。吾儕三生有幸，得遇真傳，務宜速悟猛醒，看破一切，抱道奉行，萬勿得緣　而又失緣。【64】

又說：

> 「讀破金剛經，念徹大悲咒，種瓜還得瓜，種豆還得豆，不遇明師指，永在輪迴受。」因真經不在紙上，紙上之經，不能超生了死，它不過為真經之說明耳。真經原在人身，人人皆有，不過不受明師指傳，縱經萬劫，亦難得明。佛經云：「任爾聰明過顏閔，不遇明師莫強猜。」【65】

　　另一本《認理歸真》是一貫道新求道者必讀的入門書，其中也強調：

> 真經不在紙上，儒教的《四書》《五經》，佛教的《金剛

【64】《明德新民進修錄》(台北：天恩堂重印 民國61年)，頁66。

【65】《明德新民進修錄》，頁41。

經》，老子的《道德經》五千言，《清靜經》，《黃庭
經》等，處處雖有藏著這真道的奧秘證明，但不得明洩，
都是言在此而意在彼。若不得受明師來指授真傳，點開妙
竅，闡明真理的奇秘者，任你甚麼名儒碩學，亦無法可以
發現其奧秘呢，這樣的微妙，這樣的寶貴，這就是道的真
面目了。【66】

　　這等於說，明師一指，點開玄關一竅，才能超生了死，謂
之"得道"。得道就等於靈性的得救，它是直接透過一個"求道"
的過程來達到。只要任何人能經由求道的禮儀，由點傳師(謂之
代理明師)點開玄關一竅，就能得救。這樣的確是簡易又快速的
成就，比起任何其他宗教，須經過不斷的修行才能得道，一貫
道的傳道方式就來得有吸引力多了。

四、天書訓文的和平觀

　　以目前「天書訓文資料庫」所藏約七千部一貫道訓文來
看，以訓中訓的方式呈現"和平"思想，大多是在國外所批出
的訓文，約有數十篇。舉例如下：

【66】《認理歸真》，三峽靈隱寺重印本(台北：天道之光出版社，民國83年6
月)，頁3-4。

（一）心燈不滅如火燃　照亮宇宙平世亂

　　西元1989年4月10日，一場在泰國曼谷舉行的三天法會，有來自全泰國各地的一貫道信徒二、三百人參加，期間由署名南極仙翁、李鐵拐、漢鐘離、何仙姑、韓湘子、藍采和等六位仙佛臨壇，合力批出的一篇訓文，訓中訓是泰文的「和平」兩字。如下圖〈訓一〉所示：

〈訓一〉泰文訓中訓(和平)【67】

【67】《一貫道天書訓文》，編號AM780409(台北：民間宗教天書訓文資料庫A)。泰國，1989年4月9日。

　　這篇訓文的特點在於由六位不同署名的仙佛，同時臨壇所批成，合起來成了一篇訓中訓，內容正好就是泰文的「和平」兩字。而整篇訓文也正是在談和平的真義，尤其是冠頂訓及訓中訓的內容，對和平的內涵闡述尤多，如下〈訓二〉所示：

〈訓二〉「和平」訓的冠頂、訓中訓內容【68】

冠頂訓：
和鶄謙恭待人　　剛直忠勇誠懇
踐履篤實敬慎　　心地磊落光明
平息干戈匡正　　萬八共創奇勳
舉世歡慶康寧　　頌太平

訓中訓：和平「知足常樂」

任重行遠使命擔　天下溺之以道挽　力挺世間迷昧漢
先覺覺後皆大歡　得點知性早打算　建功立德求圓滿
理路澄澈斷昏暗　心燈不滅如火燃　照亮宇宙平世亂
勸發真心性怡然　自反廻光少過錯　推己及人息事端
是非平掌止慎重　懷誠以待仁義傳　常清常靜天地贊
玄妙真機自能參　芸芸眾生尚千萬　引渡同歸上慈船
人人能知本良善　何愁世界不平安　修身齊家收圓辦

寧日有望觀時務　達運

　　「冠頂訓」是由每一排的第一個字所合成，這篇「和平訓」共45行，抽出每行的第一個字來看，正好是由「和」字開

【68】《一貫道天書訓文》，編號AM780409。

頭,以「平」字結尾,以「頌太平」作為終極的目標,其中提出達到的條件,要作到:「人人以謙恭和藹來待人,以剛直忠勇的誠懇心;很實在、很敬慎的去實踐,培養光明磊落的心地,匡扶正義以平息一切的衝突,如此方能共創奇功,讓舉世歡慶頌太平。」內涵非常的好,主要是由一個人自身的修養作起,最終達於天下平的聖境。

再就這篇訓文的訓中訓來看,正是泰文的「和平」兩字,內容談的也是和平的精義。訓文構成的方式,是由六位署名不同的仙佛,同時臨壇先批出底訓,再由底訓中按泰文「和平」的筆順挑出訓中訓,就成了這篇訓文。通篇最主要闡述「和平」的內涵:「要勸人人發真心,點亮心燈,如此就能照亮宇宙平世亂,何愁世界不太平。」至於要如何點亮心燈,發出真心,即是張祖所傳的明師一指,點開玄關一竅,謂之「以道挽化人心」。

(二)「天下太平」:道佈天下歐美傳

民國81年(1992)9月間,一場在台北三峽舉行的法會中,濟公活佛臨壇,先以一首調寄「台灣好」的歌訓開頭,如下〈訓三〉所示,批完成還帶在場的二、三百位班員唱這首台灣民謠「台灣好」。然後接下來,濟公活佛又批了此篇訓文的底訓,底訓批完成後,再由其中挑出訓中訓「天下太平」四個字,如下〈訓四〉所示:

〈訓三〉歌訓「台灣好」【69】

中華民國八十一年歲次壬申九月十五日（一九九二．一○．一○） 濟公活佛慈訓

世新潮　求時髦　歐風美雨心侵擾
隨波逐流苦海難了　聞道莫捨業力消
遵守真理奉公行事　有智者　信心抱
絜矩圭臬善良導　協力攜手挽迷娃
無比逍遙

調寄：台灣好
語寄：國泰民安好

濟公領　吾乃　俪師

申命　降入靈隱　趨身先把
皇中參　再問徒兒好

〈訓四〉訓中訓「天下太平」【70】

厚德載物雅量容人流芳百世子孫恩沾安怡
道佈天下歐美傳達日宏法以挽庶民危急
狂潮掀時髦浪波翻騰滾滾同心手繫泰然處矣
追新風美雨心性侵襲蒙蔽迷娃熱擾心比好貪逸
今世態炎時代苗損戮為以遠苦逆疾
寬恕於他來己嚴擾攘不亂穩隨定恒達天際
高瞻遠矚碧血甚弘即忍辱待旦以維國體
能開難起舞真知灼見年輕有為緊齊歸主題
明了根本守正直不阿公忠慈智抱漫天匝地
得難道莫捨業力消奉矩圭臬善良導濟
此海市廛樓識透清認理萬事信義表至極
吃苦後甘來事起有功夫言行合著聖域可躋

【天下太平】訓中訓（即前面所批之「調寄：台灣好」一文）

【69】《一貫道天書訓文》，編號AG811010(台北：民間宗教天書訓文資料庫A)。台灣台北，1992年10月10日。

【70】《一貫道天書訓文》，編號AG811010。

　　這篇訓的特點是訓中訓先在底訓批出前，即以歌訓的方式呈現，可見要作這樣的文字組合，實屬不易。通篇以「天下太平」的理想作為人類努力的目標，要達成這樣的目標，就要做中流砥柱，不能隨波逐流，追求時髦。重點在「絜矩圭臬善良導，協力攜手挽迷姣。」絜矩之道是儒家《大學》篇裡所闡述重要義理，宋代的朱熹對此有四個層次的義理發揮：「政治方面以我為中心的自我調節，經濟方面與民同利的關係調節，用人方面舉賢授能的機制調節，思維與行為方面推己及人的社會調節。」[71]以此為奉行的準繩圭臬，可以達到天下太平的理想。這篇訓的另一個特點，是對歐風美雨新時尚的批判，認為這種「海市蜃樓」般的假景，是躋於太平聖境的障礙。須認清楚看明白，培養真知灼見，作一位公忠慈智抱的有為青年，共同攜手為天下太平而努力。

(三)「世界PEACE」：撥雲見日新境地

　　西元1994年2月間，在澳洲墨爾本的一場法會中，濟公活佛臨壇，先是以八句「鎮壇詩」作開頭，勉勵在場的班員：「愛是無悔的投入，情是痴迷的融入；得是失去的落入，欲是執著的掉入；生是死亡的進入，苦是人生的體入；教是眾善的導入，道是無上的契入。」非常有啟發性的八句話。接著濟公活佛批出了「世界

【71】吳長庚(2002)，〈儒家絜矩之道的現代詮釋〉，《南開大學學報》(人文社會科學版)，2002.2。

「PEACE」的底訓，再挑出其中的訓中訓，如下〈訓五〉所示：

〈訓五〉「世界PEACE」訓中訓【72】

（底訓字陣，中央疊印「世界」、「興」等大字，字陣依直行由右至左讀）

爭為名相交利看古今多少迷
念慈仁曉妙義法舟行肩挑起
轉機經萬不知佛黎溺胸悲泣
破笨天寶能知情崇揚扛社稷
愚頑極拯通谷神醒救責繼
原人命玄門無主難下眾危急
來年變智大辨謹口舌慎思慮
通權變智辨大境界超舉
清垢污奉命挽德法實踐履
澈守一份心渾身困拘
水源亦濁人心援之以手脫困
流出翩翩豪氣度新摯成大器
具及微微和世常摯心不渝
善處同日用苦成
德露出翩翩豪氣度超舉
碧遍立完全意誠誠繩君子四聖諦
松風颯颯準地鴻雄飛易
堅烈挺舉正撥千鈞力高飛
毅勇浩瀚無窮盡雲海雄展兮
冷星孤月不再避朝見絢爛地
無懼霜雪加侵襲品格節砥礪

〈訓六〉「世界」、「PEACE」訓中訓內容【73】

【PEACE】（和平）訓中訓
浩瀚無窮盡　雲海壯闊凝　目標正立定
完全意誠誠　微塵間世苦　摯守一份心
渾噩世濁污　奉命挽德眾　法援拯疾亂
復善大至中　乾坤難救醒　天寶能知情
崇揚萬仁佛　義溺行為爭　轉念破愚痴
原來通澈清　水流具善德　碧松堅毅冷無懼

【世界】訓中訓
明大竅通良能知　妙極拯通谷神醒
天寶能知情崇宣　復善大至中乾坤
天下眾責扛胸肩　烈壯挺舉正端風
遍及微微之間　凝志定　了志達　標準全
撥雲見日新境地　鴻鵠力展意誠誠　達道矣

【72】《一貫道天書訓文》，編號AG830230(台北：民間宗教天書訓文資料庫A)。澳洲墨爾本，1994年2月30日。

【73】《一貫道天書訓文》，編號AG830230。

　　這篇訓文的特點在於同一篇底訓裡，可以挑出不同的訓文，而且是中、英文不同語言，合起來正好是「世界和平」的理想。近年來臺灣一貫道大量向國外傳播，法會批出的天書訓文也變得國際化，文字和內容都有針對當地的風土民情改變。像這篇在澳洲批出，主要闡述世界和平的訓文，談到的是一位白陽修士【74】，遠從臺灣來到澳洲，為的是摯守那份不變的心志，在這個渾渾噩噩的污濁世間，以天寶來喚醒人們，以德性來挽化眾生，為實踐撥雲見日新境地的和平世界而努力。

（四）「和平」：和為國之本

　　西元1995年8月間，在美國加州的一場三天法會中，署名濟公活佛、哪吒師兄的兩位仙佛同時臨壇，批出訓中訓「和平」兩字，如下〈訓七〉所示：

【74】「白陽修士」指的就是一貫道的虔信者，在生活上奉行以一貫道的教義，誠心修行，發願到各地傳揚真理。

〈訓七〉訓中訓「和平」【75】

門佛入凡超學來開聖往繼恩感知省自心身修行言慎
楣法境庸卓以者啓潔者焚澤字曉察救存示煉步語終追
光浩問述清而戚不膏並迕和恪曉和爲悃以候舉闡遠正
耀瀚俗納懷福化諫躞今立本循道立盡職畫止儒九洲氣揚
射薰訊難心化噴躞凜德恪蕩理倫常貫範臻無集
三猶觀天義培日惠誘蕩化秉舞靈修性貫仁恕正爲仁達
界般若天網精勵守操圖人成之性達守儀中眞不達義復
若揭諦辦白直傍旁左果穹蒼堂昂綱祥創康疆鄉讓章杠方匡剛邦

〈訓八〉「和平」訓中訓的內容【76】

【冠頂訓】
　慎言行　修身心　自省知感恩
　繼往聖　開來學　超凡入佛門

【訓中訓】：和平
　和爲國之本　立道盡人倫　常修性靈地
　達理化育群　一貫仁恕倡　儒風九洲臻
　無爲道家述　清靜合天心　慈悲效觀音
　立愿正義凜　培德化嗔恨　日行不昧因

【75】《一貫道天書訓文》，編號AGAR840809(台北：民間宗教天書訓文資料庫
　　　A)。美國加州，1995年8月9日。

【76】《一貫道天書訓文》，編號AGAR840809。

　　這篇訓的要點就在「和為國之本」內涵的闡述，國家的根本在安定和平，要達成這個目標，底訓的前半部講的是推行儒家的教化，讓「儒風九洲臻」，謂之「儒宗化」。也就是將儒家一貫的仁恕之道，提倡慎終追遠盡人倫，集仁達義復蓮邦。底訓的後半部講的是道家及佛家的道理，希望人人能「清靜合天心，慈悲效觀音」，自然這個世界就能達於和平。

（五）「和平鴿」：天下達道和中節

　　西元1996年8月間，在澳門的一場三天法會中，藍采和大仙及濟公活佛分別在第一天及第二天來臨壇，批出「PEACE」及「和平鴿圖」的訓中訓，對和平的內涵有更深一層的闡述：

　　〈訓九〉訓中訓「PEACE」【77】

【77】《一貫道天書訓文》，編號AB850816(台北：民間宗教天書訓文資料庫A)。澳門，1996年8月16日。

〈訓十〉「PEACE」的訓中訓內容【78】

【PEACE】訓中訓

樂善胸懷如朗月　淨明潔

不起紛華定如水　義德不虧

天下達道和中節　循正規

運籌帷幄全球協　干戈止

道傳佈　氣貫乾坤蔚

　　署名藍采和大仙的這篇訓文，主要的重點是闡述「天下達道和中節」的道理。只要人人懷抱著樂善好施的心，心能不起紛爭，定如止水，德行上沒有任何的虧心之事，自然能達於《中庸》上所說的發而皆中節的道理。隔天，另一篇由署名濟公活佛臨壇所批的訓中訓「和平鴿圖」如下〈訓十一〉所示：

〈訓十一〉「和平鴿圖」訓中訓【79】

左側題記（直行）：
（和平鴿）訓中訓即鎮壇訓

右側題記：
「鵝」取「我」

中央「和平鴿」圖字格（自右至左、自上而下讀）：

遠望觀東土　少有知音子
仙樂觀杳杳　山巔高頌熟音悉
法長水染黃　深山原顛頌離去曲
彩霞染黃深　真登華顛復自去
霓霈雯遶鳳　陽暗骨韻色歲離
姜公遶遨碼　遊莫遞釣法賢旅
自在囑鳳信　儒尊盡德莫視逆旅戲
習如今循信　鳳遊莫逆遞旅居雨
燕雀成鳳　儒尊德盡同守太涵戲
貫古通循廣　家理尊德正象平仁
三二之入大　乃世界正聲息觀
不開門地空　和鯉正虹謀泰否披聚
登堂中翅圖　孤壯長虹謀泰激披觀
龍蛇翔地居　孤志壯謀清濁激否觀
效法翅孤卓　知揚清濁激披聚觀虛
快樂短翅居　志謀清濁泰激否披極
青青誠真情　宿知揚籌當清證釋極
看仙短宿　知揚籌當清證期釋激
紛塵短志　揚籌當清證期釋
大道誠真情　思百理解當證期
良莠定判　思百理解證期釋
傳下密寶　引渡原卯三性覓
睿智識悟透　澈力同心趨

【79】《一貫道天書訓文》，編號AG850817(台北：民間宗教天書訓文資料庫A)。
澳門，1996年8月16日。

〈訓十二〉「和平鴿圖」訓中訓即鎮壇訓的內容【80】

西元一九九六年歲次丙子八月十七日　濟公活佛慈訓

南天門前魚雁翔　野鶴寄情思原郎

鴻志展　鴻志展　和那鳳凰逍遙樣

喜鵲高歌頌年華　白鴿鷗盟為一家

學養我　培仁德　平氣一堂駕鷺雅

調寄：漁歌子

吾乃

南屏山上的傻濟顛　奉了

中旨

臨了佛地　隱身早已

中叩畢

瘋瘋顛顛會賢奇　問聲徒兒否安怡

「和平鴿圖」訓中訓是開頭的鎮壇訓，意思是說在整個批訓的過程中，濟公活佛先批了鎮壇訓，然後再批底訓，再由底訓畫出和平鴿圖，這個和平鴿圖的訓中訓內容，正好就是開頭的鎮壇訓內容，像這樣的現場即席之作，實在很不容易。就內涵來看，此篇訓中訓可以「喜鵲高歌頌年華，白鴿鷗盟為一

【80】《一貫道天書訓文》，編號AG850817。

家」兩句話來代表，可說是寓意深遠。

（六）「太平」：移風易俗化祥和達太平

　　西元1992年3月間，在東馬古晉的一場三天法會，由署名濟公活佛所批出的訓中訓「太平」，如下〈訓十三〉所示：

〈訓十三〉訓中訓「太平」(東馬)【81】

正心修身齊家治國而后太平彌勒家鄉
禮門義路己達達人掃除傾圮振興五常
廣化揚宣時時篤進勢凌架頹風扶正匡
谿然理悉識者鞭策協策拯會這一場
明師真功知音郎合群誠諒以之道光
救急世界難希煉睿真力拂拭靈光亮
仁慈濟德若修本效賢哲永垂不朽芳
握瑜懷德苦苦煉群矩準則行方
天恩緬巍溯源追
克紹箕裘師志手承絡繹奔馳聖業輝煌
覺醒牖民開通明白一勞永逸俎豆馨香

【太平】訓中訓
緬懷濟世真理揚　救急困苦原子訪
識時達務睿智犖　群策群力協心創
永矢弗諼拯類圮　方稱豪傑英賢郎

【81】《一貫道天書訓文》，編號AG810303(台北：民間宗教天書訓文資料庫A)。
　　　東馬古晉，1992年3月3日。

　　另一篇同樣是「太平」的訓中訓，但內容不同。是在西元1995年8月間，香港的一場三天法會中，署名濟公活佛所批出的一篇訓中訓「太平」，對如何移風易俗化祥和，達於太平世，有一番闡述。如下〈訓十四〉所示：

〈訓十四〉訓中訓「太平」(香港)【82】

勸告誠抱守佛性切莫丟
啟示郎真徑聖賢理路求
自警培德返瑤鄉出濁
道至諸歸德黜華崇實修
心連能復本同胞手足救
行不離良知滌瑕蕩穢陀
移風且易俗化禍為祥和
穩步慌亂定皆由造因果
氣象天起殃人我共參謀
若欲安穩災須疊種福澤
己正達社會地利濟賢儔
佳期急把握此遭不迷惑
龍華慶功宴申前證仙羅

【82】《一貫道天書訓文》，編號AG850802(台北：民間宗教天書訓文資料庫A)。香港，1996年8月2日。

〈訓十五〉「太平」訓中訓的內容【83】

【太平】訓中訓

社稷起亂象　天災地遭殃

人禍疊連至　警示告諸郎

復璞歸真抱　培德返瑤鄉

(七)「合眾用和」：齊櫓搖彼岸終達救世治

民國85年(1996)二月間，在臺灣高雄的一場三天法會中，署名藍采和、何仙姑兩位大仙同時臨壇，合力批出「合眾用和」的訓文。如下〈訓十六〉所示：

【83】《一貫道天書訓文》，編號AG850802。

〈訓十六〉訓中訓「合眾用和」【84】

悅顏色婉詞語防患驅暴戾唪嗎癮去
協力籌商大局謙德風被哽咖戮力
計律人嚴責己平剛珥外柔時局酒加急
智黠歸敬容止忿忍志持美德涵育
慧愨歸敬容止忿忍真性懇衷哀語
水火針縫開駿性忍志節危懇衷
坦蕩革假借冰志化聆生定危際良賢
抱道處篤信修身化性定危際良賢
受顛革假借冰化聆金輝本體術秉精集
瀟湘沛誠心化一脈線隨涵滯芳辟末
川流水匯源一脈築功夫細仁施恩彌
涓滴水沙志崑塔築功夫秘仁施恩彌
山聚巖泰積志遠壁城千秋志宏恩此期
浮幻海虛假景存隱微人密昇援義
成見放齊櫓搖彼岸終達事顏救世治

【84】《一貫道天書訓文》，編號ARAW860220(台北：民間宗教天書訓文資料庫 A)。臺灣高雄，1996年2月20日。

〈訓十七〉「合眾用和」訓中訓的內容【85】

《合眾用和》訓中訓：
涓流匯聚海水　泰嶽沙土積累
眾志堅築城疊　涵濡體察細微
謀志一事協力　籌商大計智慧
水火針鋒難容　律己恕人仁歸
靜氣平心謙恭　內剛外柔德培
忍志性定濟危

《德》訓中訓：
難關驗真偽
冰心篤志節
敦化眾生金線隨

《波浪》訓中訓：
救沈溺　恩怨兩旁棄
調寄美酒加咖啡

　　這篇訓文的訓中訓內容，應該是和眾用「和」及「德」，如訓中訓的內涵所示：涓涓細流匯聚成大海，層層沙土積累成泰嶽，講的就是要眾志成城的道理。所以要凝聚大家，一心協力共謀大事；不應水火不容針鋒相對，須平心靜氣謙恭，內剛外柔以德服人，嚴以律己寬以待人才能得人心。

【85】《一貫道天書訓文》，編號ARAW860220。

（八）人和天合：撥亂反正使命扛

西元1997年11月間，在東馬來西亞古晉的一場法會中，署名濟公活佛臨壇批訓，剛好下過一場大雨的午後，濟佛一來就說：「一陣大雨清涼心地，濟公來佛地，眾徒不知是歡喜還是訝異，且讓我們聊聊天，探討人生真諦。」以很親切的口吻，給在場的班員帶來歡樂喜悅。接下來濟佛又批了兩首歌訓，並帶動班員唱歌訓，然後就開始批「人和天合」的底訓，批完後挑出其中的重疊字訓，如下〈訓十八〉所示：

〈訓十八〉訓中訓「人和天合」【86】

（底訓，右起直讀）

一木難支眾志浩蕩
無畏赴湯引助白陽
狂瀾挽利導上天堂
明道挽頹綱有志向
撐船其航歷疾成鋼
漸頓上乘風破圯牆
逆流興浪顯勁草強
宏誓本義智彰勇創
祈禱蒼民仁樹節仰
群世策雙從己道養
為撥亂反正使禮囊
正污刷垢扛行大讓
滌別透誠福揚宣廣
經循天言音求禮綱
慎醒意子力命大裝
啟覆迷力命整整裝
天覆地載師德決決

【86】《一貫道天書訓文》，編號AG861121(台北：民間宗教天書訓文資料庫A)。東馬古晉，1997年11月21日。

〈訓十九〉「人和天合」訓中訓的內容【87】

【人和】訓中訓
撥亂反正使命扛
揚宣大道挽頹綱
有志天助引導航
乘風破浪義仁彰

【天合】訓中訓
撥污剔垢反省
誠意三省言行
力求整頓其頹
導引眾興義仁
從航乘浪有志
疾風顯勁草勇

　　「人和天合」講的主要是期勉在場的班員，要當一位撥亂反正、承擔使命、宣揚大道、力挽頹綱、乘風破浪行仁義的有志之士，謂之「人和」。「天合」指的是：有志天助引導航，作眾生的導航，引眾興義仁，如此撥亂反正，達於世界大同。

(九)平安鐘：天命繫洪鐘響徹大地

　　民國86年(1997)9月間，在臺灣鶯歌的一場法會中，署名

【87】《一貫道天書訓文》，編號AG861121。

南極仙翁及濟公活佛二位仙佛一同臨壇所批出的訓中訓「平安鐘」，其內涵非常豐富，也是相當有代表性的一篇訓文。如下〈訓二十〉所示：

〈訓二十〉訓中訓「平安鐘」[88]

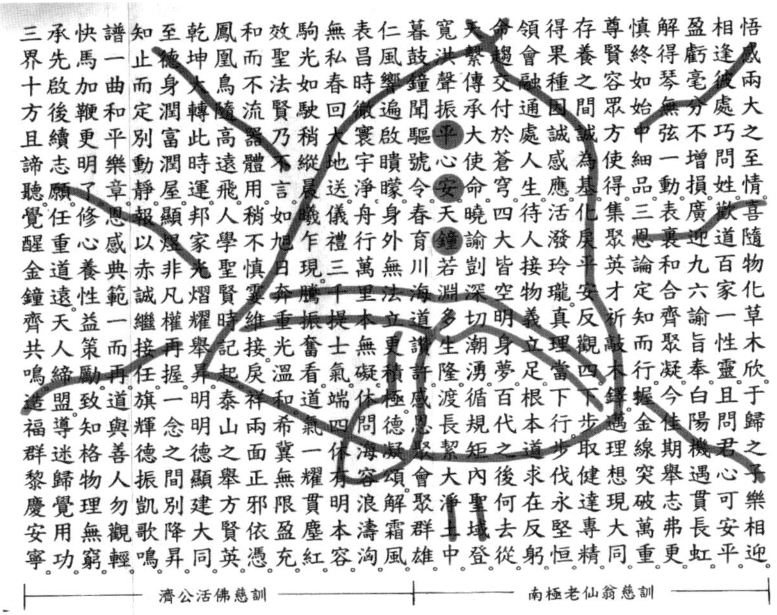
悟感兩大之至情喜隨物化草木欣于歸之子樂相迎
相逢彼處巧問姓歡道百家一性靈且問君心可安平
盈虧毫分不增損廣迎九六諭旨奉白陽機遇貫長虹
解得琴無弦一動表裏和合齊聚凝今佳期舉志弗更
慎終如始中細品三思論定知而行握金線突破萬重
尊賢容眾方使得集聚英才祈敲木鐸邁理想現大同
存養之間誠為基化戾平安反觀四下步取健達專精
得果種因誠感應活潑玲瓏真理當下行步伐永堅恒
領會融通處人生待人接物義立足根本道求在反躬
命趨交付於蒼穹四大皆空明身夢百代之後何去從
天繫傳承大使命曉諭剴深切潮湧循規矩內聖域登
寬洪聲振平心安天鐘若淵多生隆渡長絜大淨土中
暮鼓鐘聞驅號令春育川海道讚許感恩聚會聚群雄
仁風響遍啟瞶矇身外無法立更積極德凝頌解霜風
表昌時徹寰宇淨舟行萬里本無凝休問海容浪濤洶
無私春回大地送儀禮三千提士氣端四休有明本容
駒光如駛稍縱晨曦乍現騰振奮看道氣一耀貫塵紅
效聖法賢乃不言如旭日奔重光溫和希冀無限盈充
和而不流器體用稍不慎霎維接戾祥兩面正邪依憑
鳳凰鳥隨高遠飛人學聖賢時記起泰山之舉方賢英
乾坤大轉此時運邦家光熠耀舉昇明明德顯建大同
至德身潤富潤屋顯煜非凡權再握一念之間別降昇
知止而定別動靜報以赤誠繼接任旗輝德振凱歌鳴
譜一曲和平樂章恩感典範一而再道與善人勿觀輕
快馬加鞭更明了修心養性益策勵致知格物理無窮
承先啟後續志願任重道遠天人締盟導迷歸覺用功
三界十方且諦聽覺醒金鐘齊共鳴造福群黎慶安寧

濟公活佛慈訓　　南極老仙翁慈訓

[88]《一貫道天書訓文》，編號AMAG860910(台北：民間宗教天書訓文資料庫D)。臺灣鸞歌，1997年09月10日。

〈訓二十一〉「平安鐘」訓中訓內容【89】

「平安鐘」訓中訓：和平頌

天命繫　洪鐘響徹大地

晨曦旭日霎時昇起　祥和氣　四海凝聚

絜矩之道步步邁趨　交融固誠為基　化戾平安祈

敲木鐸　奔騰千里　法海洲深　明義理

四維重振提　本立道生切身立　當下更積極

休休有容多讚許　感恩中無分彼

感恩裡　迎歡喜　握佳機君子不器

隨大德　光煜報恩了愿　再接再勵　諦造淨土聖域

　　這篇訓文的主要內涵，就像訓中訓的「平安鐘」圖所示，當時濟公活佛對班員有這樣的解釋：「你們要當個撞鐘的人，撞鐘要以行動去撞，不要你看我，我看你，到最後鐘沒人撞啊！」【90】所謂撞鐘的意思，就是要發揮大愛的慈悲心，撞鐘就是散佈愛，要將愛傳到每個角落。濟公活佛說：「把你們的

<hr />

【89】《一貫道天書訓文》，編號AMAG860910，訓中訓。

【90】《一貫道天書訓文》，編號AMAG860910，白話訓。

愛發展到每個角落，你到的每個角落，都能有你的愛，什麼愛？大愛，這份大愛，就能夠永無休止。這個時間，世界有希望和平，要對自己有信心，對上天有信心。」[91]要有信心，希望世界能永久和平，所以這篇訓文的訓中訓，就取名為「和平頌」。「和平頌」的大致內涵：「代表天命的洪鐘響徹大地，猶如清晨的陽光靄時昇起，帶給大地一片祥和之氣。人人行絜矩之道，以真誠相交融，就能化解世間的戾氣，祈求平安。敲木鐸、振四維，奔波千萬里，只為散佈真理；沒有抱怨，只有感恩，不管有多少挫折困難，一定要再接再勵，諦造人間的淨土聖域。」這就是所謂「和平鐘」的內涵，有很實際的行動，為和平而努力。

五、結　論

　　現代一貫道的教義，有相當的成份是以神教設教的方式來呈現，這種天書訓文的形式，在臺灣過去的六十多年中，有為數超過一萬部的天書訓文留下來，這些訓文都是在一場場的法會中，由不同署名的仙佛所批出，如果以每場法會平均二、三百人計，至少有二、三百萬人參與過這樣的法會，這還不包括一些沒有仙佛訓文的法會，可見這些訓文教義的影響相當大。

---

[91]《一貫道天書訓文》，編號AMAG860910，白話訓。

　　現代一貫道的教義，從師尊張天然開始，就很重視和平的思想，謂之「化世和平」。張天然將傳道的"開啟玄關一竅"，與化世和平達於人間淨土、世界大同的目標相結合。也就說：只要人人能求道，開啟玄關寶藏，就能喚醒良知良能，了悟人生的究竟道理，進而發菩提心，濟世渡人，成為正人君子，世界自然能趨於和平。可見「化世和平」的思想，是張祖教義最根本的核心，也是一貫道教義最基礎的部份。今天，臺灣的一貫道，乃至傳到世界各地的一貫道，求道點開玄關一竅，依然是入門的第一步，作為教義的初階，這正是張祖化世和平思想傳承下來最重要的內涵。

　　一貫道的天書訓文，是以不同署名的仙佛臨壇，當場批訓的方式創作出來。通常臨壇的仙佛都會一邊用詩文批訓，一邊用白話對班員鼓勵，由板書人員先在黑板上記錄及錄音，事後再經過謄錄完整成一部訓文。這類訓文的內容主要包括詩訓、歌訓、白話訓、訓中訓等四部份。尤其是訓中訓，通常就是這篇訓文的主題，內容會配合這個主題作發揮。以本文引用的十篇訓中訓來看，對「和平」兩字的內涵，各有不同層面的闡述。整體而言，一貫道訓文的和平觀，是以個人的修持作開端，強調人格的修養是達到和平的根本，而其最終的目標，則在世界大同、人間淨土的實踐。

(本文曾於「第七屆紀念涵靜老人宗教學術研討會」宣讀，感謝現場諸多前賢指正，經修改後完成)

國家圖書館出版品預行編目資料

天書訓文研究／林榮澤 初版-
臺北市：蘭臺出版社 2009.11
15*21公分 含參考書目
ISBN：978-986-7626-92-9 (平裝)
1.一貫道
271.6　　　　　　　　　　　　　　98020419

台灣宗教與社會叢書B22

臺灣民間宗教研究論集（2）

《天書訓文研究》

著　　者：林榮澤 著

執行主編：張加君

執行美編：康美珠

封面設計：D s

出 版 者：蘭臺出版社

地　　址：台北市中正區開封街1段20號4樓

電　　話：(02)2331-1675　傳真：(02)2382-6225

劃撥帳號：18995995

網路書店：http://w.w.w.5w.com.tw

　　　　　博客來網路書店、華文網路書店、三民書局

E-m a i l：books5w@gmail.com 或 lt5w.lu@msa.hinet.net

香港總代理：香港聯合零售有限公司

地　　址：香港新界大蒲汀麗路36號中華商務印書館大樓

電　　話：(852)2150-2100　傳真：(852)2356-0735

出版日期：2009年11月初版

定　　價：新台幣350元

ISBN：978-986-7626-92-9

版權所有 翻印必究